国家社会科学基金重点项目（20AGL011）

企业风险承担
对社会责任的影响研究

Research on the Impact of
Corporate Risk-taking on Social Responsibility

官小燕　著

中国财经出版传媒集团

经济科学出版社
Economic Science Press

·北京·

图书在版编目（CIP）数据

企业风险承担对社会责任的影响研究/官小燕著
. --北京：经济科学出版社，2023.9
ISBN 978 - 7 - 5218 - 5163 - 2

Ⅰ.①企…　Ⅱ.①官…　Ⅲ.①企业管理 - 风险管理 -
影响 - 企业责任 - 社会责任 - 研究　Ⅳ.①F272 - 05

中国国家版本馆 CIP 数据核字（2023）第 181596 号

责任编辑：李晓杰
责任校对：刘　昕
责任印制：张佳裕

企业风险承担对社会责任的影响研究

官小燕　著

经济科学出版社出版、发行　新华书店经销

社址：北京市海淀区阜成路甲 28 号　邮编：100142

教材分社电话：010 - 88191645　发行部电话：010 - 88191522

网址：www. esp. com. cn

电子邮箱：lxj8623160@ 163. com

天猫网店：经济科学出版社旗舰店

网址：http://jjkxcbs. tmall. com

北京密兴印刷有限公司印装

710 × 1000　16 开　14.5 印张　250000 字

2023 年 9 月第 1 版　2023 年 9 月第 1 次印刷

ISBN 978 - 7 - 5218 - 5163 - 2　定价：58.00 元

（图书出现印装问题，本社负责调换。电话：010 - 88191545）

（版权所有　侵权必究　打击盗版　举报热线：010 - 88191661

QQ：2242791300　营销中心电话：010 - 88191537

电子邮箱：dbts@ esp. com. cn）

前　　言

　　近年来，气候变化、生态失衡、公共卫生事件等问题日益成为全人类共同面临的生存发展危机，引发世界各国重塑发展理念，积极探索可持续的发展方式。我国新发展理念、"双碳"目标、共同富裕、中国式现代化等战略导向均注入了可持续发展的内涵，对企业协调平衡好经济目标和社会目标提出了迫切要求。因此，微观企业应如何在追求经济价值的过程中创造社会价值，在筑牢经济底线的同时兼顾环境和社会底线，实现企业可持续发展，是一项重要的实践议题。经济学理论和财务理论均表明不确定性是利润产生的源泉，通过承担风险来获取收益是企业创造经济价值的基本逻辑。在此背景下，本书考察了体现股东意志和旨在追求经济利润的风险承担战略对有益于利益相关者并创造社会价值的企业社会责任的影响。

　　本书沿着"决策—行为—绩效"的逻辑思路，研究了企业风险承担战略决策对社会责任行为的影响及其绩效后果，主要包括五部分内容。第一，考察了企业风险承担对社会责任的影响。理论上，风险承担对社会责任履行存在促进和抑制两种效应，究竟谁占主导，对此进行了实证检验。第二，从资源和动机两个维度，探讨了企业风险承担影响社会责任履行的作用机制。第三，基于动态视角，结合生命周期理论，分析了企业风险承担对社会责任的影响在不同生命周期阶段呈现出的异质性。第四，从企业市场价值和可持续发展能力两个方面，讨论了企业风险承担影响社会责任履行进而产生的绩效后果，以评价高风险承担企业的社会责任履行方式的有效性。第五，根据我国市场经济条件下形成的三元主体结构，探索了企业、政府和社会"三方共治"的社会责任治理模式。

　　在理论层面，本书将风险承担影响效应的关注视角由股东转向利益相关者，将研究范畴由经济价值拓展到社会价值，对风险承担文献做了有益的补充。同时，显性化了战略决策的风险属性，剖析了风险承担与社会责任履行之间的复杂关系，揭示了高风险承担企业的社会责任决策逻辑，为企业社会责任行为提供了一个新的解释。在实践层面，本书为企业实现风险承担战略目标，并且通过风险承担和社会责任的耦合实现可持续发展提供经验参考。利润来源于不确定性，在激烈的市场竞争中企业应勇于承担风险加快财富积累。然而，企业是利益相关者之间一系列契约关系的联结。因此，企业须超越新古典经济学所倡导的股东利润最大化理念，重视利益相关者的关切。在承担风险的过程中企业应平衡好经济利润追逐与社会责任履行的紧张关系，优化社会责任履行方式，促使股东与利益相关者共享共赢、企业与社会共益共生，进而实现企业可持续发展。

官小燕

2023 年 8 月

目 录
Contents

第一章

导　　论

第一节　研究背景与意义

一、研究背景

党的十九届五中全会强调扎实推动共同富裕，并明确把"全体人民共同富裕取得更为明显的实质性进展"写入我国 2035 年社会主义现代化远景目标。党的二十大报告指出中国式现代化是全体人民共同富裕的现代化，共同富裕成为我国未来社会与经济发展的中长期核心目标。对于如何推进共同富裕，2021 年 8 月召开的中央财经委员会第十次会议指出，在高质量发展中促进共同富裕，这一重要论述为共同富裕指明了实践途径和努力方向，表明实现共同富裕需要依靠高质量发展。发展是解决一切问题的基础和关键，没有富裕就不可能有共同富裕，推动共同富裕的前提是创造经济价值。企业是创造经济价值的主体。经济学理论和财务理论均表明不确定性是利润产生的源泉，通过承担风险来获取收益是企业创造经济价值的基本逻辑。作为一项重要的企业战略，风险承担是股东意志的体现，决策目标在于增加股东财富（刘志远和官小燕，2021）。但是，股东富裕不会自然而然地带来共同富裕。共同富裕的管理学底层逻辑是利益相关者主义，即推进共同富裕需要企业秉持利益相关者导向，积极履行社会责任（阳镇和陈劲，2022）。那么，企业应如何平衡股东和利益相关者的利益，在追求经济价值的同时创造社会价值呢？

战略性社会责任观指出，社会责任应嵌入企业战略管理框架中，服务于战略实施（Porter and Kramer，2006）。少量研究认识到战略决定着企业经营模式、资源配置和组织架构等，是企业开展社会责任活动的内在根源，并从具体的战略类型、战略差异度、战略激进度等方面考察企业战略对社会责任的影响（Banker et al.，2022；王爱群和刘耀娜，2021；张多蕾等，2022）。事实上，不同的战略不仅意味着企业的经营模式、竞争方式等存在差异，也隐含着企业所承担的风险不同。由于利润源自不确定性，在风险日益重要和普遍的今天，将战略决策中隐性的风险属性显性化显得尤为必要。而且，风险承担不仅体现了企业不同的战略选择，也反映出战略实施过程中的行为差异，是不同战略类型的重要区别。此外，已有文献对于经济目标和非经济目标的不兼容性所引发的企业战略和社会责任整合过程中的紧张关系缺乏足够的关注（Siltaloppi et al.，2020），无法为企业平衡经济价值和社会价值、股东利益与利益相关者的利益提供现实指导。因此，本书将战略决策的风险属性显性化，想要考察风险承担战略如何影响社会责任履行，以及所选择的社会责任履行策略对经济绩效究竟产生何种影响，是否有助于风险承担战略目标实现以及企业可持续发展。

企业是利益相关者之间一系列契约关系的联结（Jensen and Meckling，1976），利益相关者在企业中投入有价值的资源，并因企业活动而承担风险（Clarkson，1995）。因此，风险承担会导致利益相关者所承担的风险增加，引发其风险偏好冲突，使其不愿意在相同货币补偿的条件下与企业进行交易或进行专用性投资（Deephouse and Wiseman，2000；曾永艺等，2011）。而利益相关者是企业资源的重要输入方，对风险承担战略的成功实施至关重要。因此，企业承担高风险后可能会积极履行社会责任，与利益相关者共享收益，缓解其风险收益紧张关系，激励其投入更多的资源，也有助于企业更好地管理下方风险。

然而，企业承担高风险不仅需要消耗大量资源，还会降低资源的可得性。尤其是风险承担会引发资金提供者的风险担忧，导致企业融资难度和资金成本增加，陷入严峻的融资困境（Djembissi，2011；顾小龙等，2017），致使社会责任履行存在资源不足的现实局限性。而且，与风险承担伴随而来的较高的经营波动性以及短期业绩下滑会给管理层带来巨大的业绩压力。而履行社会责任会增加经营成本，产生的收益往往又具有间接性、潜在性和模糊性，不利于短期财务业绩。此时，企业管理层倾向于减少社会责任投入，产生社会责任履行动机不足问题。因此，在上述两种可能的作用下，企业风险承担对社会责任有何影响，尚待实证检验。

此外，利益相关者具有典型的异质性，这会增加企业社会责任决策的复杂度。一方面，由于与企业之间契约的质性差异，不同利益相关者的风险偏好并不一致，故风险承担对不同利益相关方的影响有所区别，进而使其对企业的利益诉求不同。另一方面，附着在利益相关者身上的资源迥异，不同利益相关方对企业实施风险承担战略的重要性各异，同时，赋予利益相关者对企业的权力不同。基于此，本书想要进一步考察的问题是：企业承担高风险后是否会区别对待不同的利益相关者，在不同类型的社会责任履行上有何差异？

根据企业生命周期理论，企业是一个不断演进的实体，处于不同生命周期阶段的企业在战略目标、资源禀赋、组织结构以及经营特点等方面存在系统性和规律性差异，从而使得企业风险承担行为有所差别。风险承担行为的质性差异将会对企业其他行为决策产生重要影响，特别是企业具有较高自由裁量权的社会责任投资决策。因此，我们还将探讨随着企业所处发展阶段的变化，企业风险承担与社会责任履行的关系究竟会呈现何种差异。

企业风险承担战略的目标在于获取超额经济利润，增加股东财富，这也是企业作为经济角色的本质追求。企业承担高风险后的社会责任履行策略是否实现了股东和利益相关者之间的利益平衡，是否有助于风险承担战略目标，这是决策者关心的重要问题，也具有强烈的管理意义。企业价值既反映了外部投资者对企业发展前景和内在价值的看法，也是股东财富的集中体现，能够客观地评价高风险承担企业的社会责任履行策略的价值性。可持续发展能力反映了企业的长期盈利能力和持久竞争力，而且履行社会责任被赋予实现可持续发展的期望。故该指标能够较好地用来考察企业承担高风险后的社会责任履行策略是否有助于实现经济目标。基于此，本书将进一步探究，企业风险承担如何影响社会责任履行进而给经济绩效带来何种影响，即风险承担对社会责任的影响如何作用于企业价值和可持续发展能力，以检验和评价高风险承担企业的社会责任履行策略的有效性和价值性。倘若这一决策有损企业价值和可持续发展能力，还将探讨什么样的治理机制有助于企业风险承担与社会责任履行二者达成良性耦合，探索推进共同富裕的现实路径。

基于上述分析，本书将通过理论分析和实证检验主要考察四个问题：（1）企业风险承担对社会责任履行有何影响；（2）企业风险承担通过何种机制影响社会责任履行；（3）在不同生命周期阶段，企业风险承担对社会责任的影响有何差异；（4）企业风险承担对社会责任履行的影响会产生什么样的经济绩效，即如何作用于企业价值和可持续发展能力。

二、研究意义

（一）现实意义

第一，为企业实现风险承担战略目标提供实践指导。理论而言，企业承担高风险预期能够获取更高的经济利润,但现实中也有不少企业承担高风险后遭受经营失败。原因之一是企业在风险承担的过程中忽视了利益相关者的诉求,社会责任履行水平低下,激化了股东与利益相关者之间的冲突,最终阻碍了经济绩效的获取。因此,企业作出风险承担战略决策后,要重视利益相关者的利益,积极参与社会责任,探索更优的社会责任履行方式,从而助力高风险项目的推进。而且,社会责任具有"类保险"特性,参与社会责任有助于赢得利益相关方的信任和支持,从而降低下方风险发生的可能性以及对企业造成的经济损失。因此,企业在承担风险、追逐经济利润的过程中应积极履行社会责任,创造更多的社会价值,进而实现可持续的经济价值。

第二,为通过风险承担和社会责任的耦合实现企业可持续发展提供参考,并助力共同富裕国家战略目标。不确定性是利润产生的源泉,通过承担风险来获取收益是企业创造经济价值的基本逻辑,企业应勇于承担风险,加快财富积累。与此同时,企业要超越新古典经济学所倡导的股东利润最大化理念,重视对利益相关者的关切,通过践行社会责任,与利益相关者共享发展成果,激励利益相关者参与价值创造。因此,企业在承担风险的过程中应平衡好经济利润追逐与社会责任履行的紧张关系,探索二者之间的耦合机制,使得股东与利益相关者共享共赢、企业与社会共益共生,实现企业可持续发展。

(二) 理论意义

第一,将企业风险承担的经济后果研究由经济价值拓展到社会价值,丰富了人们对风险承担影响效应的认识。已有文献大多关注风险承担产生的市场价值、成长性、资本配置效率等,均是站在股东的立场,属于经济价值范畴。社会责任的本质是为利益相关者创造价值,本书考察企业风险承担对社会责任的影响,将关注视角由股东转向利益相关者,将研究范畴由经济价值拓展到社会价值,补充了风险承担的相关文献。此外,考察了风险承担对不同类型社会责任的差异化影响,有助于深刻理解企业承担高风险后如何区别对待不同的利益相关者。

第二,从战略决策的风险属性角度考察企业社会责任履行的原因,为社会责任的相关研究做了有益补充。战略性社会责任观认为社会责任应嵌入企业战略管理框架中,服务于战略实施(Porter and Kramer,2006),但只有少量文献探讨了具体的战略类型、战略差异度等对社会责任的影响(Banker et al.,2022;王爱群和刘耀娜,2021;张多蕾等,2022),而忽略了企业战略和社会责任整合过程中由于经济目标和非经济目标的不兼容性产生的二者紧张关系(Siltaloppi et al.,2020)。不同的战略本质上隐含着企业所承担的风险不同,因此,将战略决策中隐性的风险属性显性化显得尤为必要。而且，风险承担不仅体现了企业不同的战略选择，也反映出战略实施过程中的行为差异，是不同战略的重要区别。因此，本书将战略决策的风险属性显性化，理论分析了风险承担与社会责任履行之间的复杂关系，揭示了高风险承担企业的社会责任决策逻辑，为企业社会责任行为提供了一个新的解释。

第三，从企业价值和可持续发展能力两个方面评价高风险承担企业的社会责任履行策略，有助于加深对社会责任作用价值的理解。根植于新古典主义，企业往往将追求股东财富最大化作为首要经营原则，忽视了有益于利益相关者的社会责任投资。而现有文献关于社会责任的经济绩效后果主要从财务业绩方面进行考察，且得出了矛盾的研究结论，不利于企业深刻认识和正确把握社会责任的价值，也就无法激励企业履行社会责任的内生动力。本书从企业价值和可持续发展能力两个方面，检验了高风险承担企业的社会责任行为所带来的经济绩效，有助于深入理解社会责任在企业从承担风险到经济绩效获取过程中的作用价值。

第二节　核心概念的界定

一、企业风险承担

（一）风险与风险承担

在现代财务学中，风险通常被定义为结果对期望的偏离。或者说，风险代表了获取收益的不确定性，即实际收益相较于预期收益的偏离程度。这种思想可以追溯到马科维茨（Markowitz）在 1952 年提出的投资组合理论，在该理论中马科维茨首次对风险和收益这两个投资管理中的基础性概念进行了准确定义。他首次用投资组合收益率的波动性，即方差或者标准差来刻画风险，方差越大，意味着波动率越大，风险越高。在此基础上，夏普（Sharpe）、林特纳（Lintner）、莫辛（Mossin）分别于 1964 年、1965 年和 1966 年提出了资本资产定价模型（CAPM）。CAPM 模型简洁明了地揭示了风险和收益之间是一种线性关系，阐明了风险越高、收益越高这一基本原理。CAPM 模型表明，在资本市场上，投资者对收益的预期越高，需要承担的风险也就越大。反过来说，在投资过程中所承担的风险越大，预期就应有越多的收益作为补偿。自此之后，收益和风险形影相随，"收益以风险为代价、风险用收益来补偿"这一重要财务思想在证券市场上得到了普遍认可。

从企业经营角度看，人们对风险的理解经历了一个变化发展的过程。2004年美国反虚假财务报告委员会（COSO）发布的《企业风险管理——整合框架》将风险定义为"一个事项将会发生并给目标实现带来负面影响的可能性"，这一定义只强调了风险不利的一面。这种单侧的风险定义，没有充分反映出风险既是损失的来源也是盈利的来源，既是挑战也是机遇的重要特征，也不利于真正做好全面风险管理。因此，经过理论和实践两方面的重新审视和反思，为了更加符合企业经营的现实环境和全面风险管理的需要，COSO 在其 2017 年发布的《企业风险管理——战略和绩效的整合》中将风险重新定义为"事项发生并影响战略和商业目标实现的可能性"。这一新定义兼顾了风险可能产生的正面和负面影响。其实早在 2006 年，国务院国资委发布的《中央企业全面风险管理指引》就认识到风险具有双面性特征，将企业风险定义为"未来的不确定性对企业实现其经营目标的影响"。在该指引中，以风险能否为企业带来盈利为标志，将企业风险划分为纯粹风险和机会风险。顾名思义，纯粹风险指的是只会对企业造成损失或危害的风险，而机会风险既可能产生损失也有可能带来盈利机会。2009 年国际标准化组织（ISO）借鉴我国的思想，明确定义风险是"不确定性对目标的影响"，并在 2015 年进一步修订为风险是"不确定性的影响"。由此可见，从企业经营和风险管理的角度，尽管早期人们只看到风险的损失面，但现在人们已经充分意识到风险存在双面性，并主要从不确定性的视角来描述风险。

将风险定义为不确定性的影响，与财务学上以波动性或变化来定义和计量风险，在思想上是一致的。这说明风险有下侧风险（downside risk），也有上侧风险（upside risk）；有坏风险（bad risk），也有好风险（good risk）；是损失的可能，也是盈利的可能。双向风险概念不仅将损失与风险联系起来，同时也将盈利与风险联系起来，有利于企业将盈利和损失的可能性全部纳入风险管理的视野和范畴，从而真正实现全面风险管理。

如前所述，以 CAPM 模型为代表的财务理论早已指出风险与预期收益的平衡性是风险的基本特性之一，人们在实践中普遍认识到，所谓高风险高收益、低风险低收益的投资基本规律就是风险这一基本特性的经验反映。对于企业经营而言，风险的这一基本特性依然成立。与资本市场投资一样，企业经营也遵循风险与收益正相关的基本规律，经营的逻辑是通过承担风险来获取利润，以风险换取收益。现有风险承担的相关研究均从这一传统财务理论的风险收益关系出发，将资本市场投资者行为类推至企业经营实践，指出企业承担风险是获取收益的基本前提（Boubakri et al.，2013；田高良等，2020）。事实上，关于企业承担风险的思想早在经济学理论和战略管理研究中就有所涉及。经济学家奈特（Knight）和熊彼特（Schumpeter）早就指出，企业的超额利润来自冒险，不确定性是利润产生的源泉，这一经济学思想与财务理论对风险、收益关系的研究不谋而合。这种平衡性表明，要在充满不确定性的环境中谋求发展，企业应当勇于承担风险，追求风险溢价，以把握获利机遇，正所谓"富贵险中求，机会险中取"。同时，在完全竞争市场上，风险是企业盈利的唯一来源，只有承担风险才能获得收益。作为以盈利为主要目标的经济组织，企业的本质在于承担风险，进而从不确定性中寻求获益机会。更确切地说，企业只有积极承担和管理机会风险，并在这一过程中努力抓住其中蕴含的盈利机会，换取风险溢价，才能实现其基本的盈利使命。在战略管理研究中，米勒和弗里森（Miller and Friesen，1978）将风险承担定义为管理层愿意作出有风险的资源承诺程度。企业大量举债、产生高额资本支出、专注创新等行为，都与承担风险的定义相一致。因此，以创业为导向的企业往往具有冒险的表现，作出大量风险性资源承诺，以便抓住市场机会，获得超额经济回报。鲍曼（Bowman，1980）认为风险是一种捕捉不确定性的概念，并指出由于企业管理者是风险厌恶的，高风险项目投资在事前要求更高的预期回报，否则不会进行投资。布罗米利（Bromiley，1991）将风险视作企业收益流的不确定性，从预期角度来看，企业风险承担与未来绩效呈正相关关系，高风险项目能够创造更高的净现金流。

综合上述分析，本书所指的风险是不确定性，企业风险承担的实质是从不确定性中寻求获利机遇。更确切地说，企业承担高风险是为了追逐不确定性中的上行收益，实现经济利润和股东财富创造的盈利使命。而且，由于股东承担剩余风险，同时享有剩余索取权，因而支持企业通过承担高风险来博取高收益，体现了作为所有者的股东的意志。

（二）企业风险承担的战略属性

风险的本质是不确定性，企业想要在激烈的市场竞争中脱颖而出，就要有跳出舒适区的勇气，接受不确定性，敢于承担风险，从而抓住机遇。如前所述，企业经营与资本市场投资一样，本质上都是以风险换取收益的行为，都遵循风险与收益正相关的基本规律。在资本市场投资中，投资者可以为了获取稳健的投资收益而只承担低风险，也可以为了追求风险溢价而承担高风险，其本质是投资者根据自身风险偏好和对风险收益的权衡，选择、确定恰当的投资组合的过程。而在企业经营过程中，企业风险承担决策与证券投资者投资组合选择决策在面临的风险性质、风险可分散性、对风险的主观影响、承担风险后的调整能力、风险承担的主体与后果等方面具有显著差异（刘志远和官小燕，2021），见表1–1。

表1–1　　　　　　　　企业与资本市场投资者风险承担决策的异同

属性	项目	企业风险承担	投资者风险承担
相同点	风险收益特性	本质是以风险换取收益的行为，遵循风险收益正相关的基本规律	
不同点	风险性质	风险复杂多样且难以预测	市场风险且易于量化
	风险可分散性	难以分散非系统性风险	易于分散非系统性风险
	对风险的主观影响	对风险事项的收益及实现概率具有重要影响	难以影响投资标的风险大小
	承担风险后的调整能力	涉及实体投资较高的调整成本	较低的调整成本
	风险承担的主体与后果	风险与收益主体可能不一致影响多个利益主体	风险与收益主体一致仅影响自身收益

第一，二者面临的风险性质有所不同。证券投资者主要面临的是易于量化的市场风险，风险和预期收益相对而言更易测算，因此也较易作出选择。而企业经营中承担的风险更接近风险的不确定性本质，除了市场风险，还包括政策、技术、生产、财务、法律等多方面的风险，其风险因素更加复杂多样，对未来收益流及其实现的概率进行预测的难度更大，因而面临更大的不确定性。第二，二者在风险的可分散性上具有重要差别。证券投资者可以较为方便地通过投资组合分散非系统风险，但企业在经营过程中难以充分地分散非系统风险。第三，二者对风险的主观影响有差异。证券投资者在一般情况下不能影响证券自身的风险大小，因此不同投资者若选择同样的投资组合，其未来的收益是相同的。但企业自身能力、管理者努力程度、所采取的经营策略等，都可能影响风险的发生及其后果。例如，对于同样的产品和业务，有的企业认为风险很大，有的企业却觉得风险较小，这与企业拥有的信息、风险管理能力以及资源等因素密切相关。第四，二者承担风险之后的调整能力各不相同。由于证券具有较强的流动性，投资者建立投资组合后，可以较低成本对投资组合进行调整。而企业经营领域的风险承担主要是做实体投资，具有注重长期价值、投资回收期长、短期成本高、成功概率低等特征（苏坤，2015）。与证券投资相比，实体投资流动性差、调整成本高，

需要更加慎重地进行决策。第五，二者风险承担的主体与后果差异较大。证券投资的风险承担主要影响投资者自身的未来收益，其风险承担主体和收益主体是一致的，因而可以根据自身风险偏好作出决策。但企业是利益相关者之间一系列契约关系的联结（Jensen and Meckling，1976），利益相关者在企业中投入有价值的资源，并因企业活动而承担风险（Clarkson，1995），故企业所承担的风险本质上是利益相关者所共同承担的。由于不同利益相关者的风险偏好并不一致，风险承担的主体和收益主体可能出现不一致的情况，因此，企业风险承担决策会非常复杂并且影响多个利益主体。可见，相较于证券投资中的风险选择，企业经营过程中的风险承担决策面临更加复杂的不确定性事项，决策之后的影响时间更长、影响范围更广，企业自身能力、资源等要素与风险之间的相互作用更强。鉴于风险在经营管理中的固有性及其产生影响的重要性、复杂性，企业不能再像过去那样将风险视为一个"其次或然后"才考虑的因素。相反，风险是企业在经营和管理，甚至进行战略安排时首先要考虑的重要因素。企业风险承担决策关乎企业全局和长远发展，关乎企业未来的长期绩效，需要企业对之作出战略性思考和安排。同时，面对未来的不确定性，企业风险承担决策也在很大程度上依赖于企业管理者的企业家精神和战略决断力。因此，企业风险承担决策具有很强的战略属性，甚至从某种意义上说，企业风险承担决策就是一项战略决策。

战略决策通常解决的是关乎企业全局性、长远性、重要性的生存发展问题，制定和实施战略的目的是为企业创造可持续的竞争优势，最终带来超额收益，这通常是战略决策显性的一面。不同的战略决策除了竞争方式、预期目标等不一样，同时也隐含着各自面临的风险程度是不一样的。例如，企业选择不同的产品或业务市场进行竞争，选择差异化抑或成本领先的竞争战略，选择作为防御者（defender）、探索者（prospector）、分析者（analyser）还是反应者（reactor）等战略类型，这不仅意味着企业的战略定位、竞争方式、组织架构等存在差异，而且意味着（通常是隐含的）其所承担的风险程度和类型亦是千差万别的。在风险日益重要和普遍的今天，企业在战略决策中将隐性的风险因素显性化就显得十分必要。事实上，战略领域已有一些文献指出，企业进行战略决策时应将风险因素显性化纳入其中。米勒和弗里森（Miller and Friesen，1978）指出承担风险是企业战略决策的重要维度。贝尔德和托马斯（Baird and Thomas，1985）将企业对风险程度和类型的选择纳入战略制定过程中，对风险在战略决策中的作用给予了明确的关注。帕尔默和维斯曼（Palmer and Wiseman，1999）认为战略决策的本质就是对不同风险特征的战略举措进行选择。盛明泉和车鑫（2016）研究表明风险承担本质上是一种战略决策，企业承担高风险后会加快资本结构调整速度，降低资本结构偏离度，使资本结构与企业战略相匹配。

2017 年 COSO 发布的《企业风险管理——战略和绩效的整合》，从标题就可以看出风险管理与企业战略之间日益重要的联结关系，它强调在战略制定过程中风险的作用。该框架将企业为追求价值所愿意承担风险的类型和数量定义为风险偏好，并指出风险偏好体现在企业使命、愿景及核心价值观中，是制定战略规划的重要依据。由此可知，企业在制定具体的战略方案之前首先应对自身承担风险的特征进行判断和选择。这就表明在企业的决策体系中，风险承担决策具有战略属性，而且是战略制定的首要考虑因素。主流文献将战略划分为差异化或成本领先、防御者或探索者、对行业常规战略的偏离程度等（Yuan et al.，2020；Banker et al.，2022；张多蕾等，2022），不仅意味着企业的经营模式、竞争方式、组织架构等存在差异，而且意味着企业所承担的风险不同。例如，实施差异化战略、探索型战略以及偏离行业常规的激进战略均表明企业面临更高的不确定性，想要通过承担高风险获取超额经济利润。因此，在企业经营过程中，从战略层次上对风险承担和风险管理作出明确的安排，明确风险承担决策是一项战略决策，应该成为一项公认的原则。而且，风险承担不仅体现了企业不同的战略选择，也反映出战略实施过程中的行为差异。

二、企业社会责任

企业社会责任概念（corporate social responsibility，CSR）最早于 1924 年由谢尔顿（Sheldon）提出，其认为企业应将自身的社会责任与企业经营者满足消费者需求的各种责任联系起来，并包含道德因素。同时指出，企业应加强对社区的服务，增进社区利益，而不仅仅是追求经济利润。卡罗尔（Carroll，1979）将企业社会责任定义为在某一特定时期社会对组织所寄托的经济、法律、伦理、自愿（慈善）方面期望的总和。卡罗尔（1991）还提出了社会责任金字塔模型，在该模型中，经济责任是企业最基础和最重要的责任，社会公众期望企业遵循那些尚未成为法律但被公认的伦理规范、行为准则、价值观，还对企业寄予了一些没有或无法明确表达的期望，是否承担或应该承担什么样的责任由企业自行判断和选择。埃尔金顿（Elkington，1997）提出了三重底线理论，企业必须坚持经济底线、社会底线和环境底线，履行经济责任、社会责任和环境责任。经济责任指的是创造经济价值、获取利润，社会责任是对社会其他利益相关方的责任，环境责任是企业必须选择环境友好的发展方式，保护好生态环境。波特和克莱默（Porter and Kramer，2006）提出战略性社会责任观，其认为社会责任应嵌入战略管理框架中，服务于战略实施，使社会责任与业务的关系更加紧密。

随着经济全球化以及一系列社会问题和矛盾凸显，许多国际组织试图提出适合全球可持续发展的企业社会责任概念。世界银行认为，企业社会责任是企业与关键利益相关者的关系、价值观、遵纪守法以及尊重人、社区和环境有关的政策和实践的集合，是企业为改善利益相关者的生活质量而贡献于可持续发展的一种承诺。欧盟委员会则把社会责任定义为"公司在自愿的基础上把对社会和环境的关切整合到它们的经营运作以及它们与其利益相关者的互动中"。国际标准化组织（ISO26000）则认为，社会责任是指一个组织在开展任何活动时都要负责任地考虑对社会和环境的影响。2004 年，作为世界最大的推进社会责任的国际组织，联合国全球契约组织提出 ESG 概念，倡导投资者关注企业环境绩效、社会绩效和公司治理。ESG 并非新概念，而是社会责任的衍生概念，由社会责任发展而来。E（environmental）聚焦环境问题，考察企业对环境的影响，关注企业的能源使用、环保投入、废物防治等行为。S（social）聚焦社会问题，考虑企业对社会造成的各种影响，关注员工福利与薪酬、员工安全、与上下游供应商及消费者的关系、产品安全性等。G（governance）关注公司组织架构、管理系统、企业政策等公司治理问题。其中，E 和 S 即为企业社会责任的内容。由于企业在环境和社会等方面的表现会通过直接方式或间接方式影响到公司利润，因此投资者应将环境、社会等要素纳入投资决策。ESG 要求企业既创造良好的财务绩效，又带来推动社会进步和环境和谐的效益，从根本上回应利益相关方的诉求。

在我国，2006 年深圳证券交易所发布的《上市公司社会责任指引》，要求上市公司在追求经济效益、保护股东利益的同时履行社会责任，促进公司与全社会的协调、和谐发展。例如，遵守商业道德、维护消费者的合法权益、保障劳动者的健康和安全、保护环境、节约资源、参与社会捐献等。2008 年，上海证券交易所发布了"关于加强上市公司社会责任承担工作暨发布《上海证券交易所上市公司环境信息披露指引》的通知"，指出上市公司应重视对利益相关者、社会、环境保护、资源利用等方面的非商业贡献，根据行业和自身经营特点形成符合本公司的社会责任战略规划。2007 年，国资委发布《关于中央企业履行社会责任的指导意见》，强调中央企业在追求经济效益的同时，应对利益相关者和环境负责，实现企业发展与社会、环境的协调统一。2016 年 12 月，上交所发布的《关于进一步完善上市公司扶贫工作信息披露的通知》、深交所发布的《关于做好上市公司扶贫工作信息披露的通知》，均要求完善上市公司履行精准扶贫社会责任的信息披露工作，扶贫攻坚赋予了企业社会责任的时代精神。

综上可以看出，企业社会责任是一个多维和综合性的概念，而且随着社会的发展，企业社会责任的内涵和外延在企业经营管理实践中发展演变。借鉴已有文献，并结合本书的研究情境，本书认为企业社会责任指的是：企业除创造利润、对股东负责之外，承担起对员工、供应商、消费者、社会公众和自然环境等利益相关方的责任，体现企业对利益相关方的利益和诉求的重视程度。

第三节　研究思路、内容与方法

一、研究思路与主要内容

战略性社会责任观指出，社会责任应嵌入企业战略管理框架中，服务于战略实施。基于此，本书想要研究企业作出风险承担战略决策后会如何履行社会责任，所选择的社会责任履行策略能否增加经济绩效，是否有助于实现风险承担战略目标。具体来说，本书首先对企业风险承担是否影响社会责任履行展开分析和检验，然后探究了二者间的影响机制，最后从企业价值和可持续发展能力两个方面对企业风险承担影响社会责任履行进而产生的经济绩效进行考察。

本书共分为八章，具体的章节安排如下：

第一章，导论。首先基于共同富裕国家战略目标的现实背景以及战略性社会责任观的理论背景提出所要研究的问题，并进一步阐述了选题的现实意义和理论价值。在此基础之上，对本书的核心概念进行了界定，对具体研究内容作出安排、介绍了本书的研究框架和研究思路，确定了研究的主要方法，规划了研究的技术路线，最后提炼了本书的主要创新之处。

第二章，文献综述和理论基础。首先，本章对企业风险承担和社会责任的影响因素和影响效应等文献进行了系统的梳理和回顾；其次，对上述文献进行了评价，指出现有研究存在的缺憾和不足，提出本书的研究视角，定位本书的研究贡献；最后，对研究中所采用的主要理论进行总结和归纳，主要包括利益相关者理论、资源基础理论、委托代理理论和信号传递理论等。

第三章，企业风险承担对社会责任的影响研究。本章首先分析了风险承担对社会责任履行可能存在"促进效应"或"抑制效应"；其次，实证检验了二者的关系，发现风险承担抑制了社会责任履行；再次，考察了风险承担对不同类型社会责任的影响，发现企业承担高风险后减少了公共型社会责任参与，履行技术型社会责任，但对前者的负向影响大于对后者的正向影响，说明风险承担对整体社会责任履行的抑制效应是由公共型社会责任的减少所驱动的；最后，考察了风险承担对社会责任的影响在不同企业间的差异，发现在创新水平较高和声誉较好的企业中，风险承担对社会责任的负向影响更弱。

第四章，企业风险承担影响社会责任的机制检验。本章在第三章的研究基础上，对"抑制效应"下的资源约束假说和业绩压力假说进行了实证检验，探究了企业风险承担抑制社会责任履行的作用机制。通过对冗余资源和融资约束进行中介效应检验，发现企业风险承担降低了资源冗余程度，加剧了融资约束，进而制约了社会责任投入。通过对管理层报告语调和违规行为进行中介效应检验，发现企业风险承担导致管理层业绩压力增加，进而减少了社会责任参与。本章还考察了风险承担与社会责任履行的关系在资源约束和业绩压力程度不同企业间的差异，进一步佐证了风险承担通过加大资源约束和业绩压力进而降低社会责任履行水平的理论逻辑。

第五章，企业风险承担、生命周期与社会责任履行。基于动态视角，结合生命周期理论和企业行为理论，进一步分析企业生命周期不同阶段的特征对企业风险承担与社会责任履行关系的影响。研究发现，在成长阶段，企业风险承担与社会责任履行之间的负向关系更为强烈；在成熟阶段，企业风险承担对社会责任履行不存在显著的抑制效应，二者间负相关关系被削弱；在衰退阶段，企业风险承担对社会责任履行的抑制效应更加强烈，即二者间负向关系更为显著。

第六章，企业风险承担影响社会责任的经济后果。本章从企业价值和可持续发展能力两个方面考察风险承担影响社会责任履行进而给企业经济绩效带来的影响。研究发现，企业风险承担抑制社会责任履行，对企业价值和可持续发展能力产生了负向影响，并且这一负向影响具有持续性。虽然风险承担对技术型社会责任的促进作用增加了经济绩效，但减少公共型社会责任参与对经济绩效产生了更大的负向影响。总体而言，企业承担高风险后作出的社会责任决策有损经济绩效，不利于实现风险承担战略目标和企业可持续发展。

第七章，"三方共治"的社会责任治理模式。从企业、政府和社会公众三个方面探索促进高风险承担企业参与社会责任的治理机制。在公司治理层面，企业引入更多的独立董事和压力抵制型机构投资者能够减轻风险承担对整体社会责任和公共型社会责任的负向影响，促使企业履行技术型社会责任。在政府治理层面，完善的法律环境和政府补助可以削弱风险承担与整体社会责任、公共型社会责任的负相关关系，同时激励企业参与技术型社会责任。在社会公众治理层面，媒体高度关注和儒家思想熏陶促使高风险承担企业增加技术型社会责任投入，缓和风险承担与整体社会责任和公共型社会责任的负向关系。

第八章，研究结论、政策建议与未来展望。首先，在前文理论分析和实证检验的基础上，总结了本书得出的主要研究结论；其次，基于上述研究结论分别从企业、政府、社会公众三个方面对企业风险承担战略实施、社会责任履行、共同富裕战略目标推进提出政策建议；最后，分析了研究存在的局限性和不足之处，并对未来研究有待完善和深入研究的地方进行了展望。

二、研究方法

根据研究问题，本书采用规范分析和实证检验相结合的方法，通过文献研究，结合我国的制度背景，综合运用利益相关者理论、资源基础理论、信号传递理论等对研究问题进行分析。具体来说，使用的研究方法主要包括以下三种。

第一，文献研究。本书搜集、阅读和整理了国内外学者关于企业风险承担、社会责任方面的研究成果。特别梳理分析了风险承担对企业绩效和利益相关者的影响以及社会责任与财务业绩、社会责任与企业风险的相关研究。通过对已有文献进行全面系统地梳理，归纳总结得出现有研究存在的不足和待完善的地方，从而提出本书的研究问题和目标，并准确定位本书的贡献所在。

第二，规范研究。本书对风险承担和社会责任的相关基础理论进行了归纳总结，建立了风险承担与社会责任履行之间的理论框架，然后综合运用利益相关者理论、资源基础理论、信号传递理论等经济学理论对风险承担与社会责任履行的关系和影响机制、生命周期对二者关系的调节效应、高风险承担企业的社会责任履行策略对企业价值和可持续发展能力的影响等内容进行严谨的逻辑推演和理论分析，提出了一系列研究假设。

第三，实证研究。对企业风险承担与社会责任履行关系的检验采用相关性分析、单变量差异性检验、多元线性回归、Logit 回归、分位数回归等实证研究方法。对风险承担影响社会责任履行的作用机制分析采用逐步回归中介效应检验方法，并通过分组回归进一步验证二者间的影响机制。对于企业生命周期在风险承担与社会责任履行之间的调节效应，采用分组回归的方式进行实证检验。利用中介效应程序对企业承担高风险后的社会责任履行策略对企业价值和可持续发展能力的影响进行实证检验。对于公司、政府和社会公众治理的调节效应主要运用分组回归方法进行分析，直观地展示了治理机制对风险承担与社会责任之间冲突的缓解作用。对各项实证检验中可能存在的遗漏变量、互为因果等内生性问题，采取工具变量法、倾向得分匹配法、Heckman 两阶段、固定效应回归以及差分模型等进行处理。

第四节 研 究 创 新

第一，从利益相关者视角考察了企业风险承担对社会责任的影响，拓展了风险承担的经济后果研究。现有文献关于风险承担的研究大多基于传统财务理论的风险承担内涵，站在股东的立场，探讨其对资本配置效率、经营业绩、企业成长性以及市场价值等的影响（John et al.，2008；苏坤，2015；Faccio et al.，2016；何瑛等，2019），属于经济价值范畴。社会责任的本质是对利益相关者负责，创造社会价值。本书考察企业风险承担对社会责任的影响，将关注视角由股东转向利益相关者，将研究范畴由经济价值拓展到社会价值，补充了企业风险承担的相关文献。

第二，将战略决策的风险属性显性化纳入社会责任影响因素的研究框架中，为理解企业社会责任提供了新视角。战略性社会责任观认为社会责任应被嵌入战略管理中，服务于战略实施（Porter and Kramer，2006）。少量文献探讨了具体的战略类型、战略差异度等对社会责任的影响（Banker et al.，2022；王爱群和刘耀娜，2021；张多蕾等，2022）。不同战略不仅意味着企业的经营模式、竞争方式等存在差异，也隐含着企业所承担的风险不同。因此，将战略决策中隐性的风险属性显性化显得尤为必要，现有研究忽视了这一点。而且，风险承担不仅体现了企业不同的战略选择，也反映出战略实施过程中的行为差异。而履行社会责任实质上增加了利益相关者的收益，是企业对利益相关者进行风险补偿的方式。因此，本书将战略决策的风险属性显性化，考察风险承担战略对社会责任的影响，有助于全面认识战略如何塑造企业社会责任行为。

第三，突破了利益相关者同质的研究假设，在利益相关者异质性的逻辑基础上，考察了企业风险承担对不同类型社会责任的差异化影响。研究发现，风险承担导致企业在履行不同类型的社会责任时采取不同的行为方式，呈现出选择性参与的特点。这一创新性的研究结论打开了社会责任的"黑箱"，有助于深刻理解企业如何区别对待不同的利益相关者。

第四，从社会责任角度为风险承担与经济绩效的动态复杂关系提供一种解释。关于风险承担对经济绩效的影响，现有研究得到不一致的结论。高风险承担企业面临复杂的不确定事项，承担风险到经济绩效实现的过程具有动态复杂性，但是现有研究忽视了这一点。本书检验了风险承担影响社会责任进而对企业经济绩效的影响，从社会责任角度为风险承担产生的经济绩效提供了解释，有助于更好地理解二者的关系，也为企业通过风险承担实现经济绩效增长提供了参考。

第二章

文献综述和理论基础

第一节 企业风险承担的相关研究

一、企业风险承担的度量

风险的本质是不确定性，风险承担是一项企业战略。因而，对企业承担的风险进行准确度量具有一定难度。通过梳理文献，对已有研究中企业风险承担的衡量方法进行总结，大致分为以下几种，如表 2-1 所示。

表 2-1　　　　　　　　　　企业风险承担的衡量方法

维度	衡量指标	代表文献
公司业绩	资产收益率的波动性（标准差和极差）	曹等（Cao et al.，2021）、多等（Do et al.，2022）、田高良等（2020）
	股票收益率的波动性（标准差和极差）	洛（Low，2009）、佩尔托梅基等（Peltomäki et al.，2021）、苏坤（2015）
	企业实际收益（ROA/托宾 Q/股票收益率）与预期收益的偏差	中野和阮（Nakano and Nguyen，2012）
行为表现	研发支出	李等（Li et al.，2013）、曹等（Cao et al.，2021）
	专业化经营	基尼和威廉姆斯（Kini and Williams，2012）、何瑛等（2019）

续表

维度	衡量指标	代表文献
行为表现	经营周期	永奎斯特等（Ljungqvist et al.，2017）
	资本支出	张敏等（2015）、田高良等（2020）
	杠杆大小	法西欧等（Faccio et al.，2016）、肖金利等（2018）
	企业并购	阿查亚等（Acharya et al.，2011）、贝尔尼勒等（Bernile et al.，2017）
	现金持有量	贝尔尼勒等（Bernile et al.，2017）、肖金利等（2018）
生存可能性	Altman's Z - score Olson's O - score 或企业存活时间	中野和阮（Nakano and Nguyen，2012）法西欧等（Faccio et al.，2016）曹等（Cao et al.，2021）
决策者态度	问卷调查	加西亚 - 格拉内罗等（García - Granero et al.，2015）、胡望斌和张玉利（2012）、董保宝（2014）

第一，以公司业绩的波动性程度衡量企业风险承担水平。大多数研究采用该种衡量方式，其理论逻辑是基于风险的不确定性本质，企业选择更高的风险水平意味着未来盈余的不确定性增加，公司业绩必然会呈现较大的波动幅度。这是一种从决策后果反观决策前的风险程度和类型选择的方式，因为我们无法观测到企业是如何作出风险承担战略决策的，也无法知悉企业具体会从事的风险项目种类。根据计算依据的数据基础不同，可以分为以会计核算数据为基础和以资本市场数据为基础两类。根据会计核算数据，现有研究一般采用一段时期内（通常是3～5年）经行业年度平均值调整后的总资产净利润率、息税前利润率、息税折旧摊销前利润率或者经营利润率等反映企业盈利水平的波动性程度指标（Cao et al.，2021；Do et al.，2022；田高良等，2020）。会计指标较为准确和全面，契合风险承担的内涵，是现有文献使用频率最高的指标，但财务数据容易受管理层操纵。根据资本市场数据，已有文献用经行业年度平均值调整后的股票收益率（日收益率、周收益率或年收益率）的波动性程度来衡量企业风险承担水平（Coles et al.，2006；Low，2009；Peltomäki et al.，2021；苏坤，2015）。与财务指标相比，股票收益率不易受管理层影响，但由于我国资本市场股价的影响因素众多，股价中企业基本面信息含量存疑。也有文献使用实际收益（ROA、托宾Q、股票收益率等）与预期收益差额的绝对值来度量风险承担水平。这种方法先使用大样本数据建立起企业收益的回归方程，用于计算预期收益，然后计算与实际收益的差额，该差额在一定程度上代表了企业风险承担水平（Nakano and Nguyen，2012）。

第二，采用某项具体的风险承担行为作为企业风险承担的代理变量。该种方式的计量逻辑是通过观察企业具体决策来判断企业风险承担水平的高低，这些行为具有资源投入量大、未来回报不确定性较大、短期成本较高等特点。具体而言，研发支出反映了企业在流程、产品、工艺上的投入程度，面临较大的技术和市场不确定性，若成功就会带来高额回报，一旦失败则损失惨重（Li et al.，2013；Cao et al.，2021）。多元化可以分散风险，那么专业化经营则是企业倾向承担风险的体现，企业将资源集中投入某一业务或某一市场意味着需要承担更大的不确定性（Kini and Williams，2012；何瑛等，2019）。改变经营周期（现金转化为原材料、在制品、制成品、应收账款并最终回到现金的过程）可以改变现有业务的风险状况，特别是缩短经营周期（例如减少库存）能够降低资本风险，从而降低收益波动，即企业通过减少对营运资本的投资来降低经营风险（Ljungqvist et al.，2017）。资本支出较多表明企业将大量资金投入在固定资产、无形资产上，固定成本增加会导致利润的波动性较大，技术变革还会使资本存在过时的风险（张敏等，2015；田高良等，2020）。企业为追求高风险高回报的投资机会可能会大量举债，杠杆越高，负面冲击对公司盈利能力的影响越大，比如违约的可能性越高（Faccio et al.，2016；肖金利等，2018）。并购是企业管理者偏好风险的表现，因为并购涉及标的方选择、支付方式、并购后整合等复杂程序，而且并购双方通常面临较高的信息不对称程度，使得并购决策具有较高的不确定性（Acharya et al.，2011；Bernile et al.，2017）。与这些行为相对，也有学者使用风险相对较小的现金持有水平作为反向代理变量（Bernile et al.，2017；肖金利等，2018）。战略管理领域关于风险承担的研究大多采用这些具体的风险承担行为作为衡量指标，主要集中于资本支出、长期负债率和研发支出三种行为（Miller and Bromiley，1990；吕文栋等，2020），也有文献将这三种行为采用主成分分析方法合成一个综合性指标（郭蓉和文巧甜，2019）。风险承担行为是企业在投资、融资和经营领域的体现，具有直观、简单、易于理解等优点，但指标本身具有其他内涵，能在多大程度上表征风险承担水平难以说清。

第三，采用企业生存可能性来测度风险承担水平。该种衡量方式的逻辑是企业承担高风险可能会降低生存可能性，增加破产概率。借鉴财务预警研究的方法，如阿特曼 Z 得分（Altman's Z – score）和奥尔森 O 得分（Olson's O – score）。法西欧等（Faccio et al.，2011）在研究中使用企业在 5 年期间生存的可能性衡量风险承担，并指出该种衡量方式一方面不存在生存偏差，因为生存公司和非生存公司都包括在分析中，另一方面不受会计操纵的影响。但这种衡量方式没有很好地反映风险的不确性本质，体现的是风险产生损失的可能性和程度，并未体现风险带来的高收益。企业之所以愿意承担高风险是为了追逐高额经济利润，创造股东财富，该类指标没有体现风险承担这一核心思想。

第四，使用调查问卷的方式，通过观察管理者决策态度来判断企业风险承担水平。度量逻辑是决策者个体的风险偏好会影响企业的风险选择，所以企业风险承担一定程度上可以理解为决策者愿意承担风险的体现。这种方法在战略管理领域研究中较为多见，主要用于度量新创企业的风险承担水平，因为这些企业尚未有公开的财务数据。例如，董保宝（2014）在其研究中设置如下问卷题项来测度风险承担：贵公司更倾向于选择具有低风险、低回报的项目还是具有高风险、高回报的项目；基于外部经营环境，针对公司的某一目标，贵公司倾向于通过小心、渐进的行动逐步摸索前进还是采取大胆、迅速的行动来达到公司目标；面对不确定性情况进行决策时，贵公司更倾向于采取慎重的态度，以避免损失还是倾向于采取较大胆、积极的态度，以抓住潜在的机会。加西亚—格拉内罗等（García - Granero et al., 2015）、胡望斌和张玉利（2011）等均采用该种衡量方式。这种度量方法以企业家或管理者的风险偏好代表企业风险承担水平，具有前瞻性，但是主观性太强，结果较为依赖问卷设置是否科学合理和被调查者的认真程度。

二、企业风险承担的影响因素

企业风险承担是为了抓住蕴含在不确定性中的获利机遇，从而获取超额经济利润，增加股东财富。从企业经营发展的角度看，企业承担高风险有助于加快资本积累、提高成长性、提升企业价值等；从社会经济增长的角度讲，企业风险承担具有增强市场竞争活力、促进技术进步、提高社会生产率等作用。因此，学术界长期以来致力于风险承担影响因素的探讨，已有研究主要从委托代理理论、资源依赖理论、高阶梯队理论、企业行为理论等方面展开。本书按照不同的理论依据，对企业风险承担影响因素的相关文献进行了归纳总结，见表2-2。

表2-2　　　　　　　　　　企业风险承担的影响因素

理论依据	维度	影响因素	代表文献
代理理论	激励机制	薪酬激励	科尔斯等（Coles et al., 2006）、多等（Do et al., 2022）、苏坤（2015）
		晋升激励	基尼和威廉姆斯（Kini and Williams, 2012）
		高管责任保险、离职费	劳伊和许（Rau and Xu, 2013）、胡国柳和胡珺（2017）

续表

理论依据	维度	影响因素	代表文献
代理理论	监督机制	大股东、连锁股东、外资股东、机构股东	法西欧等（Faccio et al.，2011）、杜善重和马连福（2022）、陈帅和陈燊（2021）、王振山和石大林（2014）
		董事会规模、多样性、独立董事比例	苏和李（Su and Lee，2013）、尤纳斯等（Younas et al.，2019）、叶德珠等（2021）
资源依赖理论	物质资源	财务资本	毛其淋和许家云（2016）陈明和熊先承（2021）
	非物质资源	人力资本、关系资本信息资源	常等（Chang et al.，2015）、费里斯等（Ferris et al.，2017）、曹等（Cao et al.，2021）、刘巍和何威风（2020）、鲍树琛（2021）
高阶梯队理论	教育背景	海归、MBA 教育	张和付（Zhang and Fu，2022）、王元芳和徐业坤（2019）
	职业背景	从军、复合型职业	郎香香和尤丹丹（2021）、何瑛等（2019）
	生活经历	灾难、贫困、破产	贝尔尼勒等（Bernile et al.，2017）、田等（Tian et al.，2022）、高普兰等（Gopalan et al.，2021）
	人口统计学特征	性别、年龄、出生	法西欧等（Faccio et al.，2016）、佩尔托梅基等（Peltomäki et al.，2021）、坎贝尔等（Campbell et al.，2019）
	心理特征	过度自信、自恋知名度	唐等（Tang et al.，2016）、阿博等（Aabo et al.，2020）、吕文栋等（2020）
企业行为理论	问题性探索	业绩反馈	许等（Xu et al.，2019）、郭蓉和文巧甜（2019）、张丹妮等（2022）
	宽裕式探索	组织冗余	布罗米利（Bromiley，1991）、许等（Xu et al.，2019）

基于委托代理理论，股东与管理层之间、控股股东与中小股东之间、股东与债权人之间存在委托代理冲突，从而影响企业风险承担水平。股东和管理层之间在风险承担上的代理问题源于风险偏好不同。具体而言，股东承担企业的剩余风险同时享有剩余索取权，可以方便地通过投资组合分散个别风险，因此是风险中性的，支持企业通过承担高风险来博取高收益，企业风险承担水平通常也更多体

现了作为所有者的股东的意志。相比之下，管理层的个人财富和人力资本高度集中于企业，专用性较强，难以分散同职业相关的失业和声誉损失风险，因此在决策过程中呈现出天然的风险厌恶特征，更为偏好低风险低收益的投资项目（周泽将等，2018）。为了克服管理者的风险规避倾向，促使管理者和股东利益保持一致，激励和监督作为减弱该种代理问题的两类主要手段，在企业风险承担研究领域中得到广泛讨论。激励机制主要是建立事前的以权益或业绩为基础的薪酬计划，比如通过给予管理层股权激励，能够抑制管理层的风险厌恶，有利于协同管理层行为和股东利益一致，实现激励相容，降低代理成本。已有研究表明，股权激励能够促使风险规避的经理人增加风险承担水平（Coles et al.，2006；苏坤，2015）。然而有文献发现，尽管基于股权的薪酬激励旨在使管理层与股东利益保持一致，在一定范围内实施是有效的，但它也可能导致经理人行为偏离企业最优的风险承担水平，过度承担风险或者使管理层财富更多地暴露于风险中从而加剧风险规避（Low，2009；Kim and Lu，2011；Billings et al.，2020）。在相对业绩评价的薪酬契约下，中期落后者（业绩表现比同行差的公司的高管）比中期领先者承担更多的风险以期提高公司的相对业绩（Do et al.，2022）。此外，有学者研究发现晋升激励（高管与下一层高管之间的薪酬差距）会促使高管为增加晋升到高管的可能性而承担更大的风险，从事更多的研发投入、更专注于专业化经营以及增加杠杆等（Kini and Williams，2012）。有研究表明，高管责任保险和解雇补偿金能够减少职业担忧，有助于调节高管的风险规避特征，鼓励经理人积极承担风险（Rau and Xu，2013；胡国柳和胡珺，2017）。

由于激励机制可能会失效，不能很好地解决管理层风险规避问题，需要采取监督手段约束管理层的行为决策。已有文献主要讨论了两种监督机制：来自所有者的监督和来自董事会的监督。公司所有者的监督通常是由大股东、外部股东或专业的机构投资者来实施。大股东具有监督管理层的动机和能力，持股较高使得其收益和企业紧密相关，也能够通过向企业派驻董事直接参与企业经营决策，增强与管理层的风险共识，提高管理层的风险承担意愿（Faccio et al.，2011；高磊等，2020；王美英等，2020）。连锁股东可以凭借行业管理经验约束管理层自利的机会主义行为，促使其投资风险性项目（杜善重和马连福，2022）。外资股东能够加强对管理层的监督，促进企业承担高风险（Boubakri et al.，2013；陈帅和陈燊，2021）。机构投资者具有信息优势，对管理者的监督成本较低，能够有效约束管理者的风险规避行为，提高风险承担水平（王振山和石大林，2014）。董事会在公司治理结构中处于核心地位，管理和监督经理层是董事会的主要职能，董事会的规模大小、组成结构以及薪酬均会影响董事会监督职能的发挥，进而影响企业风险承担决策。由于达成妥协的难度更大，决策群体往往会采取不那么极端的决策，倾向于缓和冲突，因此规模较大或者多元化的董事会与较低的公司风险承担有关（Nakano and Nguyen，2012；叶德珠等，2021）。外部董事由于具有更高的独立性，能改善家族持股与风险承担之间的负向关系，促使企业承担高风险（Su and Lee，2013）。有研究发现，独立董事比例的增加会提供更强有力的监督力度，从而遏制有损股东利益的风险承担行为，这些行为是管理者的自利表现（Younas et al.，2019）。董事会成员的薪酬也会影响其发挥监督职能，林和麦肯（Lim and Mccann，2013）表明股票期权薪酬存在潜在的"赌场盈利效应"，增强了董事会成员的监督意愿，促使高管作出更具风险的决策。

与财富充分分散的中小股东相比，股权集中使得控股股东的财富过于依赖所投资的企业，导致其不愿意承担风险。而且，控股股东还具有攫取控制权私利的动机，倾向于选择稳健的投资项目来确保企业能够继续成为其获取私利的目标，侵害中小股东利益，从而产生第二类代理问题。当企业存在多个非控股大股东时，将形成相互制衡的治理结构，对控股股东的风险规避行为产生监督效应，促使企业从事高风险项目（Faccio et al.，2011；高磊等，2020）。金字塔结构有利于终极控制人实现个人财富分散化，强化其在经营决策中的风险偏好，进而提高金字塔底层企业的风险承担水平（刘志远和高佳旭，2019）。企业风险承担水平还受到股东与债权人之间委托代理冲突的影响。为了追逐高额收益，股东具有动机将债务资金投向高风险项目，实现财富从债权人向股东的转移，导致债权人所承受的风险与收益不匹配。企业负债水平较高时，股东能够支配的债务资金就越多，企业承担的风险水平随之提高（郭瑾等，2017）。债权人预期到企业的资产替代行为，可能会通过签订高利率或苛刻的限制性条款来提高风险溢价，从而限制企业增加风险承担水平（Ljungqvist et al.，2017）。一般来说，短期债务可以约束和抑制道德风险，降低代理成本。然而，有文献发现，短期债务会产生"展期陷阱"，为股东承担高风险提供了激励，股东认为增加资产风险是改善债务重新定价和防止低效清算的最优选择（Della et al.，2020）。

根据资源依赖理论，企业风险承担具有高资源依赖性和消耗性的特点，因而企业现有资源的多少以及潜在资源的获取能力很大程度上决定了企业战略决策过程中的风险选择，即风险承担水平的高低受制于企业资源状况。企业拥有丰富的资源，决策者对风险的控制能力会增强，风险性项目失败而陷入财务困境的可能性会降低，从而激励决策者敢于冒险。首先，财务资本是最重要的物质资源，也是风险承担决策的基础投入要素，因此融资问题成为企业风险承担水平最终形成的关键因素。毛其淋和许家云（2016）研究指出，政府补贴通过增加企业资金持有量进而激励企业对风险性投资项目的选择。陈明和熊先承（2021）研究表明，民营企业引入国有股权有利于获得银行信贷资金，缓解融资约束，从而激励民营企业承担高风险。其次，除财务资本外，企业所拥有的非物质资源，比如人力资本、关系资本以及信息资源等，对企业风险承担决策亦具有重要影响。人力资本是企业承担高风险的必要投入，企业实施员工持股计划，通过与员工分享收益，鼓励了长期承诺，能够提升员工的个人努力、团队协作性，增强其失败承受能力，从而激励冒险行为，提升企业风险承担水平（Chang et al.，2015）。刘巍和何威风（2020）研究发现最低工资上调会导致企业减少人力资本投资，不利于提高企业风险承担水平。我国是典型的"关系型"社会，企业通过各种类型的社会关系能够获取风险承担所需的稀缺资源。张敏等（2015）认为社会网络有助于企业获取低成本的外部融资、拓展投资渠道、培育良好的客户关系等，为风险承担提供资源保障，提升风险承担水平。部分学者研究指出，社会资本一方面能够提供非正式保险，为企业分担风险，进而促进企业提高风险承担水平（鲍树琛，2021）；另一方面提供了隐性的劳动力市场保险，缓解了高管的职业担忧，并且强化了高管权力感，使其更关注与冒险相关的潜在回报，较少关注可能伴随的危险，从而激励高管风险寻求，提高企业的风险承担水平（Ferris et al.，2017）。企业获取行业竞争、客户和供应商、产品市场等信息资源能够提高对风险的预见性，有助于优化风险承担战略决策。比如，拥有大客户的企业通过供应链上的信息共享，能以低成本实现经营互动，简化库存管理，从而激励企业承担风险（Cao et al.，2021）。

新古典经济学认为企业管理者是同质的，其个体特征对企业决策没有影响。但现实中，管理者在价值观、个体认知等方面表现出诸多差异。高阶梯队理论认为，管理者由于有限理性和异质性，会基于既有认知结构和价值观进行战略决策（Hambrick and Mason，1984）。换句话说，管理者特质影响他们的选择，并进而作用于企业行为。这些特质既包括可客观度量的教育背景、职业背景、人生经历以及人口统计学特征，还包括难以度量的心理结构，这些因素在企业风险承担研究中均得到广泛探讨。

教育背景方面，海归高管受国外个人主义文化的影响，在管理决策上更具有冒险精神，促使企业承担高风险，从事更多的风险投资（Zhang and Fu，2022）。接受过 MBA 教育的高管具备财务、营销等方面的技能，会激发高管的风险偏好，促使其选择高风险的投资项目（王元芳和徐业坤，2019）。职业背景方面，拥有丰富职业经历的高管会进行更多的创新，并购频率和金额更高，并且跨地域和跨行业的职业经历对企业风险承担的提升作用更显著（何瑛等，2019）。曾经是军人的管理者具有胆识和克服困难的信心，勇于接受挑战，表现出强烈的风险偏好

（郎香香和尤丹丹，2021）。也有学者得出不同的结论，王元芳和徐业坤（2019）认为从军经历也可能使个体更为保守，有更强的纪律性和更高的道德水准，从而抑制企业承担风险。生活经历方面，生物学上的印记理论认为，个体成长的早期经历会影响日后行为，即使环境发生了根本性的变化，早期经历的影响也不会轻易消失。经历过致命灾难但没有带来极端负面后果的高管更偏好风险，而那些目睹了灾难的极端负面后果的高管则更趋于规避风险（Bernile et al.，2017）。部分学者得到类似的研究结论，田等（Tian et al.，2022）指出高管童年受过创伤会减少战略风险承担行为。戈帕兰等（Gopalan et al.，2021）认为有破产经历的董事任职的公司特别是那些破产时间较短、成本较低、董事施加了更大影响并担任顾问的公司具有更高的风险承担水平。个人特征方面，有研究发现由年长的高管和首席财务官领导的公司股票回报波动性较小，企业特质风险较低，以及女性高管管理的公司总风险和特质风险均较低（Peltomäki et al.，2021）。法西欧等（Faccio et al.，2016）也发现女性高管风险规避程度更高，在其管理的公司中具有更低的杠杆率、更稳定的收入和更高的生存机会，最终导致了资本配置的扭曲。坎贝尔等（Campbell et al.，2019）研究表明高管的出生顺序与战略风险承担呈正相关关系，出生较早的高管比出生较晚的高管承担的风险更小。心理特征方面，过度自信的高管表现出极度的自我效能，对投资环境以及成功的可能性更乐观，从而承担更多风险（余明桂等，2013；Tang et al.，2016）。阿波欧等（Aabo et al.，2020）认为自恋型高管在自恋供给不足（小公司/小薪酬）的情况下会渴望得到更多，从而承担高风险，而在自恋供给充足（大公司/高薪酬）的情况下会维持现状，不愿承担风险。明星高管为维持既定的身份标准以及与其名人身份相关联的利益会更加谨慎，风险承担水平较低（吕文栋等，2020）。

企业行为理论揭示了企业相对业绩（相对于同类企业的平均业绩或自己的历史业绩）如何影响风险承担决策。在企业行为理论框架下，有两个著名的命题："问题性探索"和"宽裕式探索"。"问题性探索"从企业的动机出发，认为每家企业都有一个期望绩效（aspiration level）和实际绩效（performance level）。如果实际绩效超过期望绩效，企业就会根据原有的路径继续运作；如果实际绩效达不到期望水平，企业就会想办法试图改进，从而承担更大的风险（Bromiley，1991）。在"问题性探索"命题下，业绩反馈是风险承担的重要因素。徐等（Xu et al.，2019）指出低绩效的公司专注于为眼前的问题寻找短期解决方案，因此表现出越级冒险行为（如贿赂），而高绩效的公司关注的是保持长期竞争优势，更有可能从事有抱负的风险承担行为，如研发创新。张丹妮等（2022）得到类似的研究结论，面对期望落差时，管理者会选择短期导向的违规活动，在期望顺差的情形下，倾向于选择长期导向的技术创新活动。决策参照点选择的不同会影响企业的冒险决策，历史业绩、行业绩效、管理层预测目标、分析师预测目标等均可作为参照点。郭蓉和文巧甜（2019）考察了双重业绩反馈对企业风险承担的联合作用，发现消极业绩反馈企业遭遇分析师评估差距不断扩大时，企业面临的危机被放大，从而倾向于提高风险承担水平以提振业绩。"宽裕式探索"基于企业资源宽裕度，从企业的冒险能力出发。企业绩效提高后有宽裕的资源而进行冗余搜索，从事耗费资源又没有确定回报的冒险行为（Xu et al. , 2019）。布罗米利（Bromiley, 1991）认为组织冗余对风险承担具有非线性影响，组织冗余度远高于或低于参考水平时企业会提高风险承担水平，接近参考水平时则会降低风险承担水平。

此外，企业风险承担决策与所处的外部环境密切相关，宏观环境差异会作用于决策者的风险偏好，进而影响企业风险承担水平，比如经济政策不确定性、地区经济增长目标、社会信任等。

三、企业风险承担的经济后果

企业风险承担旨在利用不确定性中蕴含的获利机遇，追逐超额经济利润，增加股东财富。但在企业实际经营中，风险承担是否产生了积极作用，现有文献从财务业绩、资本配置效率、成长性、市场价值等各方面进行了实证研究。更进一步地，企业风险承担对宏观经济有何影响，部分学者也对此进行了考察。由于风险的不确定性本质，企业风险承担具有投资回收期较长、短期成本较高、失败概率较大、资源依赖性和消耗性较强等特点（张敏等，2015；田高良等，2020），因而企业风险承担必然影响各利益相关方的风险收益特征和行为决策，一些学者从该角度探讨了企业风险承担的影响效应。由此，本书从宏观经济、企业经营和利益相关者三个层面对风险承担的经济后果研究进行了梳理总结，见表2-3。

表2-3　　　　　　　　　企业风险承担的经济后果

维度	影响结果	核心观点	代表文献
宏观经济层面	社会生产率	风险承担提升社会全要素生产率和人均GDP	约翰等（John et al. , 2008）
	市场竞争	风险承担激发市场竞争	阿西莫格鲁等（Acemoglu et al. , 2015）
	技术进步资本积累	风险承担促进社会技术进步、加快社会资本积累	阿西莫格鲁和齐利博蒂（Acemoglu and Zilibotti, 1997）

续表

维度	影响结果	核心观点	代表文献
企业经营层面	财务业绩	风险承担与企业实际绩效呈正相关、负相关或者U形关系	张和付（Zhang and Fu, 2022）、鲍曼（Bowman, 1980）、曾永艺等（2011）、董保宝（2014）
	资本配置效率	承担高风险是对投资机会的把握，提高了资本配置效率	苏坤（2015）法西欧等（Faccio et al., 2016）
	成长性	风险承担促使企业快速成长	约翰等（John et al., 2008）
	市场价值	风险承担提升了市场价值	何瑛等（2019）杜善重和马连福（2022）
	股价同步性	风险承担降低了股价同步性	田高良等（2019）
	股价崩盘风险	风险承担增加了股价崩盘的可能性	田高良等（2020）
	全要素生产率	风险承担抑制了企业全要素生产率	王海芳等（2022）
利益相关者层面	管理层	风险承担与高管薪酬正相关	周泽将等（2018）
	债权人	债权人会采取措施自保，比如缩短债务期限、提高资金成本、严苛契约条款	蒂姆比斯（Djembissi, 2011）、刘和莫尔（Liu and Mauer, 2011）、顾小龙等（2017）
	供应链	供应商会增加风险承担水平	阮等（Nguyen et al., 2020）
	审计师	审计师增加审计投入、提高审计收费、出具非标审计意见	朱鹏飞等（2018）洪金明等（2021）
	分析师	风险承担降低了分析师盈余预测的准确性	张焰朝和孙光国（2021）

在宏观经济层面，约翰等（John et al., 2008）以全要素生产率和实际人均国内生产总值衡量国家经济增长，发现企业承担高风险会带来更高水平的经济增长。企业投资高风险项目可以产生高收益，使得市场竞争更充分、市场运行效率更高（Acemoglu et al., 2015）。企业承担高风险还能够促进社会技术进步，加快社会资本积累，是国家经济增长的内生动力（Acemoglu and Zilibotti, 1997）。

在企业经营层面，大量文献基于高风险高收益的传统财务理论和风险承担内涵考察了企业承担高风险对财务业绩、资本配置效率、成长性、市场价值等的影响。首先，关于财务业绩的研究检验的是风险承担与企业实际绩效的关系，大部分文献发现，正如预期的那样，承担高风险能够获得高绩效，但也有学者得出了不同结论并给出了一些解释。康拉德和普洛特金（Conrad and Plotkin，1968）用企业资产回报率与行业平均回报率的离散程度衡量风险，发现风险与财务业绩在企业和行业层面均呈显著正相关关系。费雪和霍尔（Fisher and Hall，1969）也表明风险更大的公司收益率更高，特别是行业层面的风险水平对企业回报的解释力度更大。阮（Nguyen，2011）发现日本家族企业特质风险较高，更多地采取具有竞争优势的高风险策略增强市场力量，因而经营绩效更好。张和付（Zhang and Fu，2022）指出"海归"高管通过提高企业风险承担水平增加了财务业绩。尽管诸多学者研究证实承担高风险确实能够使企业获得较高的财务业绩，但也有部分学者对此提出质疑，认为风险承担与企业绩效之间为非线性关系，甚至是负相关关系。菲根鲍姆和托马斯（Fiegenbaum and Thomas，1988）发现风险收益曲线呈 U 形，绩效低于目标水平时风险承担与收益呈负相关，高于目标水平时呈正相关，在目标水平附近风险和收益无显著关系。有研究指出，新创企业风险承担与绩效具有 U 形关系，并且企业能力在其中起到了中介传导作用（董保宝，2014）。这说明企业风险承担的结果不仅与企业本身绩效有关，也与企业能力密切相关。部分学者发现风险承担与企业绩效呈负相关，鲍曼（Bowman，1980）对美国 85 个行业的样本检验结果表明大部分行业的风险与收益呈显著负相关，这一现象被称为"鲍曼悖论"。鲍曼的发现吸引了众多学者进行后续研究，部分研究结果支持了"鲍曼悖论"的存在。布罗米利（Bromiley，1991）指出企业现在的风险水平与未来业绩呈负相关，并用企业行为理论进行解释，低绩效驱动的风险承担带来的收益较低。迪普郝斯和维斯曼（Deephouse and Wiseman，2000）发现风险水平较高的企业更有可能违背显性合同和隐性契约，从而导致收入减少、成本增加。在我国资本市场上，曾永艺等（2011）揭示出公司战略风险和滞后收益间存在显著的负相关关系，企业承担高风险会引发利益相关者的风险担忧，导致其不愿意在相同货币补偿条件下同公司进行交易和专用性投资，致使企业经营绩效下降。实际上，鲍曼在研究中还提出了"战略禀赋说"，认为风险收益负相关可能是由于企业拥有强市场势力和地位、高能力管理者或者垄断性战略资源等。库尔等（Cool et al.，1989）通过实证研究支持了该假说。由此可见，企业从风险承担到绩效实现是一个动态复杂的过程，是值得深入研究的"黑箱"。

资本配置效率方面，企业风险承担水平的提高有利于充分识别和利用投资机会，进而提高资本配置效率。即高风险承担企业倾向于投资高回报率项目，减少对低回报率项目的投资，进而提高投资水平对投资机会的敏感性（苏坤，2015）。法西欧等（Faccio et al.，2016）发现女性高管的风险规避行为会扭曲资本配置。成长性方面，风险承担水平较高的企业具有更高的成长性，约翰等（John et al.，2008）研究表明企业风险承担水平与资产增长率、销售收入增长率显著正相关关系，承担高风险促进了企业快速成长。市场价值方面，企业风险承担会被资本市场投资者识别为一种积极的战略投资行为，从而获得更高的市场估值，给股东带来财富效应（何瑛等，2019；杜善重和马连福，2022）。除上述积极影响外，部分学者发现风险承担给企业经营造成诸多负面影响：企业承担高风险会导致更低的公司透明度和更多的机会主义行为，从而降低股价同步性和市场定价效率（田高良等，2019）；在实施风险性项目的过程中伴随着高额负债和大量资本支出还会增加企业股价崩盘的可能性（田高良等，2020）；企业承担风险也可能加剧信贷约束和代理问题，从而降低企业全要素生产率（王海芳等，2022）。

企业风险承担经济后果的另一个研究方向是基于利益相关者视角考察风险承担的影响效应。高管在企业中投入专用性人力投资，风险厌恶程度较高。因此，企业承担高风险后会增加高管薪酬，建立同风险承担相关联的薪酬机制，以激励高管在风险性项目实施过程中加大人力资本投入（周泽将等，2018）。债务契约具有固定收益特征，通常情况下，债权人无法分享企业风险性项目成功后的高收益，却要承担项目失败带来的巨额损失，因而债权人更为关注企业的下方风险。企业风险承担水平的提升会引发债权人的损失担忧，从而采取措施进行自我保护，比如缩短债务期限（Djembissi，2011）或者要求企业提供更高的流动性保障（Liu and Mauer，2011）。顾小龙等（2017）发现风险承担导致债权人降低信用评级并要求更高的风险补偿，致使债券融资成本增加。客户承担高风险会提高议价地位和租金攫取能力，预见到这种行为，供应商有动机遵循相同的策略以避免议价能力的不平衡和客户的机会主义行为（Nguyen et al.，2020）。也就是说，客户的风险承担会引发供应商承担更高的风险与之抗衡。企业承担高风险还会导致审计师面临更高的审计风险，使其不得不增加审计投入，提高审计收费进行风险补偿（朱鹏飞等，2018），也更有可能出具非标准审计意见的审计报告（洪金明等，2021）。风险承担水平较高的企业可能面临较大的财务风险和严重的代理问题，管理层有动机隐藏负面消息，降低公司的信息透明度，分析师盈余预测准确性随之下降（张焰朝和孙光国，2021）。

第二节　企业社会责任的相关研究

一、企业社会责任的驱动因素

关于企业是否以及在多大程度上履行社会责任一直是学术界的热点话题，大量文献探讨了企业社会责任的驱动因素。约瑟夫（Joseph，2001）指出企业履行社会责任由制度、道德和经济三方面因素共同推动，其中，经济因素是最根本的内在动因。贾兴平和刘益（2014）将企业履行社会责任的动机概括为经济激励、合法性动机与利他主义三种。田虹和姜雨峰（2014）则从企业的外部压力和自我认知视角分析企业社会责任履行的影响因素，认为包括利益相关者压力、制度压力和伦理领导三个方面。借鉴这些研究，对已有文献进行梳理，本书基于内外部视角，将影响企业社会责任履行的主要因素分为内在动机和外部压力两类，见表2－4。

表2－4　　　　　　　　　企业履行社会责任的驱动因素

维度	驱动因素		主要观点	代表性文献
内在动机	经济动机	企业战略	创新差异化导向促进 CSR 较大战略差异度抑制 CSR 激进的战略促进 CSR	班克等（Banker et al.，2022）王爱群和刘耀娜（2021）张多蕾等（2022）
		业绩下滑	业绩下滑企业会增加 CSR 以获取资源支持	李四海等（2016）阳镇和李井林（2020）
		寻租倾向	民营企业基于寻租动机履行更多 CSR	戴亦一等（2014）李四海等（2015）
	道德动机	决策者价值观	受儒家思想影响更深、女性董事比例较高、有"海归"高管的企业履行更多 CSR	刘等（Liu et al.，2021）、贝吉等（Beji et al.，2021）、李心斐等（2020）

续表

维度	驱动因素		主要观点	代表性文献
外部压力	政府规制		法律法规和政府监管促使企业提高 CSR 履行水平	费萨尔等（Faisal et al.，2020）斯丽娟和曹昊煜（2022）
	社会监督	社会规范	社会信任促使企业积极参与 CSR 活动	唐亮等（2018）阳镇等（2021）
		媒体监督	媒体关注度和媒体自由度对企业 CSR 具有促进作用	古勒等（Ghoul et al.，2019）唐亮等（2018）
	其他利益相关者压力	行业竞争	行业竞争与企业 CSR 呈正相关关系，也可能是倒 U 形关系	弗拉默（Flammer，2015）贾兴平和刘益（2014）
		客户集中	客户集中会降低企业履行 CSR 的能力和动机	陈峻和郑惠琼（2020）

首先，企业社会责任履行的内在动机概括起来有经济动机和道德伦理动机两个方面。具体而言，包含了企业战略、公司业绩、决策者价值观等因素。作为营利性组织，经济属性是企业的本质属性，经济责任是最基本的责任，因而经济动机是企业社会责任履行最根本的内在动力（Joseph，2001）。波特和克莱默（Porter and Kramer，2006）提出战略性社会责任观，认为企业社会责任应被嵌入战略管理中，服务于企业战略。因此，企业实施不同的战略会影响企业是否参与社会责任活动。班克（Banker et al.，2022）将企业战略分为创新差异化、市场差异化和成本领先三种，研究发现创新差异化企业经营不确定性和信息不对称性均较高，为获得社会经营许可证，会表现出更高的社会责任绩效；追求市场差异化的企业具有较低的信息不对称性和不确定性，不太可能利用社会责任来获取社会经营许可证；成本领先企业致力于削减成本，倾向于减少社会责任支出。袁等（Yuan et al.，2020）得到类似的研究发现。战略差异度大的企业由于面临的经营风险较大、资源紧张程度以及代理成本较高，因此社会责任履行水平较低（王爱群和刘耀娜，2021）。张多蕾等（2022）研究发现战略激进度高的企业，出于资源获取动机，倾向于履行更多的社会责任。

根植于新古典主义，作为理性经济人，企业追求经济利润是其基本使命，因而业绩的高低会影响企业对社会责任的投入。当业绩出现下滑时，外部利益相关者出于风险担忧会减少对企业的资源支持，如减少商业信用或信贷资金等，此时为降低利益相关者对业绩下滑的风险感知以及企业资源流失的可能性，企业会积极地增加捐赠支出，表现出对社会的慈善行为（李四海等，2016）。阳镇和李井林（2020）得到类似结论，研究发现处于业绩下滑情境的企业会履行更多的社会责任以获取政府补贴，进而增加创新投入，寻求战略变革以摆脱业绩困境。李征仁等（2020）发现遭受负面新闻的企业倾向于履行社会责任以减轻负面新闻给企业带来的消极影响。在我国，政府掌握着大量与经济发展相关的关键性生产要素，企业为获取政府所控制的稀缺资源，会履行更多的社会责任来与政府建立政治联系（李四海等，2015）。尤其是非国有企业的社会责任行为表现出更强烈的寻租倾向，比如具有更大的捐赠倾向和规模，研究证实慈善捐赠的确为企业带来了融资便利、政府补助、投资机会等益处（戴亦一等，2014）。

除经济动机外，企业还会出于道德伦理动机履行社会责任，展现利他情怀。帕克（Parker，2014）采访了英国四位出色的实业界人士，发现管理者的个人哲学、宗教和责任取向可以塑造公司的社会责任取向。在我国，受儒家思想的影响，社会地位高的民营企业家会感受到利益相关者更高的期望，从而积极地参与社会责任（Liu et al.，2021）。类似地，创业家族企业的创始人更遵循"兼济天下"的传统儒家文化理念，因而其相较于改制家族企业愿意承担更多的社会责任（程晨等，2021）。部分学者认为，女性所具有的感恩移情特点使其更易产生利他行为，更加关注企业利益相关方的利益诉求，愿意承担对他人的责任和义务，因而董事会中女性比例越高，企业社会责任履行水平越高（Beji et al.，2021；李井林和阳镇，2019）。李心斐等（2020）的证据表明"海归"高管受海外企业运作模式和西方先进的企业社会责任理论的影响，更加认同企业社会责任理念和思维，重视企业声誉，因此在企业社会责任方面有更好的表现。

其次，企业履行社会责任受到外部压力的影响。由企业社会责任的内涵可知，履行社会责任的直接受益对象是利益相关者。为了获得利益相关者的资源支持，企业会根据利益相关者的需求和期望进行行动，因此，来自不同利益相关者的压力会对企业社会责任参与行为产生重要影响。

第一，政府规制。政府规制是企业社会责任履行的第一制度因素（Campbell，2007）。我国特殊的制度背景使得政府干预对企业的影响不容忽视，在社会责任领域也不例外。各级政府通过法律法规、政策等方式对企业社会责任行为进行规制，对此部分学者展开了深入研究。斯丽娟和曹昊煜（2022）发现绿色信贷政策的实施意味着金融部门将环境因素纳入授信框架，促使企业通过积极承担环境社会责任向金融机构传递"绿色信号"，以换取有利的信贷条件。张强忠等（2022）采用探索性多案例研究方法揭示了政府推动是国有企业社会责任履行的外部基础动力因素，法律法规和政府监管是政府驱动社会责任的两种具体方式。费萨尔等（Faisal et al.，2020）表明政府监管对企业社会责任履行具有积极影响。

　　第二，来自社会公众的监督。公众期望企业成为一个良好的社会公民，服务社会，增进社会福利，而且企业发展过程中产生的诸多社会问题受到公众的广泛关注。社会公众的压力主要体现在两方面：一是社会公众普遍认同的伦理、价值观和行为规范引发的舆论压力，二是媒体报道产生的监督效力。李彬等（2011）研究发现社会规范压力会促使企业参与社会责任。有学者研究表明，在社会信任程度较高的地区，崇尚诚信经营的价值理念会激励企业切实维护公众利益，更愿意投入资源参与社会责任议题，如开展慈善捐赠等（唐亮等，2018；阳镇等，2021）。媒体作为资本市场重要的信息中介，在塑造社会责任决策中发挥着重要作用。一方面，媒体报道会曝光企业不负责任的行为，引发公众关注甚至行政机关的调查，产生声誉损失；另一方面，媒体也会大力宣扬和褒奖企业积极履行社会责任的行为，增强企业良好形象，进一步激励企业投身社会责任活动。因此，媒体关注是企业社会责任履行不容忽视的外部压力之一（李百兴等，2018）。有学者研究表明，媒体负面报道会促使管理者对企业社会责任进行更多的投资（Maistriau and Bonardi，2014）。基于我国的资本市场，唐亮登（2018）认为媒体关注对企业社会责任履行具有促进作用，特别是公信力更强的权威媒体报道对企业社会责任表现的影响更大。除了媒体关注度，媒体自由也会推动企业对社会责任的投资。古勒等（Ghoul et al.，2019）指出，在数字媒体自由度较高的国家，媒体自由对企业及其管理者的声誉影响更大，从而促使企业参与更多的社会责任。

　　第三，来自竞争对手、大客户等其他利益相关者的压力。有学者认为，社会责任是一种有效的市场竞争工具，因此面对激烈的市场竞争时，为能够区别于竞争对手，企业倾向于增加社会责任投入（Flammer，2015）。也有研究发现竞争压力促使企业增加负责任的社会行为，但不必然减少不负责任的行为，可能导致重污染企业忽视环保举措（Dupire and Zali，2018）。贾兴平和刘益（2014）认为行业竞争与企业社会责任呈倒 U 形关系，一定程度的市场竞争会激励企业在生产中添加社会责任属性以实现产品差异化，但随着竞争加剧，企业没有富余的资源和精力履行社会责任。作为与企业具有实质性商业关系的利益相关者，客户对企业社会责任参与决策的影响不容忽视。较高的客户集中度会导致企业现金流减少、融资约束加剧以及经营风险增加，进而降低履行社会责任的能力（陈峻和郑惠琼，2020）。

二、企业社会责任的影响效应

（一）企业社会责任与财务业绩

关于企业社会责任经济后果研究的一个重要方向是考察履行社会责任与企业

财务业绩的关系。如前所述，经济动机是企业社会责任履行最根本的内在动力。那么，一个自然而然的问题是企业履行社会责任究竟对财务业绩有何影响。从20世纪70年代开始，学术界对这一问题展开了广泛深入的探讨，但该问题至今依然是社会责任领域的焦点话题。关于承担社会责任与财务业绩的关系，已有文献得到以下几种研究结论，如图2-1所示。

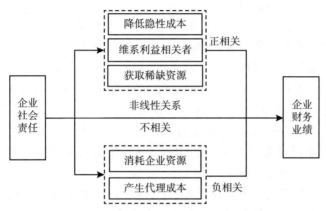

图2-1　社会责任与财务业绩的关系

1. 企业社会责任与财务业绩正相关

大量研究表明企业参与社会责任有助于提升财务业绩，并主要利用隐性成本假说、利益相关者理论和资源基础理论等进行解释。

根据隐性成本假说，各利益相关方不仅对企业有明确的索取要求，还可能有隐性索取权，例如消费者对良好产品质量和优质售后服务的需求、员工对工作保障的要求、社会对良好环境的诉求等（Cornell and Shapiro，1987）。因此，企业财务业绩不只取决于显性成本，也和隐性成本的大小密切相关。企业社会责任表现较差会引发那些拥有隐性索取权的利益相关者怀疑企业履行隐性契约的能力，导致利益相关方将隐性契约转变为对企业来说成本高昂的显性契约。此外，社会责任表现会被利益相关方视为管理技能的标志，企业参与对社会负责任的活动能够改善公司管理层的形象，促使利益相关者愿意以较低的隐性成本同企业进行交易。由此，乐于参与社会责任的企业将有更低的隐性成本，从而获得更高的财务业绩（McGuire et al.，1988；Waddock and Graves，1997；Wang et al.，2008）。

企业由众多利益相关者构成，利益相关者既影响企业的行为，又受到企业行为决策的影响。作为企业社会责任的主导范式，利益相关者理论为企业社会责任与财务业绩之间的正相关关系提供了强有力的理论支撑。利益相关者理论的核心思想是，组织的成功取决于该组织在多大程度上有能力管理其与关键利益相关者的关系。企业参与社会责任是利益相关者管理的重要方式，可以满足利益相关者的需求和期望，增进与利益相关者的互动和沟通，提高双方的信任程度，为企业创造经济价值。琼斯（Jones，1995）开发了一个融合经济学理论和伦理学的模型，认为企业负责任的社会行为将使其与利益相关者发展成持久且富有成效的关系，从而获得竞争优势，被称为"工具利益相关者理论"。良好的利益相关者关系可以通过以下方式使企业受益：员工增强认同感，更加努力地工作，从而提高劳动生产效率（蒋德权和蓝梦，2022）；客户将增加需求或者为具有一定社会责任属性的产品支付溢价（Perrini et al.，2011）；供应商愿意与企业共享信息和知识，政府为企业提供优惠条款或减少处罚（阳镇和李井林，2020）。通过履行企业社会责任进行利益相关者关系管理不仅使具有优越财务业绩的企业能够在更长的时间内保持竞争优势，更重要的是，可以促使利益相关者产生积极归因，当负面事件发生时具有"类保险"作用，从而降低负面事件带来的冲击（Godfrey et al.，2009；李征仁等，2020）。

基于资源基础理论，企业有价值的、稀缺的、难以模仿或替代的有形和无形资源能够帮助企业建立并保持竞争优势，企业绩效的差异是资源禀赋差异的结果（Barney，1991）。承担社会责任有助于企业获取这些异质性资源，从而实现财务业绩的提高。首先，企业投资社会责任是一种与利益相关者沟通交流的方式，能够降低企业与外部利益关系人之间的信息不对称程度，减小外部资金提供者的估计风险和交易成本。此时，债权人更愿意向有社会责任的企业提供更具吸引力的贷款条件，降低资金成本（Cheng et al.，2014；Yeh et al.，2020）。在股票市场上，已有文献表明，越来越多的投资者不仅关注投资组合的财务表现，也评估企业社会责任表现。对社会负责任的企业更易获得投资者的青睐，具有更低的权益资本成本（Ghoul et al.，2011；Xu et al.，2015）。其次，企业致力于社会责任活动，特别是实施利润分享计划、高级培训、团队参与等对员工负责任的行为，往往能够留住高质量的员工，进一步增强员工的工作积极性和归属感，并且吸引潜在的求职者，积累高质量的人力资本（Surroca et al.，2010；Flammer and Luo，2016）。最后，现有研究强调，社会责任是企业声誉的驱动因素，帮助企业与关键利益相关者建立信任、互惠的关系（Gillan et al.，2021）。此外，更易与供应链进行知识交换、协调合作，促进关系资本和组织资本的积累（Perrini et al.，2011）。企业通过参与社会责任实现有效的利益相关者关系管理获取的这些资源，具有路径依赖属性，短期内难以被竞争对手模仿或替代，能够帮助企业提高财务业绩，建立竞争优势。

2. 企业社会责任与财务业绩负相关

以弗里德曼为代表的新古典经济学理论认为，企业的主要目标是在没有欺骗或欺诈的公开和自由竞争框架内，利用资源为股东创造利润，实现股东财富最大化（Friedman，1970）。根据这一观点，企业承担社会责任是对股东资源的一种净消耗，将会导致公司额外的成本，进而损害股东利益，对企业财务业绩产生负面影响。布拉默等（Brammer et al.，2006）考察了英国企业社会责任与股票回报之间的关系发现，企业参与环境和就业方面的社会责任，股价会受到资本市场的惩罚，社会责任支出很大程度上破坏了股东价值。有学者研究印度强制性社会责任发现，企业社会责任在短期内会降低公司价值（Manchiraju and Rajgopal，2017）。事实上，企业的资源是有限的，分配给社会责任活动的资源越多，用于改善核心业务的资源就越少，这可能会降低企业的盈利能力。因此，新古典经济学理论认为，企业参与社会责任会导致成本增加、利润减少，甚至限制企业的战略选择，从而使得承担社会责任的企业在竞争中处于劣势。

新古典经济学理论表明，企业参与社会责任也是代理冲突的表现，企业在社会责任上投入越多，代理成本就越高，进而有损企业经济绩效。管理层利用社会责任来提高个人声誉和形象、掩盖失德行为、隐瞒负面消息等，体现了管理层自利的机会主义动机（Jo and Na，2012；Bouslah et al.，2018；权小锋等，2015；孟庆斌和侯粲然，2020）。经理人愿意从事成本超过收益的社会责任行为，是因为这样做可以获得私人利益（Barnea and Rubin，2006）。戈斯和罗伯茨（Goss and Roberts，2011）发现管理者会在企业社会责任上进行过度投资，以牺牲股东利益来谋取私有收益。

3. 企业社会责任与财务业绩为非线性关系

大多数研究考察了企业社会责任与财务业绩之间的线性关系，然而一些学者认为二者之间应是更为复杂的非线性关系。马洛姆（Marom，2006）发现企业社会责任与财务业绩呈倒 U 形关系，企业参与社会责任的财务回报随着利益相关者的效用增加而增加，达到一定程度后下降，绩效结果取决于边际收益与边际成本的权衡。在我国资本市场上，张宏和罗兰英（2021）研究表明，由于社会责任投入的有效性存在限制条件，因而企业承担社会责任与市场绩效呈倒 U 形关系。然而，有学者持不同的观点，研究表明社会责任和财务业绩呈 U 形关系，企业参与社会责任初始需要大量成本支出，因而财务业绩较低，随着社会责任的持续投入，对利益相关者的影响能力增强了，从而产生足以抵消成本的财务回报（Barnett and Salomon，2012）。陆等（Lu et al.，2021）也认为社会责任对企业价值的影响是不单调的，应在不同情境下评估社会责任的效用价值。

4. 企业社会责任与财务业绩不相关

一些学者认为，企业社会责任和财务业绩之间存在太多干扰因素，因此二者之间不存在实质性关系，除非可能是偶然的。麦克威廉斯和西格尔（McWilliams and Siegel，2000）发现社会责任与企业市场价值和 ROA 均没有显著关系。麦克威廉斯和西格尔（McWilliams and Siegel，2001）构建了一个供需模型，指出企业社会责任取决于规模大小、多元化程度、研发投入、消费者收入、劳动力市场状况和行业生命周期等因素，管理层通过成本效益分析来确定社会责任的供给，因此企业社会责任与财务业绩之间不存在任何既定的关系。萨罗卡等（Surroca et al.，2010）也认为企业社会责任与财务绩效之间不存在直接关系。

随着研究的不断深入，学者们发现通过考察社会责任与财务业绩的直接关系难以正确揭示两者的内在联系，所得出的结论也不可能具有一致性。诸多学者认为，社会责任与财务业绩的关系无法在所有条件下都保持一致和稳定，存在作用边界。因此，有必要基于权变的视角考虑第三方调节变量对二者关系的影响。根据文献梳理，现有研究得出的调节变量主要有企业规模（Cui et al.，2015）、公司风险和盈利能力（Lu et al.，2021）、企业战略（Banker et al.，2022；张宏和罗兰英，2021）、广告强度（Servaes and Tamayo，2013）、治理能力（张劲松和李沐瑶，2021）等内部因素，以及社会信任（蒋德权和蓝梦，2022）、媒体关注（李百兴等，2018）、行业特征（Gras and Krause，2018）、环境动态性等（Wang et al.，2008；Rjiba et al.，2020）外部因素。

也有学者指出，社会责任与财务业绩之间不存在直接关系，只是一种依赖于中介机制的间接关系，社会责任不会自动转化为企业的经济效益，应进一步探寻哪些因素促进了企业从社会责任中受益（Surroca et al.，2010）。客户满意度是社会责任转化为财务绩效的潜在途径之一，客户满意会带来更高的客户忠诚度、积极的口碑以及支付高溢价，这些都可以提升企业财务绩效（Luo and Bhattacharya，2006；Xie et al.，2017；Ghanbarpour and Gustafsson，2022）。声誉和形象是企业从社会责任中受益的主要驱动因素，声誉和形象的增强一方面可以降低交易成本，另一方面能够吸引更多利益相关者的支持，从而带来更好的财务业绩（Peloza and Papania，2008）。企业履行社会责任能够在利益相关者中产生道德资本，为公司基于关系的无形资产提供"类保险"的保护，这种保护能够增加股东财富（Godfrey et al.，2009）。有研究指出，竞争优势也是一种传导机制，社会责任有助于企业保持并增强竞争优势，从而获取更好的财务业绩（Saeidi et al.，2015）。根据现有文献，总结了企业社会责任影响财务业绩的边界条件和作用机制，绘制了社会责任与财务业绩关系研究的基本框架，如图2-2所示。

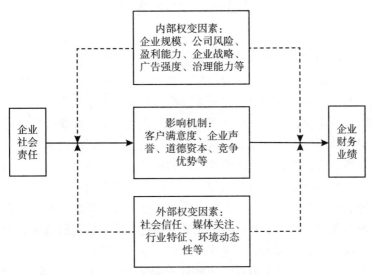

图2-2　社会责任与财务业绩的研究框架

（二）企业社会责任与其他行为决策

企业履行社会责任涉及众多利益相关方，并影响其获取稀缺资源的能力，因此，参与社会责任不仅影响财务业绩和企业风险等结果变量，还会作用于企业其他行为决策，影响研发投入、盈余管理、金融化等过程变量。技术创新方面，企业承担社会责任与利益相关者建立了互信关系，更易从各利益关系人处获取创新所需的人力、资金、技术、信息等关键资源，促进企业技术创新（Jia et al.，2022；罗津和贾兴平，2017）。而且，企业投资社会责任可能会直接产生创新实践，例如在产品中添加社会责任属性会激发产品创新、产品以对社会负责任的方式生产会促使流程创新、平衡众多利益相关方的诉求和期望也会推动管理创新（McWilliams and Siegel，2001；Perrini et al.，2011）。在盈余管理决策上，企业出于道德动机会承担更多的社会责任，其信息披露更加透明，从而抑制盈余管理行为（宋岩等，2017）；管理层也可能出于自利的机会主义动机投资社会责任，此时社会责任便成为其掩盖盈余管理的工具（Prior et al.，2008）。在金融化决策上，企业倾向于利用社会责任的声誉保险作用掩盖其放弃长期实业投资、转向短期金融资产投资的机会主义行为，导致企业金融化趋势明显（孟庆斌和侯粲然，2020）。

第三节　文献述评

通过文献回顾可知，国内外学者对企业风险承担和社会责任的前因后果进行了有益的探索，取得了显著的研究成果，但在以下方面仍有待深入探讨。

首先，基于传统财务理论的高风险高收益内涵，学术界长期以来致力于风险承担影响因素的挖掘，并运用代理理论、资源依赖理论、企业行为理论等理论进行解释。对于经济后果的研究大多从股东角度出发，探讨风险承担对资本配置效率、财务业绩、成长性、企业价值等方面的影响，这些均属于风险承担的经济价值范畴。该研究领域缺乏突破股东和经济价值的关注视角，从更广泛的利益相关者和社会价值角度考察风险承担的影响效应。在新发展理念、共同富裕以及 ESG 等受到空前重视的今天，企业在追求经济价值的过程中如何创造社会价值，进而实现可持续发展，亟须深入的理论探讨和支撑性经验证据。

其次，关于企业风险承担对经济绩效的影响，现有研究得到不一致的结论。高风险承担企业面临更为复杂的不确定性事项，从承担风险到经济绩效实现的过程具有动态复杂性。但是，现有文献忽视了这一点，考察二者之间的直接关系必然得到多样化的结果。基于利益相关者视角研究风险承担经济后果的文献认识到企业承担风险会引发利益者的自我保护，有损企业经济绩效。但是少有文献探讨企业承担高风险后是否会采取一些因应措施，以缓解利益相关者的风险偏好冲突，进而增加经济绩效实现的可能性。社会责任的本质是增加利益相关者的收益，理论上可以有效平衡利益相关者的风险收益关系。那么，企业承担高风险后是否会通过履行社会责任解决利益相关者的风险偏好问题，现有文献尚未关注。

再次，战略性社会责任观认为，企业社会责任应嵌入战略管理中，服务于战略实施。战略关乎企业发展全局，是企业开展不同社会责任活动的内在根源。然而，仅有少量研究从具体的战略类型、战略差异度、战略激进度等方面考察企业战略对社会责任的影响（Banker et al.，2022；王爱群和刘耀娜，2021；张多蕾等，2022）。而且，现有文献忽略了企业战略和社会责任整合过程中由于经济目标和非经济目标的不兼容性产生的紧张关系（Siltaloppi et al.，2020），无法为企业平衡经济价值和社会价值、股东利益与利益相关者利益提供现实指导。不同的战略本质上隐含着企业所承担的风险不同，因此将战略决策中隐性的风险属性显性化显得尤为必要，现有研究忽视了这一点。而且，风险承担不仅体现了企业不同的战略选择，也反映出战略实施过程中的行为差异，是不同战略的重要区别。

基于此，本书将战略决策的风险属性显性化，考察风险承担战略对社会责任的影响，有助于全面认识企业战略如何塑造社会责任行为。

最后，虽然关于社会责任与财务业绩的关系已经有大量文献，但这并不表明这是一个饱和的研究领域。事实上，随着气候变化、贫富差距、公共卫生事件等社会性问题成为全人类共同面临的生存发展危机，经济发展与社会、环境的矛盾日益凸显。新发展理念、共同富裕以及 ESG 等国家政策导向注入了可持续发展的内涵，企业社会责任具有更强的时代特征。企业如何平衡和管理经济价值创造与社会责任履行，实现可持续发展，既是一个理论问题也是一项实践议题。已有研究主要考察社会责任履行对财务业绩的影响，难以体现社会责任的可持续发展内涵。而且，由于履行社会责任产生的成本易于衡量，产生的收益较为间接和模糊，对财务业绩的直接影响无法得到一致且有价值的结果。因此，本书从可持续发展能力角度，检验了高风险承担企业的社会责任履行策略的价值作用，将社会责任与企业可持续发展直接联系起来，提供更有价值的经验证据。

基于现有研究的上述局限性，本书将企业风险承担的经济后果研究的关注视角由股东转向利益相关者，考察体现股东意志的风险承担战略对有益于利益相关者的企业社会责任的影响。具体拟在以下方面展开研究，以期对已有文献进行有益补充：（1）企业风险承担对社会责任履行的影响；（2）企业风险承担与社会责任履行之间的影响机制；（3）在不同生命周期阶段，企业风险承担对社会责任影响的差异；（4）从企业价值和可持续发展能力两个方面考察风险承担影响社会责任履行进而给企业经济绩效带来的影响。

第四节　相关理论基础

一、利益相关者理论

利益相关者理论萌芽于 20 世纪 30 年代多德（Dodd）与伯利（Berle）的争论中，多德认为企业管理者不仅受托于股东，而且受托于更广泛的社会，应承担对职工、消费者和公众的责任。1963 年，斯坦福研究所将利益相关者作为一个明确的概念提出来，并将其定义为"对企业来说存在一些群体，如果没有他们的支持，企业将无法生存"。利益相关者形成一个独立的理论分支得益于安索夫（Ansoff）的开创性研究。1965 年，安索夫首次将利益相关者一词引入管理学和经济学研究中，他认为要制定一个理想的企业目标，就必须综合平衡考虑企业诸多利益相关者之间相互冲突的索取权，包括股东、管理者、员工、供应商和客户。弗里曼（Freeman，2010）将企业利益相关者定义为任何能够对一个组织的目标实现及其过程施加影响或受其影响的群体或个人。这一定义是最具代表性的利益相关者界定，直观地描述了利益相关者与企业的关系，并明确将社区、政府、环境保护者等实体纳入利益相关者的范畴，拓宽了利益相关者的外延。克拉克森（Clarkson，1995）认为利益相关者是指那些在企业中投入了物质资本、人力资本、财务资本或其他有价值的东西，并由此而承担了某种形式的风险的个人或群体。该界定将利益相关者与企业风险结合起来，明确指出利益相关者因企业经营活动而承担风险。1997 年，米歇尔（Mitchell）指出，要成为企业的利益相关者必须至少具有以下一种属性：（1）合法性，即是否被赋予法律或道义上的对企业的索取权；（2）权力性，即是否拥有影响企业决策的能力和相应的手段；（3）紧急性，即利益要求能否立即引起企业管理层的关注。若拥有三大属性则为确定型利益相关者，具备其中两种属性则是预期型利益相关者，具有其中之一属性被定义为潜在型利益相关者。我国学者贾生华和陈宏辉（2002）的定义具有代表性，他们认为利益相关者是指在企业中进行了一定的专用性投资，并承担了风险的个体和群体，其活动能够影响企业目标或者受企业实现其目标过程的影响。温素彬和方苑（2008）认为一个主体之所以成为利益相关者，是因为其向企业投入了各自所拥有的资本，企业是利益相关者缔结的多元资本共生体。

利益相关者理论的发展依赖于清晰明确地定义利益相关者的概念和划分利益相关者的类型。根据现有研究，列举了代表性的利益相关者分类，见表 2 – 5。

表 2 – 5　　　　　　　　　　利益相关者的代表性分类

时间	提出者	分类标准	分类
1984 年	弗里曼（Freeman）	利益相关者的资源和影响	所有者利益相关者、经济依赖性利益相关者、社会利益相关者
1992 年	查卡姆（Charkham）	是否存在交易性契约关系	契约型利益相关者和公众型利益相关者
1996 年	开罗尔（Carroll）	关系的正式性	直接利益相关者和间接利益相关者
1997 年	米歇尔（Mitchell）	合法性、权力性、紧急性	确定型利益相关者、预期型利益相关者、潜在型利益相关者

续表

时间	提出者	分类标准	分类
2001 年	李心合	合作潜在性或威胁性	支持型利益相关者、边缘型利益相关者、不支持型利益相关者、混合型利益相关者
2003 年	陈宏辉、贾生华	主动性、重要性、紧急性	核心利益相关者、蛰伏利益相关者、边缘利益相关者
2008 年	温素彬、方苑	资本形态	货币资本利益相关者、人力资本利益相关者、社会资本利益相关者、生态资本利益相关者

　　弗里曼（Freeman，2010）根据利益相关者所拥有的资源和影响将其划分为所有者利益相关者、经济依赖性利益相关者、社会利益相关者。第一类利益相关者持有公司股权，第二类与公司有经济往来，如员工、债权人、供应商、消费者等，第三类与公司在社会利益方面有关联，比如政府机构、媒体、公众等。查卡姆（Charkham，1992）按照利益相关者是否与企业存在交易性契约关系，将其划分为契约型利益相关者和公众型利益相关者。卡罗尔（Carroll，1996）基于利益相关者与企业关系的正式性，将其区分为直接利益相关者和间接利益相关者，前者是与企业有正式契约或其他法律承认的利益而具有直接索取权的群体或个人，后者与企业存在非正式关系。米歇尔（Mitchell，1997）对利益相关者的划分得到学术界的广泛认可，其根据合法性、权力性和紧急性三个维度将利益相关者划分为确定型、预期型和潜在型利益相关者。我国学者李心合（2001）按照合作潜在性或威胁性将利益相关者区分为支持型、边缘型、不支持型、混合型利益相关者，陈宏辉和贾生华（2004）从主动性、重要性、紧急性三个方面认为企业存在核心利益相关者、蛰伏利益相关者以及边缘利益相关者，温素彬和方苑（2008）以资本形态为标准将利益相关者区分为货币资本利益相关者、人力资本利益相关者、社会资本利益相关者、生态资本利益相关者。

　　传统新古典经济学理论和公司财务理论均认为股东财富最大化是公司的唯一目标，利益相关者理论的提出则是对股东至上主义的修正。该理论的核心思想是企业的发展离不开利益相关者的资源投入，企业应同时兼顾股东和其他利益相关者的利益诉求，企业的目标是为所有利益相关者创造财富和价值（黄世忠，2021）。利益相关者理论与前述社会责任的思想不谋而合，因而该理论是企业社会责任的主导理论，在社会责任研究中得到广泛应用，是企业履行社会责任的底层逻辑。它界定了企业负责任的对象，将社会责任转化为对具体利益相关方的责任，使社会责任的内涵与外延进一步明确和清晰。

二、资源基础理论

1959 年，彭罗斯（Penrose）的著作《企业成长理论》从资源基础视角来定义企业，认为企业不仅是一个管理单元，也是一个具有不同用途的生产性资源的集合体，企业内部的资源是企业成长的内在动力。该观点首次肯定了内部资源对塑造企业竞争优势的重要作用，学术界将此视为资源基础理论的源头。1984 年，沃纳菲尔特（Wernerfelt）发表了《企业的资源基础观》一文，标志着资源基础观的诞生。沃纳菲尔特承袭了彭罗斯的观点，从资源而非产品的角度来看待企业，将企业视为有形和无形资源的组合，例如机器产能、生产经验和技术领先，并强调企业依托异质性资源构建资源地位壁垒是获取高额利润和竞争优势的关键。1991 年，巴尼（Barney）发表了经典论文《企业资源与可持续竞争优势》，极大地推动了资源基础理论的发展，引起了广泛关注和后续大量研究（Barney，1991）。在该文中，巴尼清晰地将资源表述为"组织所控制的有利于其构思和实施战略，从而提升战略效果和效率的各种要素集合"。具体来说，这些资源不仅包括资产、设备等物质资源，而且包括能力、员工素质、组织程序、声誉、信息、知识等人力资本和组织资源。更为重要的是，巴尼提出了能够产生可持续竞争优势的资源应具备以下四种特性：有价值的（valuable）、稀缺的（rare）、难以模仿的（imperfectly imitable）、不可替代的（non-substitutable），即"VRIN"资源框架。彼得瑞夫（Peteraf，1993）基于资源与组织绩效的关系，进一步将资源特征与竞争过程联系起来，提出了持续竞争优势存在的四个潜在条件：资源异质性、资源流动受限、竞争前端和后端限制。

传统资源基础理论的核心思想是：企业是资源的集合体，企业所拥有的异质性资源是竞争优势的来源。传统资源基础理论弥补了产业组织理论无法准确解释处于相同行业中的企业拥有不同绩效和竞争优势这一现象的不足，将竞争优势归因于组织所拥有的异质性资源，提供了从企业层面进行战略分析的新视角（张琳等，2021）。然而，传统资源基础理论是静态的资源观，忽视了在复杂多变的外部情境下如何获取和配置异质性资源以提升企业能力进而塑造竞争优势的深入研究。鉴于这一局限性，后来学者们对资源和能力进行了区分，剖析了资源存量和能力形成的内在关系，引入动态能力理论构建动态资源基础观（张璐等，2021）。埃米特和休梅克（Amit and Schoemaker，1993）将能力从资源概念中划分出来，认为资源是组织所拥有或控制、能够获得的各种生产要素的集合，能力是组织整合这些生产要素以达成既定目标的过程。皮萨诺和蒂斯（Pisano and Teece，1994）提出动态能力的概念，将其界定为组织建立、整合、重构相关资源和能力以快速应对动态变化环境的能力，是一种难以复制和模仿的能力。与该观点相似，赫尔芬特和彼得瑞夫（Helfat and Peteraf，2003）认为动态能力与组织其他任何能力的区别在于其具有不断变化和适应环境的特性，能够对资源或其他能力进行构建、整合或者重组。蒂斯（Teece，2007）进一步指出动态能力包含机会感知和识别能力、机会把握能力、整合多种资源能力三个维度，强调与组织内部的流程、构架、程序等紧密相连，引导组织其他资源和能力以保持对外部环境的适应性。

动态资源基础观强调通过整合资源提升能力以及时响应环境变化从而提升核心竞争力，从动态演化视角阐释了资源存量与可持续竞争优势的关系，但是缺乏对资源形成和配置的具体机制进行理论探讨（张璐等，2021）。鉴于此，后续学者就组织如何发展新资源以及配置资源进行深入研究，出现了资源拼凑和资源编排等新的研究方向，学术界将其概括为资源行动观，为资源基础理论的发展注入了活力。资源拼凑指的是利用现有手边的各种资源，通过重构进行价值再创以解决存在的问题并利用潜在的机会，是新创企业突破资源和能力约束的有效途径（Baker and Nelson，2005）。资源拼凑强调企业通过发挥主观能动性和创造利用性打破情境约束的瞬态结构，可能会引发能力刚性而导致创新力不足，适用于初创企业。西蒙等（Sirmon et al.，2007）提出资源管理概念，涵盖了从构建资源组合、整合资源升级能力到利用资源创造价值三个管理步骤，打开了从资源配置到获取持续竞争优势的流程黑箱。在资源管理模型的基础上，西蒙等（Sirmon et al.，2011）进一步提出了资源编排理论，强调企业各层级应基于内外部环境调整资源组合和能力配置，具有协同性、动态性和权变性的资源管理思维。首先通过跨边界获取、积累和剥离实现资源组合构建，其次依靠维持、丰富现有资源并开拓新资源进行捆绑资源以形成能力，最后再通过动员、协调、部署运用能力创造价值，最终实现与情境的动态匹配。由于契合近十年来学术界关注的研究热点，资源编排理论在创新创业、供应链管理、大数据应用等议题中得到广泛应用。由此，资源基础理论发展脉络可以概括为"传统资源基础观—动态资源基础观—资源行动观"，形成了较为成熟的理论体系。

三、委托代理理论

传统企业理论认为企业是一个"黑箱"，按投入和产出的边际条件运行，企业经济活动是一个简单的生产函数，目的在于追求利润最大化。该理论假设市场是完全竞争的、主体之间不存在信息不对称、理性经济人的行为不受其他参与主体的影响，现实中这些假设难以满足。而且，传统企业理论不能解释目标冲突的个体如何达到均衡、实现利润最大化以及所有权和控制权分离下经理人的行为。委托代理理论为这些问题和现象提供了解释，是契约理论最重要的发展之一。

源起于 20 世纪 30 年代，伯利（Berle）和穆尼兹（Means）发现大部分公司由管理者控制，所有权和控制权的分离使得股东对职业经理人较为依赖，给予其较大的管理选择权，导致股东与经理人之间存在利益冲突。委托代理关系随着规模化大生产而出现，委托人由于知识、能力和精力有限，专业化分工产生了大批代理人，其具有专业知识、精力和能力行使委托人的权力。但是，二者的效用函数并不完全一样，存在利益冲突，代理人不会总是根据委托人的利益行事，有可能损害委托人的利益。所有权和控制权分离的现代公司中股东和经理人就是这样一种委托代理关系，二者利益存在不一致。20 世纪 70 年代，学者们逐渐深入研究企业内部信息不对称和激励问题，委托代理理论由此发展起来。委托代理理论的核心任务就是要解决委托人在利益冲突和信息不对称的环境下如何设计最优契约激励代理人，促使代理人按照委托人的意愿行事。罗斯（Ross，1973）指出最理想的解决方案是委托人完全掌握代理人的行为，但在经济上不可行。莫里斯（Mirrless，1976）建立了标准的委托代理模型，且由于信息不对称的存在，委托人无法直接观测代理人的行动，只能观察其行动结果，得出两个结论：（1）在满足代理人参与约束和激励相容的条件下，使委托人的预期效用最大化的激励机制或契约中，代理人须承担部分风险；（2）若代理人是风险中性的，则可以通过使其承受完全风险的方法实现最优激励效果。

詹森和梅克林（Jensen and Meckling，1976）在《公司理论：管理者行为、代理成本和所有权结构》中提出了代理成本的概念，引发了学者们的广泛关注，成为该研究领域被引用最多的文献。詹森和梅克林认为企业是一系列契约关系的集合，代理成本和监督问题存在于所有契约中，代理成本由三部分构成：（1）委托人的监督支出，委托人为观测或控制代理人而建立措施产生的成本；（2）代理人的保证支出，代理人保证不采取损害委托人行为的费用，若代理人做出这些行为，则委托人获得补偿；（3）剩余损失，代理人的决策和使委托人利益最大化的决策之间存在偏差而导致委托人利益的损失。解决代理问题的关键是建立有效的约束激励机制，关于这一问题学者们提出了诸多观点。法玛（Fama，1980）提出了声誉模型，指出经理人的市场价值取决于其过去的经营业绩，即使没有显性激励合同，经理人也会努力工作以提高在经理人市场上的声誉，因此在长期的委托代理关系中，隐性激励机制能够达到显性激励机制同样的效果。然而，有学者指出，在长期关系中，"棘轮效应"的存在会弱化激励效应（Holmstrom and Costa，1986）。"棘轮效应"指的是委托人将代理人过去的业绩作为标准，代理人越努力，过去实现好业绩的可能性就越大，意味着代理人在给自己建立高标准，当他意识到努力的结果是标准的提高，就会降低努力程度。委托代理理论是现代公司治理的主流理论，该理论的发展和完善为解决公司治理中的现实问题提供了清晰有力的分析框架。

四、信号传递理论

信号传递理论主要用于解决经济生活中广泛存在的信息不对称问题，是信息经济学的重要分支。信息不对称指市场经济活动中各方对信息的了解存在差异，掌握信息比较充分的一方在交易中通常处于有利地位，而信息贫乏的一方处于不利地位。信息不对称可能会导致逆向选择问题，还会在交易完成后引发道德风险，进而影响市场配置资源的效率。交易中具有信息优势的一方通过信号将信息传递给信息劣势的一方，一定程度上可以缓解信息分布不均问题，降低交易各方的信息不对称程度及其产生的弊病。

信号传递理论起源于人们对劳动力市场上学历信号的关注，1973 年斯宾塞在《市场信号：雇佣过程中的信号传递》中提出经典招聘模型，企业在招聘时将应聘人员的教育背景作为其履职能力的信号，以避免信息不对称导致的招人不当和薪酬不公（Spence，1973）。此后，这一理论在经济学和财务学研究中得到广泛关注，有效解决了企业之间、企业与外部投资者之间、企业与员工之间等交易关系中存在的信息不对称问题。罗斯（Ross，1977）将信号传递理论应用于公司财务领域，提出了资本结构信号传递模型，管理者拥有企业未来投资收益和风险的内部信息，可以通过资本结构传递给资本市场潜在的投资者，投资者根据这些信息来评估企业价值。巴塔查里亚（Bhattacharya，1979）在研究中构建了股利信号模型，认为现金股利具有信息含量，能够作为一种介质向外界传递企业未来盈利能力的信号。

财务领域的文献指出，公司向外界传递内部信息通常使用的信号有三种：股利宣告、利润宣告和融资宣告。已有文献对这三种信号传递方式的效率和效果提供了大量的经验证据。实质上，信号传递的效率和效果与信号传递者发出的信号质量、信号传递流程的通畅程度、接收者对信号的理解和信号的反馈等密切相关。信号传递者是具有信息优势的一方，比如企业管理者掌握财务状况、经营风险等内部信息。企业会选择信息披露的内容、方式和时机或者通过一些具体的行为决策将内部信息释放出去。信号接收者即处于信息劣势的一方（比如潜在投资者）会基于接收到的信号对企业的经营状况和发展前景进行价值判断，然后作出投资决策。整个过程中，信号本身的质量具有决定性作用，信号应具有较高的可观测性，提供真实、可靠的信息。

在企业社会责任领域，信号传递理论得到广泛应用。现有研究指出，企业履行社会责任是一种积极信号，可以向供应商、消费者、政府、公众等利益相关者传递企业负责任的良好形象，从而获得经营发展所需的稀缺资源，也能在资本市场上赢得较高的估值（张宏和罗兰英，2021；张多蕾等，2022）。而且，参与社会责任也是与利益相关者沟通交流的方式，能够促进信息流动、提高信息透明度，也有利于利益相关者向企业传递相关信息，助力企业发展（Choi and Wang，2009）。

第三章

企业风险承担对社会责任的影响研究

战略性社会责任观指出，社会责任应被嵌入企业战略管理框架中，服务于战略实施。企业风险承担是一项重要的战略决策，体现了股东意志，旨在追逐超额经济利润。企业承担高风险后会如何平衡股东与利益相关者的利益，作出何种社会责任履行决策，是一个重要的研究问题。履行社会责任是与利益相关者共享收益的方式，能够缓解风险承担对利益相关者造成的风险偏好冲突，激励其投入资源。社会责任还具有"类保险"特性，能够帮助高风险承担企业更好地管理下方风险，抵御不确定事项产生的负面冲击。然而，企业风险承担不仅需要消耗资源，还会降低资源的可得性，尤其是加剧融资约束，致使社会责任履行存在资源不足的现实局限性。企业承担风险会给管理层带来较大的业绩压力，导致社会责任履行存在动机不足问题。那么，在上述两种可能的作用下，企业风险承担对社会责任履行究竟具有何种影响，仍然有待实证检验。由此，本章将通过理论分析和实证检验考察企业风险承担对社会责任履行的影响，并进一步探究风险承担对不同类型社会责任的影响是否存在差异，以及二者关系在不同企业间的异质性。

第一节 理论分析与研究假设

一、促进效应分析

（一）利益共享假说

基于契约理论，企业的本质是所有者、雇员、债权人、供应商及客户等利益相关方之间一系列契约关系的联结（Jensen and Meckling，1976）。克拉克森

（Clarkson，1995）指出利益相关者在企业中投入物质资本、人力资本或其他有价值的资源，并由此而承担了某种形式的风险。这一定义将利益相关者与企业风险联系起来，明确指出利益相关者因企业活动而承担风险。由于风险是收益的来源，为寻求超额经济利润，企业倾向于作出承担高风险的战略安排。显然，这是作为所有者的股东的意志体现。股东承担企业风险的同时享有剩余索取权，而且可以方便地通过资本市场的多元化投资组合较好地分散企业个别风险，更为企业通过承担高风险来博取高收益提供支持，故风险承担战略体现的是股东意志。但股东只承担有限责任，企业一部分剩余风险事实上会转移给债权人、客户与供应商、员工、政府、社会公众等利益相关者。利益相关方与企业可能签订显性合同，具有明确的商业利益往来，也可能签订隐性契约，具有潜在的利益诉求。不管与企业存在哪种形式的契约，企业风险承担都将不可避免地导致利益相关者所承担的风险增加。更为重要的是，利益相关者无法像股东那样以较低成本在资本市场上分散风险，他们甚至在企业中投入了可逆性较差的专用性资产。例如，员工的人力资本高度集中于其所供职的企业，具有较强的专用性，而且受限于劳动力市场的流动性，员工的风险分散能力较弱。供应商可能为企业提供专有的原材料、设备或工具等，难以在产品市场单独销售，对企业的依赖性较强，承受较大的风险。债权人的资金很有可能被股东用于投资高风险项目，增加其无法按时获得足额本息的可能性。政府可能短期内无法获得税收收入，甚至需要为企业提供财政补贴或政策优惠，存在财政赤字加大的风险。与企业没有明确经济利益往来的利益关系人，也会因企业风险承担战略而承受风险，比如企业开发的新产品可能带来环境污染、生态破坏。在企业现实经营中，我们也能观察到企业承担高风险而使利益关系人受到连累的案例。比如，有些公司无序扩张带来的资金链断裂导致员工无法获得工资、供应商难以为继、消费者享受的产品服务质量下降。由此可知，企业风险不是由股东独自承担，而是由利益相关者共同承担，企业作出承担高风险的战略安排将会增加利益相关者所承受的风险。

而在企业收益分享安排中，剩余收益通常由股东享有，利益相关者承担着与其收益不匹配的风险水平，由此产生风险偏好冲突。特别是在企业承担高风险的情形下，这种冲突尤为严重，将导致利益相关者不愿意在相同货币补偿条件下与企业进行交易或进行专用性投资（Deephouse and Wiseman，2000；曾永艺等，2011）。然而，企业的收益不是一个简单的财务资本投入产出函数，企业经济价值创造依赖于各利益相关方的资源投入（温素彬和方苑，2008）。基于资源基础理论，企业拥有的有价值、稀缺、难以模仿以及不可替代的资源构成企业竞争优势的来源（Barney，1991）。企业发展所需的资源无法由股东完全提供，而是由利益相关者所控制或拥有，能否获取这些资源是企业实现战略目标的关键。同样，在企业推进高风险项目的过程中，利益相关者的各自比较优势资源会帮助企业更好地把握不确定性中蕴含的获利机遇，增加风险项目产生收益的大小以及收益实现的概率，助力企业通过承担风险获取超额经济利润。员工拥有丰富的工作经验、技术知识、团队合作意识、沟通能力等人力资本，是高风险项目的具体实施者，其投入的人力资本将直接作用于风险项目的产出。孟庆斌等（2019）研究表明，员工在创新过程中的个人努力和团队协作能够提升创新效率和创新产出。在我国，债务资金是企业重要的财务资源，风险性项目开展需要大量持续的资金支持，债权人提供的物质资源可以增强企业的机遇把握能力。供应商和客户拥有丰富的产业、市场、技术等信息资源，能够帮助企业优化风险性项目。在我国特殊的制度背景下，政府控制着大量企业发展所需的稀缺资源，通过产业政策、税收优惠、财政补贴等方式向企业供给，为风险性项目提供保障（毕晓方等，2017）。因此，在企业承担风险、追逐超额经济利润的过程中，利益相关者是不容忽视的价值动因，附着在利益相关者身上的资源是企业实现风险承担战略目标的重要输入。

因此，为激励利益相关方投入资源，降低隐性成本，高风险承担企业有动机采取措施缓解利益相关方的风险偏好冲突。企业平衡协调利益相关方风险收益关系的方式之一是提高风险补偿，与之共享收益，实现风险激励相容，积极履行社会责任将会是一项有效措施。根据企业社会责任的内涵，社会责任是企业在创造利润、对股东负责的同时，承担的对员工、客户、供应商以及所在社区等群体的多维责任，体现了企业重视利益关系人的关切和诉求（Liu et al.，2021；贾兴平和刘益，2014）。企业参与社会责任能够直接增加利益相关方的利益，增强其获得感和满意度。而且社会责任履行也是一种积极的信号，传递出企业与各利益关系人共享剩余收益的意愿，强化双方互信程度。

在员工方面，企业履责的方式有增加员工薪酬、技能培训、重视安全教育、慰问员工等。其中涉及员工收入的履责行为直接体现了薪酬的风险补偿效应，因为员工难以分散同职业相关的失业和声誉损失风险，给予其更高的现金薪酬可以增加收益水平，使得其与所承担的风险水平相一致（周泽将等，2018）。其他非物质的关怀行为能够提升员工的履职能力，降低失业风险，提高其在劳动力市场上的竞争力，也是增进员工福利的方式，有助于激发员工在风险项目上投入更多人力资本。在供应商和客户方面，企业一般通过提高产品质量、提供优质售后服务、诚信互惠交易等方式履行社会责任。产品开发或进入新市场是企业承担高风险的重要表现，在这个过程中供应商和客户可能面临敲竹杠、新产品性能不确定、售后服务不稳定等风险。此时,企业投入资源进行质量管理、倡导公平竞争、反对商业贿赂等能够降低这些风险,与供应商和客户分享承担高风险的潜在收益,有利于建立并维系良好的供应链关系。在环境保护方面,企业参与社会责任的表现有增加环保投入、降低污染排放、节约能源消耗、获取环境管理体系认证等。在社会公众方面,缴纳所得税、进行公益捐赠均是企业负责任的表现。虽然环境、社区、公众、政府等利益相关方与企业不存在明确的交易性契约关系,但也因企业风险承担行为而承受风险。企业通过上述社会责任活动能够使这部分利益相关者受益,并且获取经营合法性,树立负责任的企业形象,积累良好声誉。由此可见,企业通过履行社会责任与利益相关者共享收益,预期可以缓解风险承担引发的风险偏好冲突,促使利益相关者投入更多资源参与风险承担战略实施,增强企业上行获利能力。

综上分析,企业承担的风险本质上是利益相关者所共同承担的,企业作出承担高风险的战略安排将会增加利益相关者所承受的风险水平,进而加剧其风险偏好冲突。作为企业资源的重要输入方,利益相关者的支持对风险承担战略的成功实施至关重要。因此,企业会积极履行社会责任,与利益相关者共享收益,从而激发他们在企业风险承担过程中的价值创造潜能,助力企业通过承担高风险实现高收益。我们将这一观点称为"利益共享假说",预期企业出于共享利益的目的将会在承担高风险后提高社会责任履行水平,即企业风险承担与社会责任履行呈正相关关系。

(二) 风险管理假说

财务学上以波动性或变化来定义和计量风险,反映了风险的不确定性本质。这说明风险有下侧风险,也有上侧风险;是损失的可能,也是盈利的机会(刘志远和官小燕,2021)。双向风险概念同时将损失和盈利与风险联系起来,意味着企业也应将对损失和盈利的预期全部纳入风险管理的视野和范畴,实现真正意义上的全面风险管理。企业承担的风险既具有客观性,也是主观认知的结果,而且客观存在的风险以及企业对风险的主观认知是变化的,进而导致企业承担高风险产生的经济绩效与预期有所不同。这就意味着企业作出风险承担决策后不能一劳永逸,在推进风险项目的过程中需要动态调整对风险的认知,并采取有效措施进行风险管理。增强上行获利能力固然重要,能否防范和抵御下方风险实际上更为关键。风险事项的出现可能会使企业遭受负面冲击,此时企业能否渡过难关,降低冲击产生的不利影响,关系到企业的生死存亡(刘志远和官小燕,2021)。因此,对于风险承担水平较高的企业而言,有强烈的需求采取行动策略管理下方风险，降低企业经营脆弱性，增强企业韧性。已有文献指出，社会责任具有"类保险"特性，是企业进行风险管理的现实手段（Godfrey，2009；Bouslah et al.，2018；冯丽艳等，2016；花拥军等，2020）。具体来说，在企业风险承担的情境下，社会责任的"类保险"作用体现在以下方面：

第一，企业履行社会责任能够积累道德资本，保护关系型无形资产，降低风险事项造成的经济损失。道德资本的概念最早由戈弗雷（Godfrey，2005）提出，他认为社会责任产生积极道德评价的必要条件是社会责任活动符合企业所在社会的伦理价值观，充分条件是利益相关者对企业社会责任行为背后动机的利他归因。儒家思想是我国社会伦理和行为规范形成的思想基础。企业社会责任的表现形式有关爱员工、公平竞争、保护环境、公益捐赠等，与我国社会行为规范在理念上高度一致，实际上正是社会伦理价值观所倡导的，这就满足了积极道德资本产生的必要条件。根据信号传递理论，企业将践行社会责任作为一种信号，向利益相关者传递企业乐善好施、诚实守信、社会担当的负责任形象。归因理论认为个体会对他人行为背后的原因作出推论或判断。当信号被利益相关者接收后，其会对企业社会责任进行利他归因，认为企业在决策中考虑了对他人或社会的影响，从事在道德上可取的经营活动，并给予企业"良好社会公民"的认证（Kim et al.，2021；朱焱和杨青，2021；骆紫薇等，2022），满足了获得积极道德资本的充分条件。因此，企业参与社会责任有助于积累积极的道德资本，实现"积善成德"。积极的道德资本具有"类保险"功效，能够缓和关系型无形资产的退化，避免在风险承担过程中遭受负面冲击导致的财富损失。资源基础观指出，企业的竞争优势来自其拥有的有价值、稀有、竞争对手难以模仿或难以替代的资源（Barney，1991）。其中一些是经过多年积累起来的关系型无形资产，比如员工承诺、供应商信任、客户认可等，这些资产的盈利潜力取决于企业与利益相关者的关系以及利益相关者对企业行为的评价。企业在风险承担过程中若遭遇金融危机、经济下行、产业萎缩等宏观冲击或者面临投资决策错误、负面新闻等不利影响，拥有较多积极道德资本的企业的关系型无形资产将会受到较低程度的价值冲击。也就是说，员工、供应商、客户等利益相关者依然相信并认可企业，将风险事件原因归于企业运气不好或者管理不善而不是有意或恶意为之，对企业索要的补偿或惩罚性制裁较少，愿意为风险承担战略继续提供资源支持，帮助企业渡过难关，降低企业经济损失（Godfrey，2005）。因此，对高风险承担企业而言，履行社会责任带来的关系资产保护，为防御风险事件的不利冲击建立了堡垒。

第二，参与社会责任是企业与利益相关者交流和共享信息的方式，增益信息流入能够帮助企业重塑风险认知，动态调整风险承担战略实施计划，从而避免经营失败。已有研究指出，风险不仅具有客观特性，也是企业主观认知的结果，而且客观存在的风险以及企业对风险的主观认知处于不断变化中（刘志远和官小燕，2021）。正确认识和把握风险是有效防范风险的前提，企业作出风险承担战略决策后需要不断调整对风险性质、发生概率和产生后果的判断，并基于新的风险认知优化风险承担行为，避免脱离实际情况导致项目失败。但是，管理者通常只掌握企业经营等内部信息，客户、供应商、投资者等拥有更多的市场前景、竞争对手情况以及外部经济环境等信息，这些信息对于企业更好地认知当下的风险并动态调整应对策略至关重要。社会责任是企业与利益相关者互动的方式，可以增加双方的沟通和交流，促使风险相关的增益信息流向企业。更为重要的是，随着良性互动的增多，利益相关者对企业的信任程度会增进，主动向企业提供的信息会更多，质量也会更高。现有研究证实，提供风险信息是社会责任参与企业风险管理的方式（Eriandani and Wijaya，2021）。已有研究确实也发现，通过参与社会责任，和利益相关者建立良好关系，企业获得各种外部信息，从而帮助企业通过战略调整更快地摆脱不利地位（Choi and Wang，2009）。由此，企业通过履行社会责任可以获取更多的风险相关信息，动态调整风险认知，进而降低风险性项目失败的可能性。

第三，企业履行社会责任能够降低陷入财务困境的概率，以防风险性项目因资金链断裂而中断或中止。企业承担高风险后遭受财务困境的可能性更高，财务风险较大（田高良等，2020）。一方面，企业承担高风险后，内部产生的现金流更具波动性，依靠自身经营活动进行内源融资的能力下降。另一方面，企业提高风险承担水平会增加资金提供者的风险感知，外部融资难度和融资成本增加，融资环境恶化。具体来说，债权人会提高资金成本、缩短债务期限或者要求更多的流动性保障进行自我保护（Djembissi，2011；Liu and Mauer，2011；顾小龙等，2017），外部投资者会将承担风险要求更高的投资回报率作为风险补偿（王化成等，2017），供应链企业会减少商业信用供给（王竹泉等，2017）。企业参与社会责任是与债权人、客户、供应商等资金提供者沟通交流以及分享收益的方式，可以缓解内外部信息不对称性以及代理冲突，降低资金提供者的估计风险和交易成本。程等（Cheng et al.，2014）表明，卓越的企业社会责任表现可以带来更好的融资渠道，归因于利益相关者参与的增强降低了代理成本，透明度的提高降低了信息不对称程度。同样，叶等（Yeh et al.，2020）也发现，在中国资本市场上，企业社会责任表现越好，贷款条件越优惠、债务资本成本越低。一些文献表明，越来越多的投资者关注投资组合公司的社会责任表现，倾向于将社会绩效较高的企业纳入投资组合中，因此对社会负责任的企业更易获得投资者的青睐，权益融资难度和融资成本更低（Ghoul et al.，2011；Xu et al.，2015）。因此，履行社会责任能够缓解企业风险承担导致的财务困境，降低资金链断裂的可能性，从而避免风险承担战略失败。

综合来看，企业承担高风险后会出于抵御下方风险的风险管理需要而履行社会责任，原因如下：社会责任能够产生积极的道德资本，保护关系型无形资产免受损失；社会责任可以促进风险相关的增益信息流入，帮助企业及时调整战略实施计划；社会责任有助于降低陷入财务困境的概率，避免风险性项目因资金链断裂而中断或中止。因此，高风险承担企业在决策时可能会寻求社会责任的"类保险"特性，通过社会责任进行风险管理，增强企业韧性。即企业风险承担与社会责任履行呈正相关关系，我们将这一观点称为"风险管理假说"。

二、抑制效应分析

（一）资源约束假说

企业推进风险承担战略需要消耗大量资源。战略学研究将风险承担定义为管理者愿意作出大量有风险的资源承诺的程度，大量借款、高额资本支出、专注创新等均被视为承担高风险的表现（Miller and Friesen，1978）。从这一定义可以看出，风险承担与资源具有直接必然联系，风险承担过程实则是资源消耗过程。根据风险承担的内涵，学者们总结得出风险承担具有以下特性：投资回收期长、短期成本高、失败概率大、高资源依赖性、强资源消耗性（张敏等，2015；田高良等，2020）。然而，过往诸多文献只是从事前角度考察资源的多寡以及获取的难易程度对企业风险承担的影响，证实了资源状况是企业进行风险选择的重要考虑因素。某种意义上，从侧面反映出风险性项目对资源的需求和依赖程度较高，但忽视了风险承担是一个过程，资源也并非一次性投入，无法在决策前准确预估和获取总的资源需求量，甚至更有可能是在作出风险承担决策后随着项目的推进而去寻求资源支持。因此，风险承担需要消耗大量资源，企业也可能会将部分资源锁定以保障风险性项目的顺利运行。

企业风险承担还会降低资源的可获得性，特别是引发严峻的融资约束问题。承担高风险不仅需要消耗大量资源，还会导致进一步获取资源的能力下降，加剧资源紧张程度。企业经营发展所需的资源无法由股东完全提供，而是由利益相关者所控制或拥有。由于风险的不确定性本质，企业承担高风险后经营波动性较大，而且风险性项目投资通常回收期较长、失败概率较高。这会增加利益相关者所承受的风险，导致其不愿意在相同货币补偿条件下与企业进行交易或专用性投资（Deephouse and Wiseman，2000；曾永艺等，2011）。资金是企业最重要的物质资源，也是获取和培育其他资源的基础，资金链断裂对企业是一种沉重打击。但不可否认的是，企业风险承担会引发资金提供者的风险担忧，导致其采取措施进行自我保护。从企业角度看，这会提高融资难度和资金成本，致使企业陷入严峻的融资约束境地。债务融资方面，企业承担高风险增加了债权人面临的违约风险，促使债权人调整信贷决策进行自我保护，比如提高资金成本、缩短债务期限或者要求更多的流动性保障（Djembissi，2011；Liu and Mauer，2011；顾小龙等，2017）。股权融资方面，外部投资者会将承担风险要求更高的投资回报率作为风险补偿，因而高风险承担企业的权益资本成本较高（王化成等，2017）。供应链融资方面，企业承担高风险会增加从供应链企业获取资金的难度。供应链企业之间密切的商业往来容易引发风险传染，供应商和客户会根据企业的经营风险水平进行"信用配给"，因而经营风险较高的企业难以利用营业活动自发融资，获得的商业信用较少（王竹泉等，2017）。可见，鉴于风险的不确定性本质，企业承担高风险后从利益相关者处获取资源的难度和成本将会增加，资源可得性降低，加剧了资源紧张。

企业社会责任属于高自由裁量权的投资领域，具有较高的资源敏感性。企业社会责任具有自愿属性，赋予了管理者在决策时较高的自由裁量权，可以根据外部环境、企业经营情况甚至是自己的意愿和喜好选择社会责任的履行方式和程度。而且，参与社会责任通常需要较多的初始投资，这些投资很有可能无法在短期内带来财务回报，因而履行社会责任很多时候需要企业以"不求回报"的态度投入大量资源用于满足利益相关者的诉求和期望。正因如此，该类投资对企业资源的富余程度较为敏感，资源禀赋是企业进行社会责任投资的重要考虑因素。也就是说，社会责任决策很大程度上取决于企业是否有富余资金或其他资源（McGuire et al.，1988）。塞弗特等（Seifert et al.，2004）利用结构方程模型研究财富 1000 强企业的慈善行为，发现慈善捐赠是一种可自由支配的社会责任活动，企业现金流对其具有重要影响。沃多克和格拉韦斯（Waddock and Graves，1997）提出闲置资源理论，认为较高的财务业绩会产生冗余资源，从而为企业参与社会责任提供资源。麦克威廉斯和西格尔（McWilliams and Siegel，2001）分析了企业社会责任的供需双方，并假设企业必须投入资源（即与企业社会责任相关的资本、土地和设备、劳动力、材料和购买的服务）来产生满足社会责任需求的产出，这就要求企业有能力履行社会责任。在现实中，我们也确实发现，积极参与乡村振兴、医疗救助、环境保护、科教文卫等社会责任议题的企业大多是耳熟能详的知名企业，这些企业具有强劲的资源和能力。例如，2021 年 8 月 18 日，腾讯宣布增加 500 亿元启动"共同富裕专项计划"。同年 9 月 2 日，阿里巴巴集团宣布启动助力共同富裕十大行动，将在 2025 年前累计投入 1000 亿元。简言之，社会责任是企业具有较高自由裁量权的事项，社会责任对资源禀赋较为敏感。

面对风险承担导致的资源紧张，特别是融资约束这一现实局限性，企业会将有限的资源优先配置在生产性项目上，保障高风险项目的顺利实施，减少社会责任投入。前述分析指出，企业推进风险承担战略需要消耗大量资源，也会降低资源的可获得性，而且社会责任投资的自主权和资源敏感性较高。如此，在资源受限的现实情况下，企业风险承担与社会责任将会是此消彼长的竞争关系。企业开展社会责任实践需要投入有价值且有限的资源，这将增加企业运营成本，甚至对企业的市场型战略存在挤占效应（Luo and Bhattacharya，2009；阳镇和李井林，2020）。对高风险承担企业而言，社会责任可能会是一种昂贵的负担，或者说是一项奢侈品，资源不足以支撑企业参与社会责任这类非生产性活动。实际上，一些文献提供的证据表明当面临资源竞争时，企业投资的原则是优先投资于那些能为股东创造有形以及明确价值的生产性活动。由于企业资源往往有限，很难同时追求在经济维度和社会维度上的所有战略目标，企业核心业务应该给予更高的战略优先级（Luo and Bhattacharya，2009）。

综上分析可知，企业推进风险承担战略需要消耗大量资源，还会降低资源的可获得性，加剧融资约束程度，进而制约企业社会责任投入。因为社会责任具有自愿性，企业在该领域拥有较高的自由裁量权。在资源紧张的情况下，企业会倾向于削减社会责任支出。因此，从资源角度看，可以预期，企业风险承担与社会责任履行之间存在负相关关系，我们将这一观点称为"资源约束假说"。

（二）业绩压力假说

企业社会责任属于较高自由裁量权的投资领域，而自由裁量权主要由管理层行使。管理层的意愿在很大程度上决定了社会责任的履行水平，因此动机问题是社会责任的重要考虑因素。风险承担的战略目标在于追求超额经济利润，为此不惜承受较高的收益波动性。风险的本质是不确定性，意味着既存在盈利的机会，也有可能产生损失。已有文献指出，风险承担具有失败概率高、短期投入多、投资回收期长等特点（张敏等，2015；田高良等，2020）。在过于关注经济目标，且实现目标存在较大不确定性的高风险承担企业中，管理层将承受较大的业绩压力。

企业承担高风险较易出现短期业绩下滑，而且一旦遭受经营失败就会产生严重的经济损失，故高风险承担企业通常具有较大的经营脆弱性。在现代财务学中，风险代表了实际收益相较于预期收益的偏离程度，因而通常用投资组合收益率的方差或标准差来刻画。高风险高收益的投资规律反映了承受的损失越大就需要越多的收益作为补偿。从企业经营角度，2004 年 COSO 发布的《企业风险管理——整合框架》将风险定义为"一个事项将会发生并给目标实现带来负面影响的可能性"。可以看出，风险与生俱来具有损失性，存在危险要素。已有文献发现，风险承担给企业实际绩效带来了负面影响。鲍曼（Bowman，1980）研究表明大部分行业的风险与收益呈负相关。同样，布罗米利（Bromiley，1991）也发现企业现在的风险水平与未来业绩呈负相关。迪普郝斯和维斯曼（Deephouse and Wiseman，2000）认为承担较高风险的企业更有可能违背显性合同和隐性契约，从而导致营业收入减少、经营成本增加。在我国资本市场上，曾永艺等（2011）揭示出企业风险和实际收益之间具有负相关关系，企业承担高风险会导致利益相关者不愿意在相同货币补偿条件下同公司进行交易和专用性投资，致使企业经营绩效下降。部分学者发现，在实施风险性项目的过程中，伴随着高额负债和大量资本支出，企业股价崩盘的可能性会增加（田高良等，2020），企业承担风险还会降低全要素生产率（王海芳等，2022）。此外，风险性项目通常需要企业前期投入较多资源，短期成本较高。比如，新市场开拓的前期需要进行市场调查、寻找供应商或合作伙伴、扩大广告宣传以提升品牌知名度、购置设备等，这些均需投入大量人力物力，增加企业短期经营成本，对企业利润和经营现金流会产生负面冲击。由此可见，由于风险固有的损失特性，承担高风险将会增加经营脆弱性，企业遭受短期经营失败的可能性较大。此外，承担高风险的企业也更易陷入财务困境，此时企业需要提振财务业绩，展现出经营状况乐观、发展前景良好的面貌，以吸引资金投入。

作为企业战略的决策者和股东的代理人，管理层承受着风险承担伴随的经营失败和财务困境带来的短期经营困难，即企业承担高风险会增加管理层的业绩压力。第一，财务业绩在我国高管薪酬契约中占主导地位，业绩的高低关系到管理者的财富价值和个人效用。大多数企业仍以会计业绩作为管理层努力程度和履职能力的评价标准，经营业绩是高管绩效考评的首要考虑因素。当财务业绩大幅下滑或低于预期目标时，管理层的薪酬水平也会随之下降，甚至会因管理不善而遭到公司解聘。有研究指出，高风险承担企业通常会采用股权激励的方式促使管理层保持长期视野（Coles et al.，2006；苏坤，2015）。但股权激励在我国比重较低，而且也多以业绩型股权激励为主，广泛使用会计业绩作为行权条件，较少使用股票市场业绩（刘宝华和王雷，2018）。而且，麦克奎尔等（Mcguire et al.，2003）研究发现长期激励所隐含的业绩压力会鼓励高管专注于实现财务目标，从而损害其他利益相关者的利益。第二，企业经营失败或陷入财务危机会引发外部经理人市场对管理层的履职能力作出负面评价，给管理层带来声誉损失。在经理人市场中，市场声誉是高管赖以生存的基础，声誉受损会影响高管的薪酬水平和职业发展。为降低职业风险，维护职业声望，管理层有动机和压力避免短期业绩下滑，尽可能地采取措施改善短期盈余。第三，我国投资者具有短期逐利倾向，对企业短期业绩下滑的包容性较低。承担高风险意味着公司业绩会出现较大波动，一旦业绩向下波动，短视的投资者可能会抛售公司股票，进而引起股价下跌，导致股东财富缩水，从而加剧管理者面临的短期业绩压力。此外，分析师等中介机构也会发布较为悲观的盈余预测，这种情绪传递到资本市场，也可能会造成股价下跌。

由于企业风险承担产生的短期业绩压力，管理者会倾向于减少社会责任投入，降低社会责任履行水平。原因有以下几点：第一，企业社会责任属于高自由裁量权的非生产性支出，管理层有较高的主动权，而且该类投资的减少短时间内对企业生产经营活动的正常开展不太可能产生负面影响；第二，履行社会责任本质上是投入资源满足其他利益相关者的需求，增进利益相关者福利水平，有悖于管理层短期内对企业经济绩效的追求和个人财富价值的创造；第三，在我国现行会计核算制度下，企业开展社会责任活动的支出会形成费用，在短期内将会增加企业经营成本；第四，企业社会责任的价值创造具有间接性、潜在性和模糊性的特点，在短期内较难产生直接的、可见的财务收益。此外，高风险承担企业更多地从事市场开拓、并购、创新等探索性行为，具有较高的信息不对称性，导致利益相关者处于信息劣势，难以观测和监督管理者，客观上给予了管理者调整社会责任投资的空间。因此，面对企业风险承担短期内带来的业绩压力，管理层在决策时会倾向于减少社会责任投入。从履行动机来看，预期企业风险承担与社会责任履行之间为负相关关系，这一观点被称为"业绩压力假说"。

综合上述两方面的分析，企业承担高风险后可能会增加社会责任履行，与利益相关者共享收益（利益共享假说），也可能出于抵御下方风险的需要而参与社会责任（风险管理假说）。故在"利益共享假说"和"风险管理假说"的逻辑推理下，企业风险承担与社会责任履行呈正相关关系，即企业风险承担对社会责任履行具有促进效应。与此同时，企业承担高风险还可能引发资源约束，进而导致社会责任履行存在资源不足的现实局限性（资源约束假说），在短期内也会加大管理层的业绩压力，致使社会责任履行产生动机不足问题（业绩压力假说）。故在"资源约束假说"和"业绩压力假说"的逻辑推演下，企业风险承担与社会责任履行之间为负相关关系，即企业风险承担对社会责任履行存在抑制效应。基于此，提出如下竞争性假说：

H1a：其他条件一定的情况下，企业风险承担水平越高，社会责任履行水平越高；

H1b：其他条件一定的情况下，企业风险承担水平越高，社会责任履行水平越低。

第二节 研究设计

一、样本选择与数据来源

以 2009~2020 年沪深两市 A 股上市公司为初始样本。由于和讯网社会责任报告自 2010 年才开始发布，且 2020 年是目前所能获取的最新数据，以及为缓解潜在的内生性问题，将被解释变量社会责任提前一期，故社会责任的观测区间设定为 2011~2020 年。企业风险承担的计算需要用到 $t-1$ 至 $t+1$ 期的数据，故其涵括区间为 2009~2020 年。根据现有研究惯例进行以下剔除：金融类企业、ST 和 *ST 等特别处理公司、资不抵债企业（资产负债率高于 1）、数据缺失的样本。最终得到 24456 个公司年度观测值。企业社会责任数据来源于和讯网发布的我国上市公司社会责任评分，其他财务数据来自 CSMAR 数据库。为减少极端值的影响，对所有连续变量进行上下 1% 的缩尾处理。

二、模型构建与变量定义

为检验 H1a 和 H1b，构建如下回归模型（3.1）：

$$CSR_{i,t+1} = \alpha_0 + \alpha_1 RiskT_{i,t} + \alpha_2 Size_{i,t} + \alpha_3 Lev_{i,t} + \alpha_4 Roe_{i,t} + \alpha_5 Growth_{i,t}$$
$$+ \alpha_6 Share_{i,t} + \alpha_7 Soe_{i,t} + \alpha_8 Bsize_{i,t} + \alpha_9 Indep_{i,t} + \alpha_{10} Both_{i,t}$$
$$+ \sum Ind + \sum Year + \varepsilon \tag{3.1}$$

模型（3.1）中，各变量详细定义如下：

1. 被解释变量：企业社会责任（CSR）

关于企业社会责任的衡量，现有文献主要采用以下几种方式：第一，基于利益相关者主体测度企业社会责任的履行情况。企业社会责任本质上是对企业利益相关方的多元责任，增加各利益关系人的利益。根据企业社会责任的本质内涵，先测算对员工、客户、供应商、政府等各利益相关方的社会责任得分，然后计算总得分或平均得分以反映企业整体的社会责任履行情况。例如，和讯网发布的企业社会责任评分采用该种利益相关者维度的评价方法。第二，根据企业社会责任的内容维度进行衡量。企业社会责任的内容包括经济责任、法律责任、伦理责任、环境责任以及慈善责任等方面，根据企业对这些内容的披露测算企业各方面社会责任的表现，再予以综合评价。例如，中国社会科学院企业社会责任研究中心发布的社会责任发展指数采用内容分析方法，该指数从责任管理、市场责任、社会责任、环境责任等多方面综合评价企业社会责任表现。第三，用具体的社会责任行为来衡量，比如慈善捐赠、环境污染治理、员工培训等。例如，戴亦一等（2014）、李四海等（2016）采用慈善捐赠，斯丽娟和曹昊煜（2022）采用"企业是否开发或运用对环境有益的创新产品、设备或技术""企业是否采取减少废气、废水、废渣及温室气体排放等政策或措施"以及"企业是否开展绿色办公"三项指标度量环境责任。但该种衡量方法过于单一，未反映出社会责任的多维性和综合性特点。

综合对比，本书采用和讯网发布的上市公司社会责任评分来测度企业社会责任履行情况。该评分是基于上市公司公布的社会责任报告以及财务报告，从股东责任、员工责任、供应商客户和消费者权益责任、环境责任和社会公众责任五项内容出发，设立13个二级指标和37个三级指标对社会责任进行全面系统的评价，在我国企业社会责任研究中已经得到普遍应用（冯丽艳等，2016；王爱群和刘耀娜，2021；蒋德权和蓝梦，2022）。而且，该种衡量方法较为符合深交所发布的《上市公司社会责任指引》、上海证券交易所发布的"关于加强上市公司社会责任承担工作暨发布《上海证券交易所上市公司环境信息披露指引》的通知"、国资委发布的《关于中央企业履行社会责任的指导意见》中对企业社会责任的界定。

由于本书考察体现股东意志的风险承担战略对有益于利益相关方的社会责任的影响，故对社会责任的衡量不包括股东责任，在稳健性检验中考虑了股东责任。本书企业社会责任（CSR）=（员工责任+供应商客户和消费者权益责任+环境责任+社会公众责任）/100。企业社会责任（CSR）为 $t+1$ 期的数据。

2. 解释变量：企业风险承担（RiskT）

企业风险承担的衡量方式有公司业绩的波动性、具体的风险承担行为、企业生存可能性以及通过调查问卷观察企业决策者的风险偏好等。由于风险的本质是不确定性，故大多数文献以业绩的波动性程度来测度企业风险承担。根据计算依据的数据基础不同，可以分为以会计核算数据为基础和以资本市场数据为基础两类。由于我国资本市场股价的影响因素众多，股价中企业基本面信息含量存疑，用股票收益波动率度量风险承担噪声较大。鉴于此，参考已有文献（郭瑾等，2017；周泽将等，2018；Do et al.，2022），采用总资产收益率（ROA）在一段时期内的波动性作为企业风险承担的代理变量。以三年（$t-1$ 至 $t+1$ 期）为一个观测期间，计算每个期间经年度和行业平均值调整后 ROA 的滚动标准差，具体计算公式如下：

$$RiskT_{i,t} = \sqrt{\frac{1}{T-1}\sum_{t=1}^{T}\left(ADJROA_{i,t} - \frac{1}{N}\sum_{t=1}^{T}ADJROA_{i,t}\right)^2} \qquad (3.2)$$

其中，i 表示上市公司，t 表示年度，ROA 为相应年度内息税前利润（EBIT）与年末资产总额的比值，ADJROA 为经年度和行业平均值调整后的总资产收益率。RiskT 值越大，表示企业风险承担水平越高。

3. 控制变量

为控制其他因素对研究结论的干扰，参考已有文献（朱焱和王玉丹，2019；冯晓晴等，2020；张多蕾等，2022），选择以下因素作为控制变量。

企业规模（Size）：大公司有更多的资源能力且受到更强的外部监督而参与社会责任；小公司为了与利益相关方建立良好关系以获取资源，具有履行社会责任的动机，但受资源约束且缺乏有效监督也可能减少社会责任。资产负债率（Lev）：高负债率公司面临较大的财务风险，可能会利用企业社会责任的"类保险"特性，降低陷入财务困境的可能性，但也可能因资金紧张而无法进行社会责任投资。盈利能力（Roe）：盈利能力较强的公司有富余的资源和强劲的能力通过参与社会责任管理利益相关者关系，但盈利性较差的公司具有更强的动机投资社会责任以获取稀缺资源。企业成长性（Growth）：成长性较高的公司需要消耗大量资源，可能为了锁定资源以保障高成长而减少社会责任投资，也可能为了建立互利共赢的利益相关者关系而履行社会责任。股权集中度（Share）：股权集中度较高的企业股东治理更有效，从而能抑制经理人出于个人私利的社会责任投资，若股权高度集中，也会引发大股东出于掏空目的而减少社会责任参与。产权性质（Soe）：在我国，国有企业因特殊的产权制度具有双重目标，既有经济目标又有社会目标，需要承担一定的社会职能，且因受政府严格监管和社会公众广泛关注，通常会有更好的社会责任表现，但非国有企业也可能出于资源获取而承担社会责任。董事会规模（Bsize）：董事会规模越大对经理层的监督越有效，约束经理人机会主义动机下的社会责任投资减少行为，但也可能因在社会责任投资方向和程度上难以达成一致意见而减缓社会责任投入。独立董事占比（*Indep*）：独立董事占比越高具有越强的监督力度，从而遏制有损股东利益的对社会不负责任的行为，并且独立董事还能发挥咨询作用，提供更多的信息和建议，有助于企业进行社会责任投资。是否两职合一（*Both*）：若董事长兼任总经理，将拥有较大的决策权，可能出于业绩压力、控制资源或者其他自利动机而减少社会责任投资，也可能利用社会责任维护形象和声誉。

此外，本书在回归中还控制了行业固定效应（*Ind*）和年度固定效应（*Year*）。为减小异方差对回归结果的影响，在回归中采用稳健型标准误，并在公司层面进行聚类调整。详细的变量定义见表 3 – 1。

表 3 – 1　　　　　　　　　　　　变量定义

变量类型	变量名称	变量符号	变量定义
被解释变量	企业社会责任	*CSR*	（员工责任 + 供应商客户和消费者权益责任 + 环境责任 + 社会公众责任）/100
解释变量	企业风险承担	*RiskT*	经年度行业均值调整后的总资产收益率（息税前利润/总资产）3 年期的滚动标准差
控制变量	企业规模	*Size*	期末总资产的自然对数
	资产负债率	*Lev*	期末负债与总资产的比值
	盈利能力	*Roe*	年度净利润与净资产的比值
	企业成长性	*Growth*	营业收入增长率
	股权集中度	*Share*	第一大股东持股比例
	产权性质	*Soe*	若为国有企业则为 1，否则为 0
	董事会规模	*Bsize*	董事会人数的自然对数
	独立董事占比	*Indep*	独立董事人数占董事会总人数的比值
	是否两职合一	*Both*	若董事长兼任总经理则为 1，否则为 0
	行业固定效应	*Ind*	行业虚拟变量
	年度固定效应	*Year*	年份虚拟变量

第三节　实证检验与结果分析

一、描述性统计

表 3 - 2 列示了各变量的描述性统计结果。被解释变量企业社会责任（CSR）均值为 0.1，说明我国企业的社会责任表现整体水平偏低，企业参与社会责任的积极性不高，存在较大的提升空间。社会责任（CSR）的最小值为 - 0.079，最大值为 0.542，标准差为 0.127，意味着样本企业的社会责任表现参差不齐、差异显著。解释变量风险承担（RiskT）均值为 0.047，最小值为 0.002，最大值为 0.344，与刘志远和高佳旭（2019）以及何瑛等（2019）的结果一致，可见我国企业整体风险承担水平较低且各企业间差别较大，故研究其对社会责任的影响具有现实意义。

表 3 - 2　　　　　　　　　　变量描述性统计

变量	样本量	均值	标准差	中位数	最小值	最大值
CSR	24456	0.100	0.127	0.062	- 0.079	0.542
RiskT	24456	0.047	0.057	0.027	0.002	0.344
Size	24456	8.345	1.288	8.172	5.927	12.290
Lev	24456	0.430	0.207	0.424	0.053	0.886
Roe	24456	0.065	0.108	0.068	- 0.535	0.323
Growth	24456	0.205	0.503	0.116	- 0.541	3.591
Share	24456	0.347	0.149	0.328	0.088	0.748
Soe	24456	0.378	0.485	0	0	1
Bsize	24456	2.136	0.200	2.197	1.609	2.708
Indep	24456	0.375	0.054	0.309	0.333	0.571
Both	24456	0.261	0.439	0	0	1

控制变量方面，企业规模（Size）均值和中位数分别为 8.345、8.172，较为相近，分布比较均匀。由于剔除了资不抵债的观测值，样本企业的资产负债率

（*Lev*）最大值为 0.886、均值为 0.430，与周泽将等（2018）的研究基本一致，反映出我国企业存在杠杆率偏高的问题。盈利能力（*Roe*）的最小值和最大值分别为 -0.535、0.323，成长性（*Growth*）的最小值和最大值分别为 -0.541、3.591，表示样本企业获利能力和成长速度具有一定差异，且成长性的均值 0.205 大于中位数 0.116，说明数据呈一定程度的右偏。股权集中度（*Share*）的均值为 0.347、中位数为 0.328，揭示出我国"一股独大"的现象较为严重。产权性质（*Soe*）的均值为 0.378，说明样本中接近 40% 的公司终极控制人为国有属性。董事会规模（*Bsize*）的均值为 2.136，样本企业的董事会人数平均为 8.345 人。独立董事占比（*Indep*）的均值为 0.375，略微超过证监会规定的独董所占比例（不得低于 1/3）。两职合一（*Both*）均值等于 0.261，表明董事长兼任总经理的样本占比约为 26.1%，我国上市公司中普遍存在"两职合一"现象。控制变量均在合理范围内，且与现有文献非常接近，不存在极端值。

二、相关性分析

表 3-3 报告了各主要变量之间的 Pearson 相关系数。据表可知，企业社会责任（*CSR*）与风险承担（*RiskT*）的相关系数为 -0.090，在 1% 水平上显著，初步说明企业风险承担水平越高，社会责任履行水平越低，支持 H1b。除独立董事占比（*Indep*）外，企业社会责任（*CSR*）与其余控制变量的相关系数均在 1% 水平上显著相关，说明控制变量选取合理。除企业规模（*Size*）和资产负债率（*Lev*）的相关系数为 0.507 外，其余变量的相关系数均小于 0.5。另外，经计算，方差膨胀因子为 2.85，远小于 10，说明变量间不存在严重的多重共线性问题。

表 3-3　　　　　　　　　　　　主要变量 Pearson 相关系数

变量	*CSR*	*RiskT*	*Size*	*Lev*	*Roe*	*Growth*
CSR	1					
RiskT	-0.090 ***	1				
Size	0.226 ***	-0.142 ***	1			
Lev	0.118 ***	-0.012	0.507 ***	1		
Roe	0.148 ***	-0.229 ***	0.108 ***	-0.111 ***	1	
Growth	0.028 ***	0.003	0.032 ***	0.053 ***	0.200 ***	1
Share	0.110 ***	-0.097 ***	0.218 ***	0.069 ***	0.139 ***	0.004

变量	CSR	RiskT	Size	Lev	Roe	Growth
Soe	0.180 ***	-0.093 ***	0.347 ***	0.294 ***	-0.013 *	-0.063 ***
Bsize	0.124 ***	-0.067 ***	0.259 ***	0.154 ***	0.048 ***	-0.019 **
Indep	-0.002	0.021 ***	0.015 *	-0.008	-0.022 ***	0.001
Both	-0.086 ***	0.028 ***	-0.176 ***	-0.142 ***	-0.004	0.019 **
Share	1					
Soe	0.229 ***	1				
Bsize	0.027 ***	0.265 ***	1			
Indep	0.044 ***	-0.054 ***	-0.524 ***	1		
Both	-0.052 ***	-0.294 ***	-0.180 ***	0.109 ***	1	

注：*** 、** 、* 分别表示在1%、5%、10%水平上显著。

三、单变量差异性检验

表3-4给出了单变量差异性检验的结果。首先，按企业风险承担（RiskT）的均值将样本划分为风险承担水平低组和风险承担水平高组，然后，对企业社会责任进行均值和中位数检验。由表3-4单变量差异性结果可知，企业风险承担水平高组的社会责任均值为0.089，显著小于风险承担水平低组的0.106。中位数检验结果显示，企业风险承担水平高组的企业社会责任中位数为0.067，显著小于风险承担水平低组的0.052，说明随着企业风险承担水平的提高，企业会减少社会责任投资，初步印证了 H1a、H1b。

表3-4　　　　　　　　　　　单变量差异性结果

组别	均值检验			中位数检验		
	样本	均值	MeanDiff	样本	中位数	Chi2
风险承担水平低	16862	0.106	0.017 ***	16862	0.067	434.119 ***
风险承担水平高	7594	0.089		7594	0.052	

注：*** 表示在1%水平上显著。

四、基准回归结果分析

表3-5列示了模型（3.1）的回归结果，通过逐步加入控制变量和行业、年份固定效应的方式检验企业风险承担与社会责任的关系。由表可知，第（1）列未加入控制变量，风险承担（RiskT）与企业社会责任（CSR）在1%水平上显著负相关，回归系数为-0.201。第（2）列在第（1）列的基础上加入控制变量，虽然风险承担（RiskT）的系数和 t 值均有所下降，系数为-0.057，t 值为-3.564，但依旧显著为负。第（3）列在第（2）列的基础上进一步控制行业和年份固定效应，风险承担（RiskT）的系数为-0.051，t 值为-3.276，显著性水平为1%。由回归结果可见，在控制了其他因素后，企业风险承担水平越高，社会责任履行水平越低，支持H1b。为揭示回归结果的经济意义，对第（3）列进一步计算企业风险承担（RiskT）的标准化回归系数为-0.029，即当企业风险承担水平上升1个标准差时，社会责任履行水平降低2.9%，表明企业风险承担对履行社会责任的影响具有重要的经济意义。

第（3）列控制变量的结果显示：（1）企业规模（Size）的系数显著为正，即大规模企业会履行更多的社会责任，因为其有丰裕的资源和强劲的能力且受到外界广泛关注和监督，承担社会责任以展现大企业的责任担当。（2）资产负债率（Lev）的系数显著为负，可见高杠杆公司并没有利用社会责任来抵御财务风险，可能社会责任对其而言是一种昂贵的奢侈品而非保险品，公司负债较高难以分配资金用于社会责任投资。（3）盈利能力（Roe）与社会责任显著正相关，表明获利能力较强的企业会参与更多的社会责任，可能是因为这类企业具有富余的资源进行社会责任投资，也可能由于其具备较强的利益相关者关系管理能力，能够从社会责任履行中获得更多收益。（4）产权性质（Soe）的系数显著为正，可见与非国有企业相比，国有企业具有更好的社会责任表现。这一结果与我们的直觉相符，国有企业因特殊的产权制度天然包含实现社会目标，承担着促进就业、社会稳定等职能。此外，政府对其在社会责任方面监管更为严格，社会公众对国企履行社会责任也有更高的期待和要求。上述这些因素均会促使国有企业积极履行社会责任，追求社会效益。（5）独立董事占比（Indep）的系数为正，说明独立董事能够促进企业提高社会责任履行水平。可能的原因为：第一，独立董事比例越大意味着公司治理机制越完善，可以有效约束企业对社会不负责任的行为；第二，独立董事具有咨询作用，可以为企业社会责任投资提供信息和建议；第三，独立董事更为了解利益相关方的利益，并将其诉求传递给企业管理层，促使企业重视利益相关者的关切。

表 3 - 5　　　　　　　　企业风险承担对社会责任的影响

变量	CSR (1)	CSR (2)	CSR (3)
RiskT	- 0. 201 *** (- 12. 551)	- 0. 057 *** (- 3. 564)	- 0. 051 *** (- 3. 276)
Size		0. 014 *** (11. 420)	0. 025 *** (20. 842)
Lev		0. 010 (1. 426)	- 0. 034 *** (- 4. 828)
Roe		0. 143 *** (13. 480)	0. 093 *** (9. 747)
Growth		0. 002 (0. 997)	- 0. 001 (- 0. 510)
Share		0. 028 *** (2. 909)	0. 001 (0. 059)
Soe		0. 025 *** (7. 653)	0. 013 *** (3. 968)
Bsize		0. 044 *** (5. 152)	0. 009 (1. 139)
Indep		0. 098 *** (3. 348)	0. 061 ** (2. 269)
Both		- 0. 006 ** (- 2. 186)	- 0. 002 (- 0. 631)
Constant	0. 110 *** (61. 733)	- 0. 173 *** (- 6. 690)	- 0. 083 *** (- 3. 143)
Ind	不控制	不控制	控制
Year	不控制	不控制	控制
观测值	24456	24456	24456
调整 R^2	0. 008	0. 084	0. 230
F 值	157. 524	97. 069	48. 778

注: 括号内为 t 值, ***、** 分别表示在 1%、5% 水平上显著, 使用异方差稳健标准误, 并经公司层面聚类调整。

五、进一步分析：对不同类型社会责任的影响

前述检验表明，企业风险承担对社会责任履行具有抑制效应。企业承担高风险后会减少社会责任参与，二者之间呈显著的负相关关系。此时是将利益相关者视为一个整体，但只观察企业作出风险承担战略安排后对社会责任的整体选择，难以全面知悉企业如何管理经济目标与非经济目标，如何平衡股东利益与其他利益相关者的利益，特别是在不同利益相关者之间如何权衡选择。由于利益相关者具有典型的异质性，这会增加高风险承担企业的社会责任决策复杂度，也为进一步探究风险承担对不同类型社会责任的影响提供了逻辑基础和研究必要。

利益相关者异质性表现在与企业之间契约的性质、对企业的索取权、影响力、重要性、紧急性等方面的不同。嵌入企业风险承担的研究情境中，利益相关者的异质性主要体现在以下两方面：一是由于与企业之间契约的质性差异，不同利益相关者的风险偏好并不一致，进而使其对高风险承担企业的利益诉求和期望存在显著差异。二是附着在利益相关者身上的资源迥异，这些资源对于企业推进风险承担战略的重要程度不同，同时也赋予了利益相关者对企业的不同权力。因此，高风险承担企业可能会区别对待不同的利益相关者，在不同类型的社会责任表现上有所差异。那么，企业承担高风险后究竟会减少哪些有益于利益相关者的社会责任？本部分将对该问题进行考察。

结合我们的研究情境，按照利益相关者与企业的契约关系以及与企业价值链的密切程度，借鉴已有研究（Charkham，1992；Mattingly and Berman，2006；朱焱和杨青，2021），将企业社会责任分为两类：一是公共型社会责任，包含环境责任和社会公众责任；二是技术型社会责任，包括员工责任和供应链责任。

（一）公共型社会责任

企业经营具有外部性，就企业风险承担而言，在某些行业或某种行为下，环境主体也承担一定风险。比如，重污染企业开发新产品的过程中可能会带来大气污染或水污染，海外贸易可能隐含污染转移问题。但通常而言，风险承担对环境主体的影响较小。环境为企业提供生态资本，但需要通过其他与企业具有交易性契约关系的利益相关者间接作用于风险承担战略。而且，环境对风险承担的影响具有不对称性，环境破坏行为导致的不利冲击要强于等量的环境保护行为带来的积极作用。环境污染和生态破坏等负面事件更能引起其他利益相关者的高度关注，促使其将环境因素纳入行为决策，进而对企业风险承担战略的推进产生负面

影响。例如，肖振红等（2021）发现，空气污染会导致人力资源区域流迁和劳动力身体、精神状况下降，进而降低创新能力，抑制创新产出。雾霾短期内通过影响投资者情绪造成股票回报率下降和股价向下波动（Zhang et al.，2017），长期来看会导致投资者对企业经营信心不足，影响企业价值（李宾等，2021）。企业增加环保投入、降低污染排放、节约能源消耗等积极环境行为也会帮助企业树立良好形象，积累声誉，获得资本市场的认可。

社会公众包括享受税收贡献的政府和享有公益捐赠的特定群体。在我国特殊的制度背景下，政府掌握着大量有价值的稀缺资源，通过人才政策、产业政策、税收优惠、财政补贴等方式向企业供给，为企业风险承担提供支持（李四海等，2015；毕晓方等，2017）。税收使政府在企业中拥有了直接经济利益，风险承担具有失败概率高、短期投入多等特点（张敏等，2015；田高良等，2020），企业承担高风险在短期内会减少税收贡献，降低政府的财政收入，使政府的利益受到损失。但政府是一种特殊的利益关系人，长远来看，政府愿意让出部分税收，降低企业税负，为企业分担风险，激励企业通过承担风险创造更高的经济绩效，涵养可持续税源。受益于公益捐赠的特定社会群体被动地受到企业的影响，虽然重要性不及其他利益相关者，但可以赋予企业合法性，帮助企业树立良好形象，积累道德资本。公众对企业的看法还能够影响投资者、消费者、金融机构等其他利益相关者对企业的评价（戴亦一等，2014；李四海等，2016）。

但受益于公共型社会责任的利益相关者与企业不具有交易性契约，而是嵌入广泛的社会性契约中。该类利益相关者对企业没有实质性的显性索取权，虽然也有合法的要求或道义上的诉求，但缺乏执行这些要求的紧迫感和权力，导致企业管理者往往不那么重视，甚至忽视。由于上述特性，企业在公共型社会责任中的决策自由度较高，几乎拥有完全的自由裁量权。因此，企业参与该类社会责任议题意味着需要有更强的利他情怀和同理心，这些议题对企业闲置资源也更为敏感。因此，在承担高风险、遭受资源约束和业绩压力的困境下，企业进行资源配置时对公共型社会责任的投入会显著降低。

（二）技术型社会责任

员工是企业内部利益相关者，企业风险承担会改变员工的风险收益特性，促使员工对企业有更高的利益诉求。从心理层面看，风险承担会增加员工的工作困难度和挑战，产生能力恐慌和职业担忧，构成员工的压力源。员工是项目的"执行人"，风险性项目的非常规性、复杂性和不确定性，可能导致员工现有知识、技能不足以应对。为保住职位或获得职业发展，员工需要付出超出其薪酬价值的努力程度以提升与风险性项目相匹配的技能。而且，高风险项目较高的失败概率还会使员工产生对失败的恐惧，甚至出现反生产行为和离职倾向。从物质层面看，虽然工资具有较强的刚性，不太可能受企业风险承担的影响，但薪酬契约中奖金和福利等浮动薪酬部分和企业经营业绩密切相关。企业承担高风险引发的资源紧张、遭受经营失败和财务困境等可能导致浮动薪酬降低，产生直接经济损失。然而，作为企业人力资本的来源，员工对于企业风险承担战略实施起着关键作用。由于不同于传统、常规或者对重复性机械式劳动依赖较强的战略，风险的不确定性本质赋予了风险承担战略的复杂性、动态性和创新性，战略目标的实现对员工的主观能动性和创造力有较高的依赖。员工身上具备的知识、技术、能力、经验等，以及作出个人努力投入和情感承诺的意愿影响其逻辑思维和整合判断能力，进而作用于风险承担战略的执行效果。

供应商和客户与企业存在交易性契约，是经济依赖型的利益相关者。风险承担会加剧供应商和客户的风险收益冲突，"一荣"不一定"俱荣"，但却很有可能"一损俱损"。一方面，企业承担高风险所获得的经营业绩和快速成长会赋予其较强的议价能力，进而诱发对供应商和客户的"敲竹杠"问题（Nguyen et al.，2020）。另一方面，风险会沿着供应链传染，高风险承担企业一旦遭遇经营失败，将增加供应商和客户的风险暴露，导致其经济损失。因此，风险承担会增加供应链上下游企业的风险，引发其风险偏好冲突，促使其对企业有更高的利益诉求，甚至产生不支持行为。供应商和客户为企业提供物质、关系、信息等资源，对企业推进风险承担战略具有重要作用。由于与企业存在显性契约，供应商和客户能够在风险性项目实施的过程中施加实质性影响。比如，高风险承担企业遭遇暂时性经营危机时，良好的供应链关系可以降低交易中断的可能，帮助企业渡过危机。

从技术型社会责任中受益的利益相关者与企业存在正式契约，被法律赋予对企业的索取权，能够向企业提出合法主张，并且主张可以引起企业管理者的关注和重视，也具有执行主张的能力和手段。此类利益相关者提供的人力、资金、信息等资源是企业风险承担战略的直接输入，有利于企业更好地抓住获利机遇，并做好下行风险管理。这些利益相关也更多地分担了企业风险，企业承担高风险容易引发其风险偏好冲突，使他们承受着与收益不匹配的风险水平。因此，企业即使在资源紧张和业绩压力下，也可能会对这些利益相关者的诉求有所考虑，对技术型社会责任采取相对积极的态度和策略，特别是对关键员工和主要供应链伙伴的利益诉求会给予一定关注。此外，这些利益相关者具有执行利益主张的紧迫性和权力，使企业在技术型社会责任中的决策自由度降低。因此，企业可能会被动参与一些技术型社会责任，避免主要利益相关者防御或抵制风险承担战略。

基于以上分析，我们认为，企业会区别对待不同的利益相关者，风险承担对不同类型社会责任的影响存在显著差异，预期对公共型社会责任的抑制效应强于技术型社会责任。为检验企业风险承担与不同类型社会责任的关系，借鉴现有研究（Mattingly and Berman，2006；朱焱和杨青，2021），将环境责任和社会公众责任之和记作公共型社会责任（PCSR），员工责任、供应商和客户责任之和记为技术型社会责任（TCSR），根据模型（3.1）进行回归，结果列示于表3-6中。

由表3-6可知，第（1）列是对公共型社会责任（PCSR）回归的结果，企业风险承担（RiskT）的回归系数为 -0.072，t 值为 -8.629，显著性水平为1%。此时，标准化回归系数为 -0.067，企业风险承担每提升1个标准差会导致公共型社会责任履行水平降低6.7%，具有重要的经济意义。第（2）列是对技术型社会责任（TCSR）回归的结果，企业风险承担（RiskT）的系数为0.024，t 值为2.727，在1%水平上显著。计算得到标准化回归系数为0.034，即风险承担水平增加1个标准差，技术型社会责任表现会提高3.4%。结果表明，企业承担高风险后会减少公共型社会责任参与，履行一些技术型社会责任，但对前者的负向影响远大于对后者的正向影响，故企业风险承担对整体社会责任存在抑制效应，这一效应是由公共型社会责任履行水平的降低所导致的。

表3-6　　　　　　　　　　风险承担与不同类型的社会责任

变量	PCSR （1）	TCSR （2）
RiskT	-0.072 *** （-8.629）	0.024 *** （2.727）
Size	0.012 *** （18.263）	0.014 *** （20.115）
Lev	-0.016 *** （-4.323）	-0.018 *** （-4.653）
Roe	0.057 *** （10.688）	0.038 *** （7.473）
Growth	-0.000 （-0.512）	-0.000 （-0.494）

续表

变量	PCSR （1）	TCSR （2）
Share	0.006 （1.293）	-0.006 （-1.090）
Soe	0.005 *** （3.207）	0.008 *** （4.172）
Bsize	0.002 （0.401）	0.007 （1.610）
Indep	0.026 * （1.879）	0.035 ** （2.341）
Both	-0.001 （-0.560）	-0.001 （-0.687）
Constant	-0.029 ** （-2.151）	-0.056 *** （-3.661）
Ind	控制	控制
Year	控制	控制
观测值	24456	24456
调整 R^2	0.223	0.206
F 值	70.316	35.848

注：括号内为 t 值，*** 、** 、* 分别表示在 1%、5%、10% 水平上显著，使用异方差稳健标准误，并经公司层面聚类调整。

　　企业风险承担抑制公共型社会责任，说明企业承担高风险引发的资源约束和业绩压力将损害这部分利益相关者的利益，可能因为这些利益关系人对风险承担战略实施的重要性较低、权力较弱，企业倾向于减少对他们的利益关注。而且，企业对此类社会责任的自由裁量权较大，削减这部分支出较为容易。与预期不同的是，风险承担对技术型社会责任不存在负向影响，而是具有促进作用。这可能是因为，从技术型社会责任中受益的利益相关者与企业存在正式的交易性契约关系，法律赋予其对企业的索取权，而且风险承担也更有可能引发他们的风险偏好冲突和防御行为。因此，企业会履行一些技术型社会责任以满足这些利益相关者的要求，平衡其风险收益关系，激励其投入资源。这一结果反映出企业承担高风险后在履行不同类型的社会责任时采取了不同的行为方式，表现出选择性参与的特点。总的来看，企业风险承担会降低社会责任履行水平，这一负向影响是由公共型社会责任的减少所驱动的。

六、稳健性检验

前述基准回归结果表明，企业风险承担与社会责任履行呈显著的负相关关系。为保证这一研究结论稳健可靠，进行以下稳健性测试。

（一）解决内生性问题

1. 工具变量回归

虽然在前述检验中已将被解释变量进行滞前一期处理，控制可能存在的反向因果问题。而且，王建玲等（2019）研究发现企业履行社会责任有助于获取所需资源，进而提升企业风险承担水平，二者应呈正相关关系。为进一步缓解潜在的互为因果和遗漏变量导致的内生性担忧，参考周泽将等（2018）、田高良等（2020）的研究，选取同年度同行业除本公司外其他企业风险承担的平均值（*RiskT_Mean*）作为工具变量，进行两阶段最小二乘回归。表 3 - 7 为工具变量和倾向得分匹配的检验结果。

表 3 - 7 工具变量和倾向得分匹配的检验结果

变量	第一阶段 *RiskT* （1）	第二阶段 *CSR* （2）	倾向得分匹配法 *CSR* （3）
RiskT		- 0.064 ** （- 2.252）	- 0.051 *** （- 3.051）
RiskT_Mean	0.973 *** （83.684）		
Size	- 0.004 *** （- 7.628）	0.025 *** （20.679）	0.026 *** （17.976）
Lev	0.014 *** （4.171）	- 0.033 *** （- 4.806）	- 0.031 *** （- 4.034）

续表

变量	第一阶段 RiskT （1）	第二阶段 CSR （2）	倾向得分匹配法 CSR （3）
Roe	−0.103 *** （−16.455）	0.091 *** （9.454）	0.076 *** （7.895）
Growth	0.006 *** （6.174）	−0.001 （−0.467）	0.000 （0.158）
Share	−0.014 *** （−5.185）	0.000 （0.036）	0.007 （0.696）
Soe	−0.006 *** （−5.981）	0.013 *** （3.946）	0.014 *** （3.808）
Bsize	−0.003 （−1.248）	0.009 （1.134）	0.015 * （1.660）
Indep	0.007 （0.796）	0.061 ** （2.273）	0.076 ** （2.473）
Both	−0.001 （−1.315）	−0.002 （−0.640）	−0.002 （−0.676）
Constant	0.040 *** （4.331）	−0.082 *** （−3.078）	−0.116 *** （−3.821）
Ind	控制	控制	控制
Year	控制	控制	控制
观测值	24456	24456	16090
调整 R^2	0.422	0.230	0.203
F 值	303.671	47.865	37.019

注：工具变量第二阶段回归结果括号内为 z 值，其余括号内均为 t 值，***、**、* 分别表示在1%、5%、10%水平上显著，使用异方差稳健标准误，并经公司层面聚类调整。

在表3-7的第（1）列中，*RiskT_Mean* 的系数在1%水平上显著为正，说明工具变量对 *RiskT* 有很好的解释力。在第（2）列中，企业风险承担（*RiskT*）的

系数为 -0.064，显著性水平为5%。即企业风险承担与社会责任为负相关关系，表明企业风险承担水平越高，社会责任履行水平越低。经过统计计算，弱工具变量检验 Kleibergen - Paap Wald rk 的 F 统计量为 7002.95，说明不存在弱工具变量问题。两阶段回归结果表明，使用工具变量控制潜在的内生性问题后，前文所得研究结论依然成立。

2. 倾向得分匹配法

虽然前文研究中已控制了大量影响社会责任的常见因素，但研究结论仍可能受到潜在遗漏变量的干扰。为缓解遗漏变量和样本选择偏差导致的内生性问题，采用倾向得分匹配法进行配对样本分析。根据企业风险承担的大小将样本分成三组，处于最高分位数的样本为处理组，其余为对照组，并据此设立分组变量。选取以下影响企业风险承担的因素作为协变量：企业规模（*Size*）、企业年龄（*Age*）、企业成长性（*Growth*）、股权集中度（*Share*）、董事会规模（*Bsize*）、独立董事占比（*Indep*）、是否两职合一（*Both*）、经营活动现金流（*CFO*）。将所有协变量对分组变量进行 Logit 回归，采用"一配一、无放回"的最近临匹配法，将差异控制在 0.05，得到 16090 个配对样本，并对配对前后的协变量进行平衡性检验。表 3 - 8 为平衡性检验结果，可见，配对前绝大部分协变量存在显著差异，配对后所有协变量均不存在显著差异，说明配对效果良好。表 3 - 7 的第（3）列给出基于配对样本对模型（3.1）进行回归的结果，企业风险承担（*RiskT*）的系数为 -0.051，在 1% 的水平上显著，风险承担抑制了社会责任履行。回归结果表明，使用倾向得分匹配法控制遗漏变量和样本选择偏差产生的内生性问题后，前文研究结论保持不变。

表 3 - 8   平衡性检验结果

协变量	配对前后	均值		标准化偏差（%）	P 值
		处理组	对照组		
Size	配对前	8.112	8.462	-27.7	0
	配对后	8.137	8.154	-1.4	0.361
Age	配对前	10.943	11.239	-4.2	0.002
	配对后	10.877	10.982	-1.5	0.339
Growth	配对前	0.189	0.213	-4.6	0
	配对后	0.192	0.197	-0.8	0.593

续表

协变量	配对前后	均值		标准化偏差（%）	P 值
		处理组	对照组		
Share	配对前	0.336	0.353	−11.1	0
	配对后	0.338	0.340	−1.0	0.538
Bsize	配对前	2.122	2.143	−10.6	0
	配对后	2.124	2.123	0.5	0.772
Indep	配对前	0.376	0.374	3.1	0.021
	配对后	0.376	0.376	−0.2	0.882
Both	配对前	0.273	0.255	4.0	0.003
	配对后	0.272	0.268	0.8	0.619
CFO	配对前	0.038	0.046	−11.7	0
	配对后	0.039	0.038	1.6	0.320

3. Heckman 两阶段回归

由于企业是否单独披露社会责任报告具有选择性，影响到和讯网对企业社会责任履行情况的评价，导致某些社会责任项目评分为 0，故采用 Heckman 两阶段模型来缓解样本选择偏差对研究结论的干扰。

第一阶段，以企业是否单独披露社会责任报告定义虚拟变量（*Report*）作为被解释变量进行 Probit 回归。在回归中，加入同年度、同行业单独披露了社会责任报告的公司占比（*Percent_Ind*）和同省份、同行业单独披露了社会责任报告的公司占比（*Percent_Prov*）作为虚拟变量（*Report*）的排除性约束变量。通常来说，同行业或同省份企业信息披露具有相似性，但同行业或同省份其他企业的信息披露行为不会影响到本企业的风险承担战略。此外，控制了其他可能影响社会责任报告披露的因素，包括企业规模、资产负债率、盈利能力、成长性、股权性质、董事会规模等。第二阶段，在模型（3.1）的基础上加入逆米尔斯比率（*IMR*）重新进行回归。结果见表 3-9 的第（1）列和第（2）列。由表 3-9 第（2）列可以看出，企业风险承担（*RiskT*）的系数为 −0.069，在 5% 水平上显著，表明风险承担对社会责任履行具有显著抑制效应，说明控制了样本选择偏差后，前文得出的结论是稳健可靠的。

表 3 – 9　　　　　　　Heckman 两阶段、固定效应、差分模型的回归结果

变量	第一阶段 *Report* （1）	第二阶段 *CSR* （2）	固定效应 *CSR* （3）	差分模型 *CSR* （4）
RiskT		-0.069^{**} （ -2.186 ）	-0.041^{**} （ -2.493 ）	-0.072^{***} （ -4.721 ）
Size	0.584^{***} （52.834）	-0.008 （ -1.387 ）	0.017^{***} （6.522）	0.004 （1.451）
Lev	-0.705^{***} （ -11.535 ）	-0.022^{*} （ -1.920 ）	0.002 （0.157）	0.004 （0.351）
Roe	1.047^{***} （10.117）	0.060^{***} （3.172）	0.030^{***} （3.424）	-0.055^{***} （ -7.101 ）
Growth	-0.147^{***} （ -7.046 ）	0.014^{***} （3.751）	0.004^{**} （2.501）	0.001 （0.367）
Share	-0.243^{***} （ -3.619 ）	-0.013 （ -1.287 ）	-0.015 （ -0.861 ）	0.040^{**} （2.317）
Soe	0.342^{***} （15.297）	-0.009^{*} （ -1.792 ）	-0.002 （ -0.192 ）	-0.008^{***} （ -7.806 ）
Bsize	0.223^{***} （3.694）	-0.018^{**} （ -2.152 ）	0.008 （0.634）	-0.009 （ -0.858 ）
Indep	0.807^{***} （3.813）	-0.025 （ -0.838 ）	0.075^{**} （2.135）	-0.002 （ -0.077 ）
Both	-0.030 （ -1.261 ）	-0.001 （ -0.133 ）	-0.005 （ -1.553 ）	0.001 （0.898）
Percent_Ind	2.102^{***} （6.675）			
Percent_Prov	0.017 （1.148）			
IMR		-0.033^{**} （ -2.225 ）		

续表

变量	第一阶段 *Report* （1）	第二阶段 *CSR* （2）	固定效应 *CSR* （3）	差分模型 *CSR* （4）
Constant	−6.278 *** （−28.657）	0.554 *** （8.094）	−0.010 （−0.194）	0.016 *** （3.576）
Ind	控制	控制	控制	控制
Year	控制	控制	控制	控制
Firm	不控制	不控制	控制	不控制
观测值	24456	24456	24456	20241
调整/Pseudo R^2	0.220	0.232	0.179	0.107
F 值		48.920	26.020	23.176

注：工具变量第二阶段回归结果括号内为 z 值，其余括号内均为 t 值，***、**、* 分别表示在 1%、5%、10% 水平上显著，使用异方差稳健标准误，并经公司层面聚类调整。

4. 固定效应回归

为缓解公司层面不变因素可能造成的内生性问题，在回归中加入企业固定效应（*Firm*）以减少遗漏变量对研究结论的干扰。表 3 − 9 的第（3）列给出控制企业固定效应后模型（3.1）的回归结果，结果显示风险承担（*RiskT*）的系数为 −0.041，显著性水平为 5%，与前文研究结果一致。

5. 差分模型回归

为进一步解决不随时间变化的遗漏变量导致的内生性担忧，采用差分模型对模型（3.1）重新进行回归，回归结果列示于表 3 − 9 第（4）列。企业风险承担（*RiskT*）的系数仍显著为负，说明研究结论保持不变。

（二）其他稳健性检验

1. 更换风险承担的衡量指标

第一，用极差法测度企业风险承担。参考周泽将等（2018）的研究，滚动计算 $t−1$ 至 $t+1$ 观测期内经年度和行业均值调整后的总资产收益率的最大值与最小值的差额（*RiskT_JC*）。第二，改变总资产收益率的衡量方式。总资产收益率的衡量方式为税息折旧摊销前利润（*EBITDA*）与期末总资产的比值，再按前文方法计算总资产收益率在 $t−1$ 至 $t+1$ 期内的滚动标准差。对模型（3.1）重新进行回归，结果列示在表 3 − 10 的第（1）列和第（2）列中。据表可见，*RiskT_JC*

和 *RiskT_EBITDA* 的系数均在 1% 的水平上显著为负，说明前文所得结论保持不变。

2. 更换社会责任的衡量方式

首先，将股东责任包括在内。前文回归中对社会责任的衡量不包括股东责任，此处将包含股东责任的社会责任总评分（*CSR_ALL*）作为社会责任的代理变量，重新对假设进行检验。其次，采用社会责任评级数据。和讯网对上市公司社会责任进行了评级，由低到高分成 E ~ A 五个等级。对该评级分别赋值为 1 ~ 5，构建社会责任履行指标（*CSR_PJ*）。*CSR_PJ* 越大，表示企业社会责任绩效越好。最后，使用 CSMAR 共同富裕数据库。该数据库对企业在员工就业、员工薪酬、顾客共享、股东共享、良性竞争、税收贡献、公益慈善等方面的社会责任表现进行评级，加权得出企业共同富裕评分。据此，划分共同富裕等级，从低到高共有 C、CC、CCC、B、BB、BBB、A、AA、AAA 九个等级。我们对该等级分别赋值 1 ~ 9，构建社会责任履行水平指标（*CSR_DJ*）。*CSR_DJ* 数值越大，表示企业社会责任表现越好，积极推动共同富裕战略。由于 *CSR_PJ* 和 *CSR_DJ* 为定序变量，故采用顺序 Logit 模型对模型（3.1）重新进行回归，结果见表 3 - 10 第（3）列至第（5）列。由表 3 - 10 可知，风险承担（*RiskT*）的回归系数均为负，显著性水平为 1%，说明更换了社会责任的衡量指标和数据来源后，前文研究结果不变。

表 3 – 10　　　　　　　　　其他稳健性检验结果

变量	更换风险承担指标		更换社会责任指标		分位数回归	
	CSR (1)	*CSR* (2)	*CSR_ALL* (3)	*CSR_PJ* (4)	*CSR_DJ* (5)	*CSR* (6)
RiskT_JC	- 0. 027 *** (- 3. 341)					
RiskT_EBITDA		- 0. 051 *** (- 3. 305)				
RiskT			- 0. 250 *** (- 13. 040)	- 6. 665 *** (- 13. 792)	- 1. 625 *** (- 5. 463)	- 0. 074 *** (- 13. 135)
Size	0. 025 *** (21. 210)	0. 025 *** (21. 217)	0. 036 *** (25. 483)	0. 525 *** (18. 257)	0. 784 *** (30. 334)	0. 007 *** (22. 611)
Lev	0. 033 *** (- 4. 756)	0. 032 *** (- 4. 754)	0. 128 *** (- 15. 985)	1. 494 *** (- 8. 972)	- 0. 479 *** (- 3. 503)	0. 009 *** (- 5. 438)

续表

变量	更换风险承担指标		更换社会责任指标		分位数回归	
	CSR (1)	CSR (2)	CSR_ALL (3)	CSR_PJ (4)	CSR_DJ (5)	CSR (6)
Roe	0.091 *** (9.827)	0.091 *** (9.875)	0.320 *** (23.728)	3.007 *** (12.479)	4.461 *** (20.725)	0.046 *** (14.248)
Growth	−0.001 (−0.558)	−0.001 (−0.550)	0.001 (0.748)	0.031 (0.721)	0.010 (0.389)	0.001 (1.526)
Share	0.001 (0.107)	0.001 (0.108)	0.044 *** (4.219)	0.317 (1.515)	1.227 *** (7.352)	0.003 (1.316)
Soe	0.013 *** (4.215)	0.013 *** (4.217)	0.006 * (1.681)	0.274 *** (3.659)	0.187 *** (3.055)	0.004 *** (5.839)
Bsize	0.009 (1.123)	0.009 (1.124)	0.017 * (1.890)	0.324 * (1.878)	0.043 (0.298)	0.001 (0.742)
Indep	0.062 ** (2.356)	0.062 ** (2.358)	0.050 (1.640)	1.126 ** (2.007)	5.306 *** (10.728)	0.021 *** (3.364)
Both	−0.001 (−0.533)	−0.001 (−0.531)	0.000 (0.107)	−0.029 (−0.464)	0.131 *** (2.653)	−0.001 * (−1.932)
Constant	−0.080 *** (−3.065)	−0.080 *** (−3.071)	−0.045 (−1.485)			−0.009 (−1.381)
Ind	控制	控制	控制	控制	控制	控制
Year	控制	控制	控制	控制	控制	控制
观测值	24456	24456	24456	24456	24456	24456
R²	0.233	0.233	0.290	0.199	0.0958	0.097
F 值	48.922	48.929	88.275			

注：顺序 Logit 回归结果括号内为 z 值，其余括号内均为 t 值，***、**、* 分别表示在 1%、5%、10% 水平上显著，使用异方差稳健标准误，并经公司层面聚类调整。

3. 分位数回归

最小二乘法回归易受异常值的影响，为排除可能存在的极端值对回归结果的干扰，采用对极端值不敏感的分位数回归对风险承担与社会责任履行的关系重新进行检验。结果列示于表 3 – 10 的第（6）列，企业风险承担（*RiskT*）的系数在 1% 的水平上显著为负，说明前文研究结论稳健可靠。

第四节 截面差异分析

前述检验表明，企业风险承担会抑制整体社会责任履行，承担高风险后企业倾向于减少公共型社会责任参与，对技术型社会责任有一定正向影响。那么，不同企业作出风险承担战略安排后进行的社会责任决策是否存在差异，本部分将对此进行分析，以深刻理解企业风险承担与社会责任履行之间的关系。

一、创新水平不同企业间的差异

研发创新是企业风险承担战略下的一种具体行为，不同创新水平的企业在社会责任履行上可能有所不同。创新水平较高的企业会从事更多的技术研发活动，研发是一个高投入、探索性、多阶段的复杂过程，依赖员工对新知识的获取、整合、转化和利用，需要员工的创造性思维和精力投入，附着在员工身上的人力资本对创新成果至关重要。然而，创新对员工技能和创造力有较高的要求，容易引发员工本领恐慌和失败恐惧，甚至表现出退缩或离职倾向（谢明磊和刘德胜，2021）。企业履行员工责任的方式有提高薪酬水平、开展技能培训、重视安全教育、关怀慰问等。因此，创新水平较高的企业会更为重视对员工的培训和教育，并给予更高的风险补偿，激励其投入人力资本。供应商和客户是企业的合作伙伴，良好的供应链关系能够降低产品开发的下方风险，提高灵活性和市场适应性，有助于创新项目取得成功（于茂荐，2021）。特别是供应链上企业投入的专用性资产可能成为企业创新的重要构成要素。因而，致力于研发的企业会管理供应链关系，重视供应商和客户的需求。新产品投入市场需要社会给予合法性认证，由于创新水平较高的企业具有高度的信息不对称，可见度较高的环境责任和社会公众责任能够帮助企业获得社会经营许可证，赢得公众知名度和良好声誉（Bardos，2020；Banker，2022）。因此，相较于创新水平较低的企业，从事更多研发活动的企业承担高风险后有动机关注外部公共型社会责任，对员工、供应商和客户的利益也会更加重视。

基于上述分析，我们预期，风险承担与整体社会责任的负向关系在创新水平较高的企业中会更弱，这种关系的改善来源于对公共型社会责任负向影响的削弱或者对技术型社会责任正向影响的增强。为检验创新水平对二者关系的调节作用，本书采用研发支出占营业收入的比重衡量企业创新程度，按照该指标的年度中位数将样本分成创新水平高组（RD_high）和创新水平低组（RD_low），然后根据模型（3.1）进行分组回归，结果列示于表3-11中。

表3-11　　　　　　　　　　　　创新水平不同企业间的差异

变量	RD_high			RD_low		
	CSR (1)	PCSR (2)	TCSR (3)	CSR (4)	PCSR (5)	TCSR (6)
RiskT	-0.037** (-2.093)	-0.060*** (-6.214)	0.026** (2.575)	-0.070** (-2.548)	-0.093*** (-6.370)	0.024 (1.585)
Size	0.027*** (17.707)	0.013*** (15.097)	0.015*** (17.325)	0.024*** (13.740)	0.011*** (12.363)	0.013*** (13.031)
Lev	-0.022*** (-2.693)	-0.010** (-2.300)	-0.012*** (-2.650)	-0.059*** (-5.574)	-0.032*** (-5.551)	-0.028*** (-4.873)
Roe	0.101*** (8.691)	0.061*** (9.321)	0.043*** (6.782)	0.083*** (5.649)	0.051*** (6.203)	0.034*** (4.340)
Growth	-0.004** (-2.364)	-0.002** (-2.115)	-0.002** (-2.147)	0.004* (1.784)	0.003* (1.825)	0.002 (1.431)
Share	0.003 (0.287)	0.009 (1.568)	-0.006 (-0.956)	-0.000 (-0.024)	0.002 (0.333)	-0.002 (-0.324)
Soe	0.014*** (3.531)	0.006*** (3.030)	0.008*** (3.554)	0.010** (2.347)	0.004 (1.559)	0.007*** (2.782)
Bsize	-0.003 (-0.299)	-0.006 (-1.139)	0.003 (0.545)	0.025** (2.126)	0.012** (1.963)	0.013* (1.894)
Indep	0.043 (1.297)	0.010 (0.580)	0.033* (1.811)	0.084** (2.214)	0.050** (2.535)	0.035 (1.622)
Both	-0.001 (-0.271)	-0.000 (-0.065)	-0.001 (-0.411)	-0.003 (-0.963)	-0.002 (-0.819)	-0.002 (-1.100)

变量	RD_high			RD_low		
	CSR (1)	PCSR (2)	TCSR (3)	CSR (4)	PCSR (5)	TCSR (6)
Constant	−0.087 *** (−2.689)	−0.025 (−1.479)	−0.065 *** (−3.311)	−0.081 ** (−2.144)	−0.037 * (−1.913)	−0.045 ** (−2.108)
Ind	控制	控制	控制	控制	控制	控制
Year	控制	控制	控制	控制	控制	控制
观测值	14609	14609	14609	9847	9847	9847
调整 R^2	0.231	0.236	0.196	0.241	0.217	0.234
F 值	32.710	44.504	22.610	31.290	40.776	27.973

注：括号内为 t 值，***、**、* 分别表示在 1%、5%、10% 水平上显著，使用异方差稳健标准误，并经公司层面聚类调整。

由表 3 − 11 可知，在创新水平高组中，风险承担（RiskT）与整体社会责任（CSR）、公共型社会责任（PCSR）和技术型社会责任（TCSR）的系数分别为 − 0.037、− 0.060、0.026，均显著。而在创新水平低组中，风险承担（RiskT）与整体社会责任（CSR）、公共型社会责任（PCSR）的系数分别为 − 0.070 和 − 0.093、0.024，对技术型社会责任（TCSR）没有显著影响。结果表明，从事创新的企业承担高风险后降低了对公共型社会责任的不利影响，并且履行了技术型社会责任，进而削弱了风险承担对整体社会责任的抑制效应。而创新水平较低的企业承担高风险后会减少社会责任参与，特别是降低公共型社会责任投入。

二、声誉水平不同企业间的差异

声誉是利益相关者基于财务业绩、经营战略、创新潜能、环境保护等多种因素对企业形成的判断和综合评价，反映出企业对利益相关者的吸引力（Barnett et al.，2006）。建立声誉是企业履行社会责任的动机之一，倘若企业已拥有良好声誉，会如何影响其进一步的社会责任决策？存在以下两种可能：一是出于维护声誉或满足社会期望的考虑，高声誉企业会更为关注利益相关者的需求；二是将声誉作为"掩护"，富有声誉的企业会侵害利益相关者的利益，减少社会责任。

通常而言，企业行为具有一致性，"好人做好事"的理念会约束企业社会责任决策。拥有良好声誉的企业为了保持一贯的积极形象，在承担高风险后可能仍会考虑利益相关者的诉求，防止积累的声誉毁于一旦，给企业带来经济损失。而且，公众对卓有声誉的企业会有更高的期望，希望企业成为良好的"社会公民"，增进社会福利。这会使企业形成道德压力，制约企业对利益相关者的利益侵害。此外，积极声誉能够降低企业融资约束程度（马德功等，2019），资本市场对高声誉企业的短期业绩波动也会有更大的包容，一定程度上可以缓解风险承担引发的资源约束和业绩压力。由此，相较于声誉水平较低的企业，风险承担与社会责任的负向关系在声誉水平较高的企业中会更弱。然而，企业承担高风险后在资源约束和业绩压力的困境下，也可能会利用之前建立的声誉作为"掩护"，表现出"好人做坏事"的机会主义行为，加剧对利益相关者的利益攫取。此时，企业的良好声誉会恶化风险承担对社会责任的负向影响。因此，风险承担与社会责任的关系在既有声誉水平不同的企业间具有何种差异，有待实证检验。

本书借鉴管考磊和张蕊（2019）的做法，选取企业总资产、营业收入、净利润和市场价值的行业排名、资产负债率、流动比率、长期负债比率、每股收益、每股股利、审计师是否来自国际四大、独立董事占比和可持续增长率等 12 个声誉评价指标，采用因子分析法计算得到企业声誉得分。根据该得分的中位数将样本分为声誉水平高组（*Reputation_high*）和声誉水平低组（*Reputation_low*），再基于模型（3.1）进行分组回归，结果列示于表 3 – 12 中。

表 3 – 12　　　　　　　　　声誉水平不同企业间的差异

变量	Reputation_high			Reputation_low		
	CSR (1)	PCSR (2)	TCSR (3)	CSR (4)	PCSR (5)	TCSR (6)
RiskT	− 0.037 (− 1.345)	− 0.069 *** (− 4.729)	0.036 ** (2.387)	− 0.084 *** (− 4.650)	− 0.088 *** (− 8.751)	0.005 (0.475)
Size	0.029 *** (13.837)	0.014 *** (12.523)	0.016 *** (13.622)	0.024 *** (14.915)	0.011 *** (12.426)	0.013 *** (14.164)
Lev	− 0.051 *** (− 4.803)	− 0.026 *** (− 4.820)	− 0.025 *** (− 4.330)	− 0.019 ** (− 2.168)	− 0.008 (− 1.539)	− 0.012 ** (− 2.408)
Roe	0.132 *** (8.140)	0.072 *** (8.580)	0.063 *** (7.092)	0.070 *** (6.415)	0.049 *** (7.174)	0.024 *** (4.087)
Growth	− 0.002 (− 0.707)	− 0.001 (− 0.740)	− 0.001 (− 0.610)	0.001 (0.518)	0.001 (0.436)	0.000 (0.375)

续表

变量	Reputation_high			Reputation_low		
	CSR （1）	PCSR （2）	TCSR （3）	CSR （4）	PCSR （5）	TCSR （6）
Share	0.003 （0.196）	0.007 （1.150）	−0.005 （−0.680）	−0.002 （−0.202）	0.004 （0.566）	−0.006 （−0.900）
Soe	0.016 *** （3.405）	0.006 *** （2.643）	0.010 *** （3.777）	0.009 ** （2.031）	0.004 * （1.826）	0.005 * （1.876）
Bsize	0.019 * （1.678）	0.008 （1.255）	0.012 * （1.806）	−0.001 （−0.118）	−0.004 （−0.707）	0.003 （0.435）
Indep	0.061 （1.549）	0.024 （1.215）	0.037 * （1.676）	0.054 （1.525）	0.026 （1.371）	0.029 （1.455）
Both	−0.002 （−0.470）	−0.001 （−0.682）	−0.001 （−0.330）	−0.002 （−0.529）	−0.000 （−0.234）	−0.001 （−0.724）
Constant	−0.082 （−1.279）	−0.019 （−0.589）	−0.065 * （−1.953）	−0.055 * （−1.684）	−0.015 （−0.859）	−0.043 ** （−2.207）
Ind	控制	控制	控制	控制	控制	控制
Year	控制	控制	控制	控制	控制	控制
观测值	12228	12228	12228	12228	12228	12228
调整 R^2	0.217	0.192	0.215	0.252	0.255	0.203
F 值	23.476	26.596	26.774	30.552	42.070	19.016

注：括号内为 t 值，***、**、* 分别表示在1%、5%、10%水平上显著，使用异方差稳健标准误，并经公司层面聚类调整。

由表3-12可以看出，在声誉水平较高组中，风险承担（RiskT）对整体社会责任（CSR）无显著影响，与公共型社会责任（PCSR）呈显著负相关关系，对技术型社会责任（TCSR）具有显著促进作用。在声誉水平较低组中，风险承担（RiskT）对整体社会责任（CSR）具有显著负向影响，与公共型社会责任（PCSR）呈显著负相关关系，且系数高于声誉水平较高组，对技术型社会责任（TCSR）无影响。结果表明，相较于声誉水平较低的企业，风险承担与社会责任的负向关系在声誉水平较高的企业中会更弱。良好的企业声誉能够削弱风险承担对整体社会责任和公共型社会责任的抑制效应，同时促使高风险承担企业履行技术型社会责任。

第五节　本章小结

本章考察了企业风险承担对社会责任履行的影响，主要研究内容如下：

首先，通过理论分析提出风险承担对社会责任履行存在"促进效应"和"抑制效应"两种可能。基于利益共享假说，企业承担高风险后可能会增加社会责任履行水平，与利益相关者共享收益；根据风险管理假说，高风险承担企业会出于抵御下方风险的目的而参与社会责任。与此同时，资源约束假说认为企业承担高风险会引发资源紧张，进而导致社会责任履行存在资源不足的现实局限性；业绩压力假说指出企业风险承担在短期内会加大管理层的业绩压力，致使社会责任履行产生动机不足问题。

其次，以我国沪深两市 A 股上市公司为研究样本，对企业风险承担与社会责任履行之间的关系进行实证检验。结果表明，企业风险承担水平越高，社会责任履行水平越低，即风险承担对社会责任履行存在显著的抑制效应，企业承担高风险后降低了整体社会责任表现。经过工具变量法、倾向得分匹配、Heckman 两阶段回归、差分模型等内生性问题解决以及更换变量衡量方式、分位数回归等稳健性测试，证明研究结论稳健可靠。

再次，基于利益相关者的异质性，进一步考察了风险承担对不同类型社会责任的影响。研究发现，企业承担高风险后会区别对待不同的利益相关者，在不同类型的社会责任表现上有所差异。具体来说，高风险承担企业会显著减少对公共型社会责任的参与，履行一些技术型社会责任。但是对前者的负向影响远大于对后者的正向影响，说明风险承担对整体社会责任履行的抑制效应是由公共型社会责任的减少所驱动的。

最后，考察了企业风险承担与社会责任的关系在不同企业间的横截面差异。研究表明，创新水平较高的企业承担高风险后降低了对公共型社会责任的不利影响，同时履行技术型社会责任，风险承担对整体社会责任的抑制效应在该类企业中较弱。良好的企业声誉能够削弱风险承担对整体社会责任和公共型社会责任的抑制效应，风险承担与社会责任的负向关系在声誉水平较高的企业中更弱。

第四章

企业风险承担影响社会
责任的机制检验

前述章节考察了企业风险承担对社会责任的影响，发现风险承担对社会责任履行存在显著的抑制效应，而且是由于公共型社会责任的减少所致。根据第三章的理论分析，可能的原因有两点：一是从资源角度看，企业承担高风险的过程不仅需要消耗资源，还会降低资源的可得性。尤其是风险承担会引发外部资金提供者的风险担忧，导致企业融资难度和资金成本增加，面临严峻的融资约束，致使社会责任履行存在资源不足的现实局限性（资源约束假说）。二是从动机角度看，企业承担高风险短期内带来的经营困难和财务困境会对管理层造成较大的业绩压力，进而产生社会责任履行动机不足问题，管理层会倾向于减少社会责任投入（业绩压力假说）。那么，究竟是何种原因导致企业承担高风险后整体上减少社会责任参与，特别是降低有益于环境和社会公众的公共型社会责任投入。基于此，本章将对资源约束假说和业绩压力假说进行实证检验，考察企业风险承担抑制社会责任履行的作用机制。

第一节　理论分析与研究假设

一、资源约束机制分析

企业风险承担需要消耗大量资源，还会降低进一步获取资源的能力。尤其是企业承担高风险会增加资金提供者的损失担忧，导致融资难度和资金成本增加，带来严峻的融资约束问题，致使社会责任履行存在资源不足的现实局限性。

首先，企业推进风险承担战略需要消耗大量资源，降低资源冗余程度，进而导致社会责任履行水平低下。战略学中风险承担的内涵为大量有风险的资源承诺，说明承担风险需要消耗资源（Miller and Friesen，1978）。财务学研究认为风险承担具有较高的资源依赖性（田高良等，2020），反映出资源状况影响风险承担战略实施。张敏等（2015）指出风险承担是一项资源消耗性战略，在承担风险的各个阶段和整个周期对资源均有较强的依赖和较大的需求。例如，并购初期需要投入人力资本对拟并购公司进行情况调查，实施并购需要财务资源向目标方支付对价，整合阶段也离不开物资的调拨、人员的调配、信息的沟通等；企业研发伊始对人力、资金、信息等资源的消耗较大，初试成功投入市场需要品牌、声誉、客户关系等无形资源的支持。据统计，近十年来，华为研发投入超8450亿元，2021年研发投入高达1427亿元，占全年收入的22.4%，从事研发的人员约10.7万，占员工总数的54.8%。可见，华为的研发创新活动消耗了大量资金和人力资本。而且，为保障风险承担战略的顺利推进，企业也会锁定部分资源用于高风险项目，企业闲置资源有所减少。然而，企业社会责任具有一定的自愿性，特别是公共型社会责任，属于高自由裁量权的投资领域，具有较高的资源敏感性。闲置资源理论认为企业是否参与社会责任取决于资源的富余程度，拥有闲置资源的企业更有可能履行社会责任（Waddock and Graves，1997；Seifert et al.，2004）。博思拉什等（Bouslah et al.，2018）指出在宏观经济环境较差或企业财务拮据时，企业倾向于优先满足经济需求，降低社会责任支出。中国企业家调查系统公布的《中国企业经营者成长与发展专题调查报告》显示，企业社会责任表现不佳的首要原因是经营困难，难以有富余资源投资社会责任。因此，风险承担将会导致企业闲置资源减少，进而造成资源敏感性较高的社会责任支出被削减。

其次，风险承担会降低企业进一步获取资源的能力，尤其是导致严峻的融资约束，使得社会责任投资减少。风险承担意味着企业经营不确定性增加，经营活动现金流会遭受较大的波动。而且，高短期投入的特性使得经营现金流大幅下滑，且难以产生对应的现金流入，此时容易出现入不敷出的状况。作为财务资源的提供者，债权人、投资者以及供应链上的企业会因企业承担高风险而增加资金成本或降低资金供给以弥补自身可能承受的风险损失。迪姆比斯（Djembissi，2011）研究发现债权人会因企业承担高风险而缩短债务期限，倾向于提供短期贷款。刘和莫尔（Liu and Mauer，2011）研究指出债权人在制定契约时会增加流动性条款。基于我国资本市场，顾小龙等（2017）研究发现风险承担导致债权人降低信用评级并要求更高的债券利率；王化成等（2017）研究表明作为风险补偿，股权投资者会提高权益资金成本；王竹泉等（2017）认为供应商和客户会根据企业经营风险水平进行"信用配给"，高风险企业获得的商业信用较少。而履行社会责任需要企业投入资金，比如购买排污设备、公益捐赠等对企业现金流的要求较高，有时甚至需要持续性支出。因此，面对风险承担引发的融资约束，社会责任变成一种昂贵的负担或者说是一种奢侈品，企业在资金困境下将会减少社会责任参与，特别是削减自由裁量权较高且回报不确定性较大的公共型社会责任。

基于上述分析，企业风险承担需要消耗大量资源，降低资源冗余程度，并且削弱了企业进一步获取资源的能力，加剧了融资约束。由于风险承担引发资源紧张，企业将会减少资源敏感性较高且具有较大自由裁量权的社会责任支出，即资源约束是企业风险承担抑制社会责任履行的作用机制。据此，提出研究假设 H2：

H2：企业风险承担会引发资源约束，进而导致社会责任履行水平降低。

二、业绩压力机制分析

由于风险的本质是不确定性，企业承担风险会产生短期业绩下滑，造成经营困难和财务困境，给管理层带来较大的业绩压力，导致社会责任履行存在动机不足问题，促使其减少社会责任投入。

财务学上以波动性来计量风险，反映了风险的不确定性本质，说明风险是盈利的机会，也是损失的可能（刘志远和官小燕，2021），而且风险与生俱来就含有危险要素。企业之所以愿意承担高风险，在于想要获取不确定性中蕴含的获利机遇，但不可避免地需要承受短期业绩波动。风险承担具有失败概率高、短期投入多的特性（张敏等，2015；田高良等，2020）。这意味着承担高风险的企业经营脆弱性较高，容易出现短期业绩下滑，甚至遭受经营失败，陷入财务困境。部分文献发现企业承担风险与财务业绩呈负相关（Bowman，1980；Deephouse and Wiseman，2000），还会增加股价崩盘概率（田高良等，2020），降低全要素生产率（王海芳等，2022）。从企业经营实践中也可以看到，有些企业承担高风险遭受经营失败，承受巨大经济损失。理论研究和现实案例均反映出风险固有的损失特性，风险承担在短期内可能会导致利润和现金流向下波动。管理层作为战略的决策者和股东的代理人，需要承受较大的短期业绩压力。因为财务业绩是股东和外部经理人市场评价管理层的履职能力的重要标准，公司业绩的好坏直接关系到管理层的薪酬水平和职业发展。而且，投资者、债权人、分析师等对企业短期盈余较为关注，业绩下滑可能引发投资者抛售股票、债权人上调贷款利率、分析师发布悲观预测等。因此，风险承担伴随的经营失败和财务困境带来的短期经营困难，将会增加管理层的业绩压力。

面对企业风险承担导致的业绩压力，管理者在行使对社会责任的自由裁量权时倾向于减少社会责任投资。虽然履行社会责任有利于企业长远发展，但短期内会增加经营成本，而且削减此类投资对其他生产经营活动不太可能产生直接的不利影响。具体来说，在我国现行会计核算制度下，企业开展社会责任活动的支出会形成费用，短期内将增加经营成本，不利于财务业绩（温素彬和方苑，2008）。例如，公益捐赠构成营业外支出，将减少企业净利润；排污费构成制造费用或管理费用，将降低企业营业利润；员工培训支出也会构成相关费用，有损营业利润。企业社会责任的价值创造具有间接性、潜在性和模糊性的特点，短期内较难产生直接的可见的财务收益。佩里尼等（Perrini et al.，2011）强调企业从社会责任中受益主要是形成无形资源。此外，履行社会责任对现金流有较高的要求，会减少管理者能够投入改善短期盈余的生产性活动中的资金。因此，面对企业风险承担引发的短期业绩压力时，管理层进行社会责任投资的动机较弱，倾向于减少社会责任投入。

基于上述分析，企业风险承担通过给管理层带来较大的短期业绩压力，削弱社会责任投资动机，从而导致社会责任履行水平低下，即业绩压力是企业风险承担抑制社会责任履行的作用机制。由此，提出研究假设 H3：

H3：企业风险承担会产生业绩压力，进而导致社会责任履行水平降低。

第二节　研究设计

一、样本选择与数据来源

以 2009～2020 年沪深两市 A 股上市公司为初始样本。和讯网社会责任报告自 2010 年开始发布，且 2020 年是目前所能获取的最新数据，以及为缓解存在的内生性问题，将被解释变量社会责任提前一期，故社会责任的观测区间为 2011～2020 年。企业风险承担的计算需要用到 $t-1$ 至 $t+1$ 期的数据，其涵括区间为 2009～2020 年，其余变量的样本期间为 2010～2019 年。根据现有研究惯例进行以下剔除：金融类企业、ST 和 *ST 等特别处理公司、资不抵债企业（资产负债率高于 1）、数据缺失的样本。共得到 24456 个公司年度观测值。企业社会责任数据来源于和讯网发布的我国上市公司社会责任评分，其他财务数据均来自 CSMAR 数据库。为减少极端值的影响，对所有连续变量进行上下 1% 的缩尾处理。

二、模型构建与变量定义

(一) 资源约束机制检验

第一，利用资源冗余程度进行检验。根据前述理论分析，企业推进风险承担战略需要消耗大量资源，降低资源冗余程度，进而导致社会责任履行水平低下。为检验假设 H2，将冗余资源作为中介变量，检验风险承担是否通过降低资源冗余程度进而抑制社会责任投资。参考温忠麟等（2004）提出的逐步回归法中介效应检验程序，构建模型（4.1）、模型（4.2）和模型（4.3）：

$$
\begin{aligned}
CSR_{i,t+1} = {} & \alpha_0 + \alpha_1 RiskT_{i,t} + \alpha_2 Size_{i,t} + \alpha_3 Lev_{i,t} + \alpha_4 Roe_{i,t} + \alpha_5 Growth_{i,t} \\
& + \alpha_6 Share_{i,t} + \alpha_7 Soe_{i,t} + \alpha_8 Bsize_{i,t} + \alpha_9 Indep_{i,t} + \alpha_{10} Both_{i,t} \\
& + \sum Ind + \sum Year + \varepsilon
\end{aligned}
\tag{4.1}
$$

$$
\begin{aligned}
Slack_{i,t+1} = {} & \beta_0 + \beta_1 RiskT_{i,t} + \beta_2 Size_{i,t} + \beta_3 Lev_{i,t} + \beta_4 Roe_{i,t} + \beta_5 Growth_{i,t} \\
& + \beta_6 Share_{i,t} + \beta_7 Soe_{i,t} + \beta_8 Bsize_{i,t} + \beta_9 Indep_{i,t} + \beta_{10} Both_{i,t} \\
& + \sum Ind + \sum Year + \varepsilon
\end{aligned}
\tag{4.2}
$$

$$
\begin{aligned}
CSR_{i,t+1} = {} & \mu_0 + \mu_1 RiskT_{i,t} + \mu_2 Slack_{i,t+1} + \mu_3 Size_{i,t} + \mu_4 Lev_{i,t} + \mu_5 Roe_{i,t} \\
& + \mu_6 Growth_{i,t} + \mu_7 Share_{i,t} + \mu_8 Soe_{i,t} + \mu_9 Bsize_{i,t} + \mu_{10} Indep_{i,t} \\
& + \mu_{11} Both_{i,t} + \sum Ind + \sum Year + \varepsilon
\end{aligned}
\tag{4.3}
$$

在上述模型中，各变量详细定义如下：

1. 企业社会责任（CSR）

采用和讯网发布的上市公司社会责任评分来测度社会责任履行情况。该评分基于上市公司公布的社会责任报告以及财务报告，从股东责任、员工责任、供应商客户和消费者权益责任、环境责任和社会公众责任 5 项内容出发，设立 13 个二级指标和 37 个三级指标对社会责任进行全面系统的评价，在我国社会责任研究中已经得到普遍的应用（冯丽艳等，2016；王爱群和刘耀娜，2021；蒋德权和蓝梦，2022）。企业社会责任（CSR）=（员工责任分数 + 供应商客户和消费者权益责任分数 + 环境责任分数 + 社会公众责任分数）/100。社会责任（CSR）为 $t+1$ 期的数据。

2. 企业风险承担（RiskT）

大多数文献以业绩的波动性程度衡量企业风险承担，根据计算依据的数据基础不同，可以分为以会计核算数据为基础和以资本市场数据为基础两类。由于我国资本市场股价的影响因素众多，股价中企业基本面信息含量存疑，用股票收益波动率度量风险承担噪声较大。鉴于此，参考已有文献（郭瑾等，2017；周泽将等，2018；Do et al.，2022），采用总资产收益率（ROA）在一段时期内的波动性作为企业风险承担的代理变量。以三年（$t-1$ 至 $t+1$ 期）为一个观测期间，计算每个期间内经年度和行业平均值调整后 ROA 的滚动标准差，计算公式如下：

$$RiskT_{i,t} = \sqrt{\frac{1}{T-1}\sum_{t=1}^{T}\left(ADJROA_{i,t} - \frac{1}{N}\sum_{t=1}^{T}ADJROA_{i,t}\right)^2} \qquad (4.4)$$

其中，i 表示上市公司，t 表示年度，ROA 为相应年度内息税前利润（EBIT）与年末资产总额的比值，ADJROA 为经年度和行业平均值调整后的总资产收益率。RiskT 值越大，表示企业风险承担水平越高。

3. 资源冗余程度（Slack）

参考毕晓方等（2017）的研究，冗余资源（Slack）计算公式为（货币资金＋交易性金融资产＋0.7×应收票据净额＋0.7×应收账款净额＋0.5×存货净额－短期借款－上一期政府补助）/资产总计×100%－行业年度均值。Slack 越大，表明企业资源冗余程度越高。

4. 控制变量

为控制其他因素对研究结论的干扰，参考已有文献（朱焱和王玉丹，2019；冯晓晴等，2020；张多蕾等，2022），选择以下因素作为控制变量：企业规模（Size），对期末资产总额取自然对数进行衡量；资产负债率（Lev），期末负债总额与资产总额的比值；盈利能力（Roe），本年度净利润与期末净资产的比值；企业成长性（Growth），等于当年营业收入减去上年营业收入再除以上年营业收入；股权集中度（Share），用公司第一大股东的持股比例衡量；产权性质（Soe），根据实际控制人的性质将样本分为国有企业和非国有企业，若是国有企业，就取值为1，否则为0；董事会规模（Bsize），对董事会人数加1再取自然对数；独立董事占比（Indep），为独立董事人数占董事会总人数的比值；是否两职合一（Both），反映企业董事长兼任总经理的情况，若董事长兼任总经理，就取值为1，否则为0。

模型（4.1）用于检验风险承担对社会责任的影响，模型（4.2）用于检验风险承担对冗余资源的影响，模型（4.3）用以检验在控制冗余资源的基础上风险承担对社会责任履行的影响，以判别冗余资源是否为企业风险承担与社会责任履行之间的中介变量。检验程序如下：首先，通过模型（4.1）分析风险承担（RiskT）对社会责任（CSR）的影响，检验回归系数 α_1 的显著性。由第三章可知，该系数显著为负。其次，利用模型（4.2）考察回归系数 β_1 是否显著。最后，利用模型（4.3）进行估计，检验系数 μ_2 的显著性，若 μ_2 显著，在 β_1 也显著的前提下则说明中介效应显著。此时检验系数 μ_1，若 μ_1 显著则为部分中介效应，若不显著，则为完全中介效应。如果 β_1 和 μ_2 至少有一个不显著，则使用 Sobel 检验 Z 统计量判断中介效应是否存在。

第二，利用融资约束程度进行检验。风险承担会降低企业进一步获取资源的能力，尤其是产生严峻的融资约束问题，从而使得社会责任投资减少。为检验 H2，将融资约束作为中介变量，检验风险承担是否会通过加剧融资约束程度而导致社会责任履行水平降低。借鉴温忠麟等（2004）在研究中推荐的中介效应检验程序，采用逐步回归法进行检验，构建模型（4.5）、模型（4.6）和模型（4.7）：

$$
\begin{aligned}
CSR_{i,t+1} = {} & \alpha_0 + \alpha_1 RiskT_{i,t} + \alpha_2 Size_{i,t} + \alpha_3 Lev_{i,t} + \alpha_4 Roe_{i,t} + \alpha_5 Growth_{i,t} \\
& + \alpha_6 Share_{i,t} + \alpha_7 Soe_{i,t} + \alpha_8 Bsize_{i,t} + \alpha_9 Indep_{i,t} + \alpha_{10} Both_{i,t} \\
& + \sum Ind + \sum Year + \varepsilon
\end{aligned} \tag{4.5}
$$

$$
\begin{aligned}
KZ_{i,t+1} = {} & \delta_0 + \delta_1 RiskT_{i,t} + \delta_2 Size_{i,t} + \delta_3 Lev_{i,t} + \delta_4 Roe_{i,t} + \delta_5 Growth_{i,t} \\
& + \delta_6 Share_{i,t} + \delta_7 Soe_{i,t} + \delta_8 Bsize_{i,t} + \delta_9 Indep_{i,t} + \delta_{10} Both_{i,t} \\
& + \sum Ind + \sum Year + \varepsilon
\end{aligned} \tag{4.6}
$$

$$
\begin{aligned}
CSR_{i,t+1} = {} & \phi_0 + \phi_1 RiskT_{i,t} + \phi_2 KZ_{i,t+1} + \phi_3 Size_{i,t} + \phi_4 Lev_{i,t} + \phi_5 Roe_{i,t} \\
& + \phi_6 Growth_{i,t} + \phi_7 Share_{i,t} + \phi_8 Soe_{i,t} + \phi_9 Bsize_{i,t} \\
& + \phi_{10} Indep_{i,t} + \phi_{11} Both_{i,t} + \sum Ind + \sum Year + \varepsilon
\end{aligned} \tag{4.7}
$$

本书采用 KZ 指数表示企业融资约束程度。KZ 指数构建步骤如下：首先，对经营活动现金净流量/年初总资产、现金股利/年初总资产、现金持有/年初总资产、资产负债率和托宾 Q 值五个变量按中位数进行分组并赋值为 0 和 1，前三个变量若低于中位数则取值为 1，否则取 0；资产负债率和托宾 Q 值若大于中位数则为 1，否则为 0。其次，将赋值后的五个变量相加。最后，使用序次逻辑模型估计出各变量的系数。KZ 指数越大，表明企业融资约束程度越高。其他变量和检验程序同前文，不再赘述。

第三，考察在资源约束程度不同的企业间的差异。由前述理论分析可知，企业风险承担会消耗大量资源，并且降低资源的可得性，进而抑制社会责任投资。按照这一逻辑，资源较为富余的企业可以缓解风险承担对社会责任的负向影响，而资源较匮乏的企业在承担高风险后会更显著地减少社会责任投资。基于此思路，本书选取三种资源约束情境进行检验：企业年龄大小、现金持有量多少、股利支付率高低。企业年龄为样本观测年份减去上市年份加 1，表示企业上市的时间长短。一般来说，上市时间较长的企业有稳定的经营现金流、更高的知名度、成熟的关系网等，资源持有量和获取能力均较高。相对而言，上市时间较短的企业尚未建立起品牌优势和社会网络，投资者认可度不高，且处于成长阶段，资源消耗量较大。现金持有量为期末现金及现金等价物余额占资产总额的比例，该值越大，表明资金富余程度越高。股利支付率较高的企业资金较为充裕，或者暂时没有合适的投资项目，需要时也能较易获得融资。因此，股利支付率通常用作融资约束的代理变量，企业支付的股利越多，表示面临的融资约束程度越低。按照各指标的年度行业中位数，将样本分成两组，然后对模型（4.1）进行分组回归。

（二）业绩压力机制检验

管理层感知的业绩压力是一种内隐的心理活动，难以直接衡量，可以通过观测管理层的外在显性行为进而推断其内在心理状态。

第一，利用管理层报告语调进行检验。通过管理层的"说"，即利用 MD&A 报告语调进行检验。管理层讨论与分析部分文字的情感倾向能够反映企业经营状况和管理层对未来发展的判断。若公司经营稳定向好，管理层对企业的管理游刃有余，就会更多地使用积极词汇。在面临经营业绩落差、承受较大盈余压力的情形下，管理层披露相关信息时会不可避免、或多或少地带有消极情感色彩，客观上降低 MD&A 报告语调的积极程度（张英明和徐晨，2022）。因此，为检验 H3，将 MD&A 报告语调作为业绩压力的代理变量，检验风险承担是否通过增加管理层业绩压力，进而抑制社会责任履行。借鉴温忠麟等（2004）在研究中推荐的中介效应检验程序，采用逐步回归法进行检验，构建模型（4.8）、模型（4.9）和模型（4.10）：

$$
\begin{aligned}
CSR_{i,t+1} = {} & \alpha_0 + \alpha_1 RiskT_{i,t} + \alpha_2 Size_{i,t} + \alpha_3 Lev_{i,t} + \alpha_4 Roe_{i,t} + \alpha_5 Growth_{i,t} \\
& + \alpha_6 Share_{i,t} + \alpha_7 Soe_{i,t} + \alpha_8 Bsize_{i,t} + \alpha_9 Indep_{i,t} + \alpha_{10} Both_{i,t} \\
& + \sum Ind + \sum Year + \varepsilon
\end{aligned}
\tag{4.8}
$$

$$
\begin{aligned}
Tone_{i,t+1} = {} & \gamma_0 + \gamma_1 RiskT_{i,t} + \gamma_2 Size_{i,t} + \gamma_3 Lev_{i,t} + \gamma_4 Roe_{i,t} + \gamma_5 Growth_{i,t} \\
& + \gamma_6 Share_{i,t} + \gamma_7 Soe_{i,t} + \gamma_8 Bsize_{i,t} + \gamma_9 Indep_{i,t} + \gamma_{10} Both_{i,t} \\
& + \sum Ind + \sum Year + \varepsilon
\end{aligned}
\tag{4.9}
$$

$$
\begin{aligned}
CSR_{i,t+1} = {} & \lambda_0 + \lambda_1 RiskT_{i,t} + \lambda_2 Tone_{i,t+1} + \lambda_3 Size_{i,t} + \lambda_4 Lev_{i,t} + \lambda_5 Roe_{i,t} \\
& + \lambda_6 Growth_{i,t} + \lambda_7 Share_{i,t} + \lambda_8 Soe_{i,t} + \lambda_9 Bsize_{i,t} + \lambda_{10} Indep_{i,t} \\
& + \lambda_{11} Both_{i,t} + \sum Ind + \sum Year + \varepsilon
\end{aligned}
\tag{4.10}
$$

其中，$Tone$ 表示管理层语调，等于公司年报中管理层讨论与分析部分的（正面词汇数量－负面词汇数量）/词汇总量。该数值越大，情感倾向越偏向正面积极，说明管理层业绩压力越小。其他变量以及检验程序同前文，不再赘述。

第二，利用管理层违规行为进行检验。前述利用 MD&A 报告语调进行了检验，即管理层的"说"，是一种主观情感的表达。进一步通过管理层的"做"，即观察管理层在短期业绩压力下的实际行为进行检验。根据舞弊的三角理论，企业经营或财务上的困境以及对资本的急切需求所产生的压力是管理层舞弊的动机。管理层面对公司经营业绩下滑，会从事更多的败德行为或非法活动，以策略性地解决短期困难（贺小刚等，2015），故管理层违规行为在一定程度上反映其承受的业绩压力。因此，为检验假设 H3，将管理层违规作为业绩压力的代理变量，检验承担风险是否加大了管理层业绩压力，进而损害了企业社会责任表现。借鉴温忠麟等（2004）的逐步回归法中介效应检验程序，构建模型（4.11）、模型（4.12）和模型（4.13）：

$$CSR_{i,t+1} = \alpha_0 + \alpha_1 RiskT_{i,t} + \alpha_2 Size_{i,t} + \alpha_3 Lev_{i,t} + \alpha_4 Roe_{i,t} + \alpha_5 Growth_{i,t}$$
$$+ \alpha_6 Share_{i,t} + \alpha_7 Soe_{i,t} + \alpha_8 Bsize_{i,t} + \alpha_9 Indep_{i,t} + \alpha_{10} Both_{i,t}$$
$$+ \sum Ind + \sum Year + \varepsilon \qquad (4.11)$$

$$Fraud_{i,t+1} = \rho_0 + \rho_1 RiskT_{i,t} + \rho_2 Size_{i,t} + \rho_3 Lev_{i,t} + \rho_4 Roe_{i,t} + \rho_5 Growth_{i,t}$$
$$+ \rho_6 Share_{i,t} + \rho_7 Soe_{i,t} + \rho_8 Bsize_{i,t} + \rho_9 Indep_{i,t} + \rho_{10} Both_{i,t}$$
$$+ \sum Ind + \sum Year + \varepsilon \qquad (4.12)$$

$$CSR_{i,t+1} = \theta_0 + \theta_1 RiskT_{i,t} + \theta_2 Fraud_{i,t+1} + \theta_3 Size_{i,t} + \theta_4 Lev_{i,t} + \theta_5 Roe_{i,t}$$
$$+ \theta_6 Growth_{i,t} + \theta_7 Share_{i,t} + \theta_8 Soe_{i,t} + \theta_9 Bsize_{i,t} + \theta_{10} Indep_{i,t}$$
$$+ \theta_{11} Both_{i,t} + \sum Ind + \sum Year + \varepsilon \qquad (4.13)$$

其中，$Fraud$ 表示管理层违规，分别用管理层是否违规（$Fraud\_dum$）和违规后被处罚金额（$Fraud\_pen$）进行衡量，数据来自 CNDRS 数据库。是否违规（$Fraud\_dum$）为 0 表示不存在违约，为 1 表示存在违约，采用 Logit 模型进行回归。违规后被处罚金额（$Fraud\_pen$）为上市公司高管违规后被处罚数额，加 1 取自然对数，该值越大表示违规行为越严重。其他变量和检验程序同前文，不再赘述。

第三，考察在业绩压力程度不同的企业间的差异。前述理论分析表明，企业承担高风险可能会给管理者带来较大的短期业绩压力。根据这一逻辑，在自身业绩压力较小的企业中，风险承担对社会责任履行的抑制作用会减弱。而在管理层已经承受较大业绩压力的情况下，企业承担高风险会加剧这种压力，继而对社会责任的负面影响更显著。基于此思路，本书选取盈余管理程度、管理层年龄和分析师预测偏差三种业绩压力情境进行分样本回归。

盈余管理越多的企业，说明管理层的业绩压力越大。已有文献指出，当管理层面临较大的盈余压力时，倾向于通过盈余管理方式策略性应对，业绩压力是管理层进行盈余管理的主要动机（黄庆成等，2022）。年轻高管职业发展前景广阔，提升企业财务业绩的动机更强，而且声望和资历不足，职业风险较高，故年轻高管面临着更大的业绩压力（陈文强等，2021）。相比之下，年长高管职业上升空间有限，业绩追求动机减弱，声望和地位较高，职业风险较低，且拥有较强的社会资本和关系网络，可以抵御可能出现的经营冲击和盈余下滑，故年长高管承受的业绩压力较小。证券分析师作为资本市场的信息中介，凭借专业能力搜集、解读企业经营信息，通过发布盈余预测向投资者传递信息。通常，分析师是对企业短期业绩进行预测，而且分析师的盈余预测值与企业的实际盈余存在偏差，偏差越大说明企业业绩越不符合分析师预期，此时管理层面临的业绩压力越大。过往研究表明，分析师乐观偏差会使管理层为了达到或超过分析师预期而承受较大业绩压力，产生职业担忧（Jie and Xuan，2013；伊志宏等，2018）。而分析师低估会释放出企业盈余不乐观或所处行业面临困境等负面信息，增加股价下跌可能性，也会给管理层造成业绩压力（贺小刚等，2015）。因此，在分析师预测与实际盈余偏离程度越高的企业中，管理层面临的业绩压力越大。

此外，在上述模型的回归中我们还控制了行业固定效应（*Ind*）和年度固定效应（*Year*）。为减小异方差对回归结果的影响，采用稳健型标准误，并在公司层面进行聚类调整。各变量定义见表 4 − 1。

表 4 − 1 　　　　　　　　　　　　　　变量定义

变量类型	变量名称	变量符号	变量定义
被解释变量	企业社会责任	*CSR*	（员工责任 + 供应商客户和消费者权益责任 + 环境责任 + 社会公众责任）/100
	资源冗余程度	*Slack*	（货币资金 + 交易性金融资产 + 0.7 × 应收票据净额 + 0.7 × 应收账款净额 + 0.5 × 存货净额 − 短期借款 − 上一期政府补助）/资产总计 × 100% − 行业年度均值
	融资约束程度	*KZ*	企业融资约束程度
	管理层语调	*Tone*	（正面词汇数量 − 负面词汇数量）/词汇总量
	管理层违规	*Fraud*	是否违规、违规后被处罚金额加 1 取对数
解释变量	企业风险承担	*RiskT*	经年度行业均值调整后的总资产收益率（息税前利润/总资产）三年期的滚动标准差

变量类型	变量名称	变量符号	变量定义
控制变量	企业规模	Size	期末总资产的自然对数
	资产负债率	Lev	期末负债与总资产的比值
	盈利能力	Roe	年度净利润与净资产的比值
	企业成长性	Growth	营业收入增长率
	股权集中度	Share	第一大股东持股比例
	产权性质	Soe	若为国有企业则为1，否则为0
	董事会规模	Bsize	董事会人数的自然对数
	独立董事占比	Indep	独立董事人数占董事会总人数的比值
	是否两职合一	Both	若董事长兼任总经理则为1，否则为0
	行业固定效应	Ind	行业虚拟变量
	年度固定效应	Year	年份虚拟变量

第三节　实证检验与结果分析

一、描述性统计

表4-2列示了主要变量的描述性统计结果。企业社会责任（CSR）均值为0.1，说明我国企业的社会责任表现整体水平偏低，企业参与社会责任的积极性不高，存在较大的提升空间。社会责任的最小值为-0.079，最大值为0.542，标准差为0.127，意味着样本企业的社会责任表现参差不齐。资源冗余程度（Slack）的均值为0，最小值为-0.582，最大值为0.626，各样本企业间的闲置资源状况差异显著。融资约束程度（KZ）的标准差为2.277，最小值和最大值分别为-6.259、5.619，样本企业面临一定程度的融资约束，且各企业融资能力不一。管理层语调（Tone）的均值为0.032，中位数为0.033，说明MD&A报告语调整体偏积极，管理层倾向于向外部传递积极信息。管理层是否违规（Fraud_dum）的均值为0.060，说明样本中有6%的企业存在管理层违规行为。违规处罚金额（Fraud_pen）的标准差为0.326，最大值为5.124，样本企业间差异较大，说明对管理层违规行为具有一定的处罚力度。各变量均在合理

范围内，不存在极端值。

表 4 - 2　　　　　　　　　　　　主要变量描述性统计

变量	样本量	均值	标准差	中位数	最小值	最大值
CSR	24456	0.100	0.127	0.062	- 0.079	0.542
Slack	22939	0	0.181	- 0.003	- 0.582	0.626
KZ	24456	0.530	2.277	0.806	- 6.259	5.619
Tone	24456	0.032	0.016	0.033	- 0.009	0.069
Fraud_dum	24456	0.060	0.237	0	0	1
Fraud_pen	24456	0.028	0.326	0	0	5.124

二、资源约束机制的检验结果

（一）基于冗余资源的检验结果

企业推进风险承担战略需要消耗大量资源，降低资源冗余程度，进而导致社会责任履行水平低下。为验证 H2，根据前述模型（4.1）、模型（4.2）和模型（4.3），利用冗余资源进行中介效应检验，结果列示于表 4 - 3 中。由表 4 - 3 可知，由于构建变量资源冗余程度（Slack）的过程中删除了缺失值，样本量减少至 22939 个，第（1）列为模型（4.1）的回归结果，结论同第三章，风险承担（RiskT）的系数 α_1 显著为负。第（2）列为模型（4.2）的估计结果，风险承担（RiskT）的系数 β_1 为 - 0.050，在 10% 的水平上显著为负，说明企业承担高风险显著减少了资源冗余程度。第（3）列为模型（4.3）的回归结果，冗余资源（Slack）的系数 μ_2 为 0.032，在 1% 水平上显著为正，此时风险承担（RiskT）的系数 μ_1 为 - 0.056，显著性水平为 1%，仍显著为负，说明冗余资源在企业风险承担和社会责任履行之间发挥了部分中介作用。基于冗余资源的中介效应检验结果表明，企业推进风险承担战略需要消耗大量资源，导致闲置资源减少，使得具有较高资源敏感性的社会责任履行存在资源不足的现实局限性，进而抑制了社会责任履行。资源约束是企业风险承担负向影响社会责任的作用机制，企业风险承担通过减少资源冗余程度，从而导致社会责任履行水平降低。

表 4 - 3   基于冗余资源的机制检验

变量	CSR (1)	Slack (2)	CSR (3)
RiskT	-0.058*** (-3.776)	-0.050* (-1.706)	-0.056*** (-3.672)
Slack			0.032*** (4.621)
Size	0.022*** (19.380)	-0.011*** (-4.510)	0.023*** (19.758)
Lev	-0.029*** (-4.409)	-0.398*** (-28.237)	-0.016** (-2.299)
Roe	0.082*** (9.168)	0.284*** (16.878)	0.073*** (8.298)
Growth	-0.001 (-0.344)	0.004* (1.758)	-0.001 (-0.438)
Share	0.001 (0.092)	0.079*** (4.948)	-0.002 (-0.215)
Soe	0.013*** (4.463)	0.013** (2.236)	0.013*** (4.342)
Bsize	0.005 (0.651)	-0.004 (-0.247)	0.005 (0.664)
Indep	0.043* (1.726)	-0.031 (-0.681)	0.044* (1.766)
Both	-0.002 (-0.745)	0.006 (1.356)	-0.002 (-0.834)
Constant	-0.050** (-1.991)	0.223*** (4.846)	-0.057** (-2.282)
Ind	控制	控制	控制
Year	控制	控制	控制
观测值	22939	22939	22939
调整 R^2	0.215	0.256	0.217
F 值	49.214	55.338	48.981

注：括号内为 t 值，***、**、*分别表示在1%、5%、10%水平上显著，使用异方差稳健标准误，并经公司层面聚类调整。

（二）基于融资约束的检验结果

风险承担会降低企业进一步获取资源的能力，尤其是带来严峻的融资约束问题，从而使得社会责任投资减少。究其原因，风险承担增加了资金提供者的损失担忧，促使其采取减少资金供给、提高资金成本、严苛契约条款等方式进行自我保护。对企业而言，资金的可获得性降低，资金成本提高，融资约束程度加剧。为检验 H2，根据前述模型（4.5）、模型（4.6）和模型（4.7），将融资约束作为中介变量，表 4-4 给出了基于融资约束的机制检验结果。由表 4-4 可知，第（1）列为模型（4.5）的回归结果，风险承担（$RiskT$）的系数 α_1 为 -0.051，在 1% 的水平上显著，表明企业风险承担对社会责任具有显著的抑制效应，这一回归结果与第三章一致。第（2）列为模型（4.6）的估计结果，风险承担（$RiskT$）的系数 δ_1 为 2.387，显著性水平为 1%，表明企业承担高风险会增加融资约束程度。第（3）列为模型（4.7）的回归结果，融资约束（KZ）的系数 $\varnothing_2$ 为 -0.004，在 1% 水平上显著，此时风险承担（$RiskT$）的系数 $\varnothing_1$ 显著为 -0.042，并且通过了 1% 水平的显著性检验。结果说明，融资约束在企业风险承担和社会责任履行之间具有部分中介效应。基于融资约束的中介效应检验结果表明，融资约束是企业风险承担与社会责任履行之间的部分中介因子，即风险承担增加了企业融资压力，进而导致企业降低社会责任履行水平。

表 4-4　　　　　　　　　　　　基于融资约束的机制检验

变量	CSR (1)	KZ (2)	CSR (3)
$RiskT$	-0.051^{***} (-3.276)	2.387^{***} (7.417)	-0.042^{***} (-2.662)
KZ			-0.004^{***} (-7.071)
$Size$	0.025^{***} (20.842)	-0.269^{***} (-13.636)	0.024^{***} (19.954)
Lev	-0.034^{***} (-4.828)	6.079^{***} (52.884)	-0.010 (-1.373)

续表

变量	CSR (1)	KZ (2)	CSR (3)
Roe	0.093 *** (9.747)	-4.481 *** (-22.363)	0.076 *** (8.319)
Growth	-0.001 (-0.510)	0.121 *** (4.310)	-0.000 (-0.206)
Share	0.001 (0.059)	-1.203 *** (-8.704)	-0.004 (-0.453)
Soe	0.013 *** (3.968)	0.143 *** (3.306)	0.013 *** (4.152)
Bsize	0.009 (1.139)	-0.324 *** (-2.997)	0.008 (0.980)
Indep	0.061 ** (2.269)	0.418 (1.150)	0.062 ** (2.336)
Both	-0.002 (-0.631)	-0.016 (-0.393)	-0.002 (-0.659)
Constant	-0.083 *** (-3.143)	2.322 *** (6.265)	-0.074 *** (-2.796)
Ind	控制	控制	控制
Year	控制	控制	控制
观测值	24456	24456	24456
调整 R^2	0.230	0.413	0.233
F 值	48.778	176.617	47.748

注：括号内为 t 值，*** 、** 分别表示在 1%、5% 水平上显著，使用异方差稳健标准误，并经公司层面聚类调整。

(三) 资源约束程度不同企业间的差异

按照企业年龄大小、现金持有量多少、股利支付率高低的年度行业中位数，将样本分成两组，然后对模型 (4.1) 进行分组回归，结果列示于表 4-5 中。

表 4 - 5　　　　　　　　　　　不同资源约束企业间的差异

变量	企业年龄		现金持有		股利支付	
	大 (1)	小 (2)	多 (3)	少 (4)	高 (5)	低 (6)
RiskT	- 0.025 (- 1.062)	- 0.078 *** (- 3.795)	- 0.038 (- 1.645)	- 0.062 *** (- 3.171)	- 0.051 (- 1.553)	- 0.051 *** (- 3.192)
Size	0.028 *** (15.780)	0.022 *** (12.953)	0.024 *** (14.913)	0.027 *** (17.142)	0.026 *** (12.959)	0.022 *** (16.183)
Lev	- 0.058 *** (- 5.659)	- 0.024 *** (- 2.636)	- 0.017 * (- 1.876)	- 0.047 *** (- 5.438)	- 0.016 (- 1.382)	- 0.027 *** (- 3.774)
Roe	0.082 *** (6.357)	0.100 *** (7.635)	0.123 *** (7.266)	0.068 *** (6.571)	0.166 *** (6.487)	0.062 *** (6.789)
Growth	0.000 (0.033)	- 0.002 (- 0.750)	- 0.002 (- 0.669)	- 0.000 (- 0.053)	- 0.005 * (- 1.709)	0.002 (1.098)
Share	0.029 * (1.925)	- 0.017 (- 1.582)	- 0.002 (- 0.172)	0.003 (0.238)	- 0.026 ** (- 2.061)	0.018 * (1.737)
Soe	0.002 (0.572)	0.020 *** (4.024)	0.011 *** (2.712)	0.013 *** (3.158)	0.021 *** (4.364)	0.008 ** (2.485)
Bsize	0.015 (1.359)	0.003 (0.315)	0.011 (1.075)	0.008 (0.772)	0.020 * (1.788)	- 0.005 (- 0.564)
Indep	0.070 * (1.818)	0.054 (1.586)	0.043 (1.163)	0.079 ** (2.369)	0.075 ** (2.022)	0.047 (1.545)
Both	- 0.002 (- 0.576)	- 0.000 (- 0.166)	- 0.003 (- 1.031)	0.000 (0.088)	- 0.002 (- 0.675)	- 0.001 (- 0.558)
Constant	- 0.111 *** (- 3.020)	- 0.043 (- 1.249)	- 0.086 ** (- 2.399)	- 0.085 ** (- 2.563)	- 0.105 *** (- 2.742)	- 0.045 (- 1.522)
Ind	控制	控制	控制	控制	控制	控制
Year	控制	控制	控制	控制	控制	控制
观测值	11235	13221	11580	12876	11160	13296
调整 R^2	0.233	0.235	0.216	0.246	0.261	0.194
F 值	25.379	29.884	24.619	34.188	34.015	27.188

注：括号内为 t 值，***、**、* 分别表示在 1%、5%、10% 水平上显著，使用异方差稳健标准误，并经公司层面聚类调整。

表4-5的第（1）列和第（2）列显示，在上市时间较长的组别中，风险承担（*RiskT*）的系数为-0.025，*t* 值为-1.062，不显著；在上市时间较短的组别中，风险承担（*RiskT*）的系数为-0.078，*t* 值为-3.795，在1%的水平上显著为负，系数和显著性水平均高于上市时间较长的企业。结果说明，上市较久的企业由于拥有更高的知名度、建立了品牌优势等，资源较为富余，能够有效缓解风险承担产生的资源约束问题。反之，上市时间较短的企业资源较为紧张，承担高风险对资源的消耗和资源获取难度的增加更令其雪上加霜，将难以支持其社会责任方面的投资。因此，在上市时间较短的企业中，风险承担对社会责任履行的负向影响更为强烈。

表4-5的第（3）列和第（4）列显示，在现金持有量较多的企业中，风险承担（*RiskT*）的系数为-0.038，没有通过显著性检验；而在现金持有量较少的企业中，风险承担（*RiskT*）的系数为-0.062，显著性为1%，两个统计指标均高于现金持有量较多的组别。这表明企业持有较多的现金一定程度上可以削弱风险承担对履行社会责任的负向影响，现金拮据则会恶化风险承担带来的资源约束问题，对企业社会责任履行造成更为严重的不利冲击。

表4-5的第（5）列和第（6）列显示，按照股利支付率进行分组回归的结果提供了相似的经验证据。在股利支付率较高的样本中，风险承担（*RiskT*）的系数不显著；而在较低股利支付率样本中，风险承担（*RiskT*）的系数为-0.051，显著性水平为1%。显然，较高股利支付率的企业拥有富余资金且暂时没有合适的投资机会，理论上能够支撑其参与更多的社会责任活动。反之，较低股利支付率的企业承担高风险后资金更为紧张，减少社会责任投资的倾向更明显，此时风险承担与履行社会责任之间的负向关系更显著。总体而言，风险承担与企业社会责任的负相关关系在年龄小、现金持有量少以及股利支付率低的企业中更显著，佐证了企业风险承担通过加剧资源约束进而抑制社会责任履行水平的理论逻辑，H2得以证实。

三、业绩压力机制的检验结果

（一）基于管理层报告语调的检验结果

企业承担风险会给管理层带来较大的短期业绩压力，从而导致社会责任履行存在动机不足问题，促使其减少社会责任投入。本书利用管理层报告语调作为业绩压力的代理变量，根据前述模型（4.8）、模型（4.9）和模型（4.10），对H3进行检验，结果列示于表4-6中。

表 4 - 6　　　　　　　　　　　基于管理层报告语调的机制检验

变量	CSR (1)	Tone (2)	CSR (3)
RiskT	- 0.051 *** (- 3.276)	- 0.035 *** (- 13.732)	- 0.045 *** (- 2.854)
Tone			0.180 *** (2.820)
Size	0.025 *** (20.842)	0.000 (0.586)	0.025 *** (20.785)
Lev	- 0.034 *** (- 4.828)	- 0.004 *** (- 3.433)	- 0.033 *** (- 4.727)
Roe	0.093 *** (9.747)	0.014 *** (10.263)	0.090 *** (9.495)
Growth	- 0.001 (- 0.510)	0.001 *** (3.142)	- 0.001 (- 0.596)
Share	0.001 (0.059)	0.002 (1.462)	0.000 (0.018)
Soe	0.013 *** (3.968)	0.003 *** (5.727)	0.012 *** (3.799)
Bsize	0.009 (1.139)	0.003 ** (2.435)	0.008 (1.074)
Indep	0.061 ** (2.269)	0.004 (1.012)	0.060 ** (2.239)
Both	- 0.002 (- 0.631)	0.000 (0.693)	- 0.002 (- 0.652)
Constant	- 0.083 *** (- 3.143)	0.016 *** (4.012)	- 0.086 *** (- 3.247)
Ind	控制	控制	控制
Year	控制	控制	控制
观测值	24456	24456	24456
调整 R^2	0.230	0.082	0.231
F 值	48.778	41.667	47.717

注: 括号内为 t 值, ***、**分别表示在1%、5%水平上显著, 使用异方差稳健标准误, 并经公司层面聚类调整。

根据表4-6可知，第（1）列为模型（4.8）的回归结果，风险承担（RiskT）的系数 α_1 为 -0.051，在1%的水平上显著，表明企业风险承担对社会责任具有显著的抑制效应，与第三章的结果一致。第（2）列为模型（4.9）的回归结果，风险承担（RiskT）的系数 γ_1 为 -0.035，显著性水平为1%，表明风险承担降低了 MD&A 报告语调的积极性，给管理层带来较大的业绩压力。第（3）列为模型（4.10）的回归结果，MD&A 报告语调（Tone）的系数 λ_2 为 0.180，并且通过了1%水平的显著性检验。此时企业风险承担（RiskT）的系数 λ_1 为 -0.045，显著性水平为1%，MD&A 报告语调为风险承担与企业社会责任履行之间的部分中介因子。检验结果表明，风险承担导致管理层业绩压力加大，从而减少社会责任参与，H3 得以证实。

（二）基于管理层违规的检验结果

管理层面对公司业绩下滑，可能会从事更多的败德行为或非法活动，以策略性地解决短期困难，故管理层违规行为在一定程度上可以反映其承受的业绩压力。为检验 H3，将管理层违规作为业绩压力的代理变量，根据前述模型（4.11）、模型（4.12）和模型（4.13）中进行检验。

表4-7为基于管理层是否违规的检验结果。第（1）列为模型（4.11）的回归结果，风险承担（RiskT）的系数为 -0.051，显著性水平为1%，表明企业风险承担抑制社会责任履行，与第三章的结果一致。第（2）列为模型（4.12）的回归结果，风险承担（RiskT）的系数为 3.868，显著性水平为1%，表明风险承担增加了管理层违规的可能性，给管理层带来较大的业绩压力。第（3）列为模型（4.13）的回归结果，管理层是否违规（Fraud_dum）的系数为 -0.005，并且通过了10%水平的显著性检验。此时风险承担（RiskT）的系数为 -0.049，显著性水平为1%，表明管理层是否违规在企业风险承担和社会责任履行之间发挥了部分中介作用。检验结果说明企业风险承担给管理层带来了较大的业绩压力，促使其减少社会责任投入。

表4-7 基于管理层是否违规的机制检验

变量	CSR (1)	Fraud_dum (2)	CSR (3)
RiskT	-0.051 *** (-3.276)	3.868 *** (8.353)	-0.049 *** (-3.152)

续表

变量	CSR （1）	Fraud_dum （2）	CSR （3）
Fraud_dum			− 0. 005 * （− 1. 929）
Size	0. 025 *** （20. 842）	− 0. 016 （− 0. 526）	0. 025 *** （20. 856）
Lev	− 0. 034 *** （− 4. 828）	1. 282 *** （6. 518）	− 0. 033 *** （− 4. 769）
Roe	0. 093 *** （9. 747）	− 2. 244 *** （− 10. 430）	0. 092 *** （9. 556）
Growth	− 0. 001 （− 0. 510）	− 0. 009 （− 0. 136）	− 0. 001 （− 0. 507）
Share	0. 001 （0. 059）	− 1. 108 *** （− 4. 547）	0. 000 （0. 035）
Soe	0. 013 *** （3. 968）	− 0. 648 *** （− 7. 675）	0. 013 *** （3. 908）
Bsize	0. 009 （1. 139）	0. 376 * （1. 884）	0. 009 （1. 151）
Indep	0. 061 ** （2. 269）	0. 020 （0. 028）	0. 061 ** （2. 270）
Both	− 0. 002 （− 0. 631）	0. 034 （0. 518）	− 0. 002 （− 0. 627）
Constant	− 0. 083 *** （− 3. 143）	− 3. 869 *** （− 5. 808）	− 0. 083 *** （− 3. 140）
Ind	控制	控制	控制
Year	控制	控制	控制
观测值	24456	24456	24456
调整/Pseudo R^2	0. 230	0. 104	0. 230
F 值	48. 778		47. 653

注：括号内为 t 值，***、**、* 分别表示在 1%、5%、10% 水平上显著，使用异方差稳健标准误，并经公司层面聚类调整。

表4-8为基于管理层违规后被处罚金额的检验结果。由表4-8可知，第（1）列为模型（4.11）的回归结果，风险承担（RiskT）的系数 α_1 显著为负。第（2）列为模型（4.12）的回归结果，风险承担（RiskT）的系数显著为正，表明企业风险承担导致管理层面临更严重的违规处罚。第（3）列为模型（4.13）的回归结果，违规后被处罚金额（Fraud_pen）的系数显著为负，此时风险承担（RiskT）的系数仍显著为负。结果表明，违规后被处罚金额部分中介了风险承担对社会责任履行的抑制效应。综合表4-7和表4-8的检验结果可知，企业风险承担短期内增加了管理层承受的业绩压力，进而降低了企业社会责任履行水平。业绩压力是企业风险承担负向影响社会责任的作用机制。

表4-8   基于管理层违规处罚金额的机制检验

变量	CSR (1)	Fraud_pen (2)	CSR (3)
RiskT	−0.051 *** (−3.276)	0.266 *** (3.974)	−0.050 *** (−3.228)
Fraud_pen			−0.003 * (−1.887)
Size	0.025 *** (20.842)	−0.006 *** (−2.650)	0.025 *** (20.830)
Lev	−0.034 *** (−4.828)	0.054 *** (3.329)	−0.033 *** (−4.805)
Roe	0.093 *** (9.747)	−0.132 *** (−3.146)	0.093 *** (9.707)
Growth	−0.001 (−0.510)	−0.008 * (−1.649)	−0.001 (−0.524)
Share	0.001 (0.059)	−0.030 * (−1.922)	0.000 (0.050)
Soe	0.013 *** (3.968)	−0.012 ** (−2.322)	0.013 *** (3.958)
Bsize	0.009 (1.139)	−0.007 (−0.481)	0.009 (1.137)

续表

变量	CSR (1)	Fraud_pen (2)	CSR (3)
Indep	0.061 ** (2.269)	- 0.036 (- 0.762)	0.060 ** (2.266)
Both	- 0.002 (- 0.631)	- 0.002 (- 0.479)	- 0.002 (- 0.634)
Constant	- 0.083 *** (- 3.143)	- 3.869 *** (- 5.808)	- 0.083 *** (- 3.140)
Ind	控制	控制	控制
Year	控制	控制	控制
观测值	24456	24456	24456
调整 R^2	0.230	0.010	0.230
F 值	48.778	4.262	47.694

注：括号内为 t 值，***、**、*分别表示在1%、5%、10%水平上显著，使用异方差稳健标准误，并经公司层面聚类调整。

（三）业绩压力程度不同企业间的差异

真实盈余管理隐蔽性更强，能够帮助企业获取异常的利润和现金流，切实提升公司短期盈余，故本书根据真实盈余管理程度划分不同业绩压力组。参考罗伊查德哈瑞（Roychowdhury, 2006）的方法，真实盈余管理由表示企业销售操控行为的异常活动现金流、生产操控行为的异常生产成本以及费用操控行为的异常酌量费用三方面构成。根据该指标的年度行业中位数，将样本分成两组，然后对模型（4.1）进行回归，结果列示于表4-9第（1）列和第（2）列。结果显示，风险承担对社会责任履行的抑制作用在真实盈余管理较多的样本中更加显著，而在较少的样本中不显著。

表4-9　　　　　　　　　　**不同业绩压力企业间的差异**

变量	真实盈余管理		管理层年龄		分析师预测偏差	
	多（1）	少（2）	小（3）	大（4）	大（5）	小（6）
RiskT	- 0.078 *** (- 3.541)	- 0.028 (- 1.367)	- 0.076 *** (- 4.370)	- 0.019 (- 0.647)	- 0.076 *** (- 3.875)	- 0.009 (- 0.407)

续表

变量	真实盈余管理		管理层年龄		分析师预测偏差	
	多 (1)	少 (2)	小 (3)	大 (4)	大 (5)	小 (6)
Size	0.028 *** (16.985)	0.023 *** (15.895)	0.021 *** (11.088)	0.028 *** (16.730)	0.026 *** (15.581)	0.024 *** (15.721)
Lev	−0.040 *** (−4.404)	−0.025 *** (−2.833)	−0.029 *** (−3.407)	−0.038 *** (−3.365)	−0.039 *** (−4.738)	−0.023 ** (−2.412)
Roe	0.085 *** (6.852)	0.088 *** (7.166)	0.068 *** (6.560)	0.134 *** (7.461)	0.066 *** (6.435)	0.107 *** (7.507)
Growth	0.001 (0.336)	−0.002 (−1.182)	0.000 (0.052)	−0.002 (−0.632)	0.000 (0.163)	−0.003 (−1.604)
Share	0.002 (0.149)	−0.002 (−0.198)	0.004 (0.346)	0.001 (0.062)	0.007 (0.610)	−0.005 (−0.456)
Soe	0.017 *** (3.984)	0.010 ** (2.575)	0.019 *** (3.623)	0.005 (1.135)	0.015 *** (3.757)	0.010 ** (2.543)
Bsize	0.006 (0.499)	0.011 (1.214)	0.014 (1.306)	0.004 (0.308)	0.014 (1.377)	0.005 (0.519)
Indep	0.066 * (1.814)	0.053 * (1.751)	0.063 * (1.856)	0.047 (1.201)	0.082 ** (2.311)	0.044 (1.402)
Both	−0.003 (−0.852)	−0.001 (−0.206)	−0.001 (−0.301)	−0.003 (−0.748)	0.000 (0.090)	−0.003 (−1.149)
Constant	−0.107 *** (−2.943)	−0.061 ** (−1.997)	−0.073 ** (−2.027)	−0.080 ** (−2.154)	−0.107 *** (−3.117)	−0.057 * (−1.787)
Ind	控制	控制	控制	控制	控制	控制
Year	控制	控制	控制	控制	控制	控制
观测值	10872	13674	12226	12230	12716	11740
调整 R^2	0.223	0.241	0.182	0.267	0.194	0.270
F 值	31.132	34.552	16.712	35.016	27.205	39.749

注：括号内为 t 值，*** 、** 、* 分别表示在1%、5%、10%水平上显著，使用异方差稳健标准误，并经公司层面聚类调整。

　　根据各企业高管的年龄计算出管理层的平均年龄，然后按中位数将样本分成两组进行回归。结果见表4-9的第（3）列和第（4）列。在管理层年龄较小组，企业风险承担与社会责任履行之间的负相关关系显著为负，而在年龄较大组则不显著。回归结果佐证了企业风险承担通过加大管理层业绩压力进而抑制社会责任履行水平的理论逻辑。在分析师预测偏差与实际盈余偏离程度越高的企业中，管理层面临的业绩压力越大。分析师预测偏差等于预测每股收益均值减去实际每股收益取绝对值再除以实际每股收益的绝对值。按照该指标的年度行业中位数，将样本分成两组，然后对模型（4.1）进行分组回归，结果列示于表4-9的第（5）列和第（6）列。结果显示，在分析师预测偏差较小的样本中，风险承担（RiskT）的系数不显著；而在偏差较大的样本中，风险承担（RiskT）的系数为-0.076，并且通过了1%水平的显著性检验。结果说明，在业绩压力较小的企业中，企业风险承担对社会责任履行的抑制作用被削弱，一定程度上表明风险承担通过增加业绩压力从而降低了社会责任履行水平，研究假设H3得以证实。

四、稳健性检验

（一）对公共型社会责任的检验

　　由第三章可知，企业风险承担对整体社会责任履行的负向影响是由公共型社会责任的减少所驱动的。为更直接地考察企业承担高风险后为何降低社会责任履行，根据前文构建的机制检验模型，将被解释变量替换为公共型社会责任（PCSR）重新进行回归。表4-10列示了公共型社会责任的资源约束机制检验结果。

表4-10　　　　　　　　　　公共型社会责任的资源约束机制检验

变量	PCSR (1)	Slack (2)	PCSR (3)	PCSR (4)	KZ (5)	PCSR (6)
RiskT	-0.083 *** (-9.768)	-0.050 * (-1.706)	-0.082 *** (-9.690)	-0.072 *** (-8.629)	2.387 *** (7.417)	-0.066 *** (-7.854)
Slack			0.019 *** (5.060)			
KZ						-0.003 *** (-9.143)

续表

变量	PCSR (1)	Slack (2)	PCSR (3)	PCSR (4)	KZ (5)	PCSR (6)
Size	0.010 *** (16.477)	− 0.011 *** (− 4.510)	0.011 *** (16.866)	0.012 *** (18.263)	− 0.269 *** (− 13.636)	0.011 *** (17.159)
Lev	− 0.014 *** (− 3.912)	− 0.398 *** (− 28.237)	− 0.006 (− 1.628)	− 0.016 *** (− 4.323)	6.079 *** (52.884)	0.000 (0.022)
Roe	0.051 *** (9.892)	0.284 *** (16.878)	0.046 *** (8.858)	0.057 *** (10.688)	− 4.481 *** (− 22.363)	0.045 *** (8.718)
Growth	− 0.000 (− 0.132)	0.004 * (1.758)	− 0.000 (− 0.222)	− 0.000 (− 0.512)	0.121 *** (4.310)	− 0.000 (− 0.157)
Share	0.006 (1.293)	0.079 *** (4.948)	0.004 (0.943)	0.006 (1.293)	− 1.203 *** (− 8.704)	0.003 (0.593)
Soe	0.006 *** (3.518)	0.013 ** (2.236)	0.005 *** (3.379)	0.005 *** (3.207)	0.143 *** (3.306)	0.006 *** (3.446)
Bsize	− 0.000 (− 0.024)	− 0.004 (− 0.247)	− 0.000 (− 0.007)	0.002 (0.401)	− 0.324 *** (− 2.997)	0.001 (0.193)
Indep	0.018 (1.317)	− 0.031 (− 0.681)	0.018 (1.362)	0.026 * (1.879)	0.418 (1.150)	0.027 ** (1.968)
Both	− 0.001 (− 0.630)	0.006 (1.356)	− 0.001 (− 0.726)	− 0.001 (− 0.560)	− 0.016 (− 0.393)	− 0.001 (− 0.596)
Constant	− 0.015 (− 1.174)	0.223 *** (4.846)	− 0.020 (− 1.500)	− 0.029 ** (− 2.151)	2.322 *** (6.265)	− 0.023 * (− 1.690)
Ind	控制	控制	控制	控制	控制	控制
Year	控制	控制	控制	控制	控制	控制
观测值	22939	22939	22939	24456	24456	24456
调整 R^2	0.209	0.256	0.211	0.224	0.413	0.228
F 值	63.374	55.338	63.734	62.946	176.617	62.632

注：括号内为 t 值，***、**、*分别表示在 1%、5%、10% 水平上显著，使用异方差稳健标准误，并经公司层面聚类调整。

由表 4 - 10 可知，第（1）列为模型（4.1）的回归结果，风险承担（RiskT）的系数显著为负。第（2）列为模型（4.2）的估计结果，风险承担（RiskT）的系数显著为负，说明企业风险承担减少了资源冗余程度。第（3）列为模型（4.3）的回归结果，冗余资源（Slack）的系数在 1% 水平上显著为正，此时风险承担（RiskT）的系数仍显著为负，说明冗余资源在风险承担和公共型社会责任之间发挥了部分中介效应。第（4）列为模型（4.5）的回归结果，结论同第（1）列，只是观测值不同导致系数存在差异。第（5）列为模型（4.6）的结果，风险承担（RiskT）的系数为正，显著性水平为 1%，表明承担高风险加剧了企业融资约束程度。第（6）列为模型（4.7）的回归结果，融资约束（KZ）的系数在 1% 水平上显著为负，此时风险承担（RiskT）的系数仍显著为负，表明融资约束在企业风险承担和公共型社会责任之间具有部分中介作用。

综合来看，表 4 - 10 的检验结果表明，企业推进风险承担战略需要消耗大量资源，导致企业闲置资源减少，加剧融资约束，引发资源紧张，使得具有较高资源敏感性的公共型社会责任履行存在资源不足的现实局限性，从而降低了公共型社会责任投入。资源约束是企业风险承担对公共型社会责任产生负向影响的作用机制，也因此降低了企业整体社会责任表现。

表 4 - 11 和表 4 - 12 列示了公共型社会责任的业绩压力机制检验结果。根据表 4 - 11 第（1）列为模型（4.8）的回归结果，风险承担（RiskT）的系数显著为负，这一结果与第三章一致。第（2）列为模型（4.9）的回归结果，风险承担（RiskT）的系数显著为负，表明风险承担降低了 MD&A 报告语调的积极性，给管理层带来较大的业绩压力。第（3）列为模型（4.10）的回归结果，MD&A 报告语调（Tone）的系数在 1% 水平上显著为正，此时风险承担（RiskT）的系数仍显著为负。结果表明，MD&A 报告语调在风险承担和公共型社会责任之间发挥了显著的部分中介效应。第（4）列的回归结果同第（1）列。第（5）列为模型（4.12）的回归结果，风险承担（RiskT）的系数显著为正，表明风险承担增加了管理层违规的可能性，对管理层产生了较大的业绩压力。第（6）列为模型（4.13）的回归结果，管理层是否违规（Fraud_dum）的系数显著为负，此时风险承担（RiskT）的系数仍显著为负。表 4 - 12 为基于管理层违规处罚金额的检验，也得到一致的研究结论。结果表明，管理层违规在风险承担和公共型社会责任之间发挥了部分中介作用。企业风险承担给管理层造成了较大的业绩压力，进而促使其减少公共型社会责任参与。业绩压力是风险承担抑制公共型社会责任的影响机制，也因此降低了企业整体社会责任履行水平。

表4-11 公共型社会责任的业绩压力机制检验（一）

变量	PCSR (1)	Tone (2)	PCSR (3)	PCSR (4)	Fraud_dum (5)	PCSR (6)
RiskT	-0.072 *** (-8.629)	-0.035 *** (-13.732)	-0.066 *** (-7.815)	-0.072 *** (-8.629)	3.868 *** (8.353)	-0.071 *** (-8.452)
Tone			0.183 *** (5.346)			
Fraud_dum						-0.003 ** (-2.175)
Size	0.012 *** (18.263)	0.000 (0.586)	0.012 *** (18.194)	0.012 *** (18.263)	-0.016 (-0.526)	0.012 *** (18.277)
Lev	-0.016 *** (-4.323)	-0.004 *** (-3.433)	-0.015 *** (-4.131)	-0.016 *** (-4.323)	1.282 *** (6.518)	0.016 *** (-4.250)
Roe	0.057 *** (10.688)	0.014 *** (10.263)	0.055 *** (10.219)	0.057 *** (10.688)	-2.244 *** (-10.430)	0.056 *** (10.453)
Growth	-0.000 (-0.512)	0.001 *** (3.142)	-0.001 (-0.661)	-0.000 (-0.512)	-0.009 (-0.136)	-0.000 (-0.508)
Share	0.006 (1.293)	0.002 (1.462)	0.006 (1.213)	0.006 (1.293)	-1.108 *** (-4.547)	0.006 (1.258)
Soe	0.005 *** (3.207)	0.003 *** (5.727)	0.005 *** (2.898)	0.005 *** (3.207)	-0.648 *** (-7.675)	0.005 *** (3.129)
Bsize	0.002 (0.401)	0.003 ** (2.435)	0.001 (0.273)	0.002 (0.401)	0.376 * (1.884)	0.002 (0.417)
Indep	0.026 * (1.879)	0.004 (1.012)	0.025 * (1.822)	0.026 * (1.879)	0.020 (0.028)	0.026 * (1.879)
Both	-0.001 (-0.560)	0.000 (0.693)	-0.001 (-0.600)	-0.001 (-0.560)	0.034 (0.518)	-0.001 (-0.554)
Constant	-0.029 ** (-2.151)	0.016 *** (4.012)	-0.032 ** (-2.361)	-0.029 ** (-2.151)	-3.869 *** (-5.808)	-0.029 ** (-2.145)
Ind	控制	控制	控制	控制	控制	控制

续表

变量	PCSR (1)	Tone (2)	PCSR (3)	PCSR (4)	Fraud_dum (5)	PCSR (6)
Year	控制	控制	控制	控制	控制	控制
观测值	24456	24456	24456	24456	24456	24456
调整/Pseudo R^2	0.224	0.082	0.225	0.224	0.104	0.224
F 值	62.946	41.667	62.841	62.946		61.628

注：括号内为 t 值，***、**、*分别表示在1%、5%、10%水平上显著，使用异方差稳健标准误，并经公司层面聚类调整。

表4-12　　　　　公共型社会责任的业绩压力机制检验（二）

变量	PCSR (1)	Fraud_pen (2)	PCSR (3)
RiskT	-0.072 *** (-8.629)	0.261 *** (3.946)	-0.072 *** (-8.563)
Fraud_pen			-0.002 * (-1.948)
Size	0.012 *** (18.263)	-0.006 *** (-2.793)	0.012 *** (18.246)
Lev	-0.016 *** (-4.323)	0.055 *** (3.460)	-0.016 *** (-4.293)
Roe	0.057 *** (10.688)	-0.131 *** (-3.177)	0.057 *** (10.640)
Growth	-0.000 (-0.512)	-0.008 * (-1.700)	-0.000 (-0.530)
Share	0.006 (1.293)	-0.028 * (-1.878)	0.006 (1.281)
Soe	0.005 *** (3.207)	-0.011 ** (-2.246)	0.005 *** (3.194)
Bsize	0.002 (0.401)	-0.007 (-0.464)	0.002 (0.398)

变量	PCSR （1）	Fraud_pen （2）	PCSR （3）
Indep	0.026* （1.879）	−0.033 （−0.708）	0.026* （1.875）
Both	−0.001 （−0.560）	−0.002 （−0.464）	−0.001 （−0.563）
Constant	−0.029** （−2.151）	0.126*** （2.634）	−0.029** （−2.134）
Ind	控制	控制	控制
Year	控制	控制	控制
观测值	24456	24456	24456
调整 R^2	0.224	0.010	0.224
F 值	62.946	4.286	61.612

注：括号内为 t 值，***、**、*分别表示在1%、5%、10%水平上显著，使用异方差稳健标准误，并经公司层面聚类调整。

（二）改变企业风险承担的衡量方式

参考周泽将等（2018）的研究，滚动计算 $t-1$ 至 $t+1$ 观测期内经年度和行业平均值调整后的总资产收益率的最大值与最小值的差额，以此作为风险承担的替代衡量（RiskT_JC）。然后，利用前述模型重新进行检验。

由表4-13可知，第（1）列的回归结果显示，风险承担（RiskT_JC）的系数显著为负。第（2）列的估计结果显示，风险承担（RiskT_JC）的系数显著为负，说明企业风险承担减少了资源冗余程度。第（3）列的结果显示，冗余资源（Slack）的系数显著为正，此时风险承担的系数仍显著为负，说明冗余资源在风险承担和社会责任之间发挥了部分中介效应。第（4）列的回归结果同第（1）列。第（5）列的结果显示，风险承担（RiskT_JC）的系数显著为正，表明承担高风险加剧了企业融资约束程度。第（6）列的检验结果显示，融资约束（KZ）的系数显著为负，此时风险承担的系数仍显著为负，表明融资约束在风险承担和社会责任之间具有部分中介作用。

表 4 – 13 资源约束机制检验（改变风险承担衡量方式）

变量	CSR (1)	Slack (2)	CSR (3)	CSR (4)	KZ (5)	CSR (6)
RiskT_JC	-0.031*** (-3.750)	-0.027* (-1.742)	-0.030*** (-3.644)	-0.027*** (-3.234)	1.256*** (7.258)	-0.022*** (-2.636)
Slack			0.032*** (4.620)			
KZ						-0.004*** (-7.076)
Size	0.022*** (19.371)	-0.011*** (-4.512)	0.023*** (19.748)	0.025*** (20.836)	-0.269*** (-13.638)	0.024*** (19.947)
Lev	-0.029*** (-4.408)	-0.398*** (-28.236)	-0.016** (-2.299)	-0.034*** (-4.828)	6.080*** (52.879)	-0.010 (-1.372)
Roe	0.082*** (9.171)	0.284*** (16.868)	0.073*** (8.301)	0.093*** (9.752)	-4.486*** (-22.401)	0.076*** (8.320)
Growth	-0.001 (-0.342)	0.004* (1.761)	-0.001 (-0.436)	-0.001 (-0.509)	0.121*** (4.310)	-0.000 (-0.205)
Share	0.001 (0.092)	0.079*** (4.947)	-0.002 (-0.215)	0.001 (0.059)	-1.204*** (-8.709)	-0.004 (-0.453)
Soe	0.013*** (4.464)	0.013** (2.235)	0.013*** (4.343)	0.013*** (3.969)	0.143*** (3.299)	0.013*** (4.153)
Bsize	0.005 (0.654)	-0.004 (-0.246)	0.005 (0.667)	0.009 (1.142)	-0.325*** (-3.006)	0.008 (0.982)
Indep	0.043* (1.728)	-0.030 (-0.680)	0.044* (1.768)	0.061** (2.271)	0.416 (1.146)	0.062** (2.337)
Both	-0.002 (-0.746)	0.006 (1.355)	-0.002 (-0.835)	-0.002 (-0.632)	-0.016 (-0.392)	-0.002 (-0.659)
Constant	-0.050** (-1.992)	0.223*** (4.848)	-0.057** (-2.283)	-0.083*** (-3.145)	2.326*** (6.278)	-0.074*** (-2.797)
Ind	控制	控制	控制	控制	控制	控制

续表

变量	CSR (1)	Slack (2)	CSR (3)	CSR (4)	KZ (5)	CSR (6)
Year	控制	控制	控制	控制	控制	控制
观测值	22939	22939	22939	24456	24456	24456
调整 R^2	0.215	0.256	0.217	0.230	0.413	0.233
F 值	49.206	55.337	48.973	48.768	176.346	47.736

注：括号内为 t 值，***、**、* 分别表示在 1%、5%、10% 水平上显著，使用异方差稳健标准误，并经公司层面聚类调整。

　　根据表 4 – 14，第（1）列为模型（4.8）的回归结果，风险承担（RiskT_JC）的系数显著为负。第（2）列为模型（4.9）的回归结果，风险承担（RiskT_JC）的系数显著为负，表明风险承担降低了 MD&A 报告语调的积极性，给管理层带来较大的业绩压力。第（3）列为模型（4.10）的回归结果，MD&A 报告语调（Tone）的系数显著为正，此时风险承担（RiskT_JC）的系数仍显著为负。结果表明，MD&A 报告语调在风险承担和社会责任之间发挥了部分中介效应。第（4）列的回归结果同第（1）列。第（5）列为模型（4.12）的回归结果，风险承担（RiskT_JC）的系数显著为正，表明风险承担增加了管理层违规的可能性，对管理层产生了较大的业绩压力①。第（6）列为模型（4.13）的回归结果，管理层是否违规（Fraud_dum）的系数显著为负，此时风险承担（RiskT_JC）的系数仍显著为负。结果表明，管理层违规在风险承担和社会责任之间发挥了部分中介作用。企业风险承担给管理层造成了较大的业绩压力，进而促使其减少社会责任参与。

表 4 – 14　　　　　　　　业绩压力机制检验（改变风险承担衡量方式）

变量	CSR (1)	Tone (2)	CSR (3)	CSR (4)	Fraud_dum (5)	CSR (6)
RiskT_JC	−0.027*** (−3.234)	−0.019*** (−13.741)	−0.024*** (−2.814)	−0.027*** (−3.234)	2.059*** (8.303)	−0.026*** (−3.111)

　　① 对于管理层违规行为，本部分只列示了基于管理层是否违规的检验结果，基于违规处罚金额的检验也得到一致的研究结论。

续表

变量	CSR (1)	Tone (2)	CSR (3)	CSR (4)	Fraud_dum (5)	CSR (6)
Tone			0.180 *** (2.821)			
Fraud_dum						−0.005 * (−1.933)
Size	0.025 *** (20.836)	0.000 (0.576)	0.025 *** (20.779)	0.025 *** (20.836)	−0.016 (−0.518)	0.025 *** (20.849)
Lev	−0.034 *** (−4.828)	−0.004 *** (−3.430)	−0.033 *** (−4.727)	−0.034 *** (−4.828)	1.280 *** (6.511)	−0.033 *** (−4.768)
Roe	0.093 *** (9.752)	0.014 *** (10.268)	0.090 *** (9.501)	0.093 *** (9.752)	−2.248 *** (−10.437)	0.092 *** (9.561)
Growth	−0.001 (−0.509)	0.001 *** (3.153)	−0.001 (−0.595)	−0.001 (−0.509)	−0.009 (−0.135)	−0.001 (−0.506)
Share	0.001 (0.059)	0.002 (1.460)	0.000 (0.018)	0.001 (0.059)	−1.110 *** (−4.555)	0.000 (0.035)
Soe	0.013 *** (3.969)	0.003 *** (5.729)	0.012 *** (3.800)	0.013 *** (3.969)	−0.648 *** (−7.681)	0.013 *** (3.909)
Bsize	0.009 (1.142)	0.003 ** (2.445)	0.009 (1.076)	0.009 (1.142)	0.374 * (1.872)	0.009 (1.153)
Indep	0.061 ** (2.271)	0.004 (1.020)	0.060 ** (2.241)	0.061 ** (2.271)	0.016 (0.023)	0.061 ** (2.272)
Both	−0.002 (−0.632)	0.000 (0.690)	−0.002 (−0.652)	−0.002 (−0.632)	0.034 (0.521)	−0.002 (−0.627)
Constant	−0.083 *** (−3.145)	0.016 *** (4.016)	−0.086 *** (−3.249)	−0.083 *** (−3.145)	−3.866 *** (−5.799)	−0.083 *** (−3.141)
Ind	控制	控制	控制	控制	控制	控制
Year	控制	控制	控制	控制	控制	控制
观测值	24456	24456	24456	24456	24456	24456
R^2	0.230	0.082	0.231	0.230	0.104	0.230
F 值	48.768	41.683	47.707	48.768		47.646

注：括号内为 t 值，*** 、** 、* 分别表示在 1%、5%、10% 水平上显著，使用异方差稳健标准误，并经公司层面聚类调整。

综合表 4 – 13 和表 4 – 14 可知，资源约束和业绩压力是企业风险承担抑制社会责任履行的影响机制。检验结果表明，改变风险承担的衡量方式，前文得出的研究结论保持不变。

第四节 本章小结

本章在第三章的研究基础上，对资源约束假说和业绩压力假说进行了实证检验，考察了企业风险承担抑制社会责任履行的影响机制。主要内容有两个方面：

第一，检验了资源约束机制。企业风险承担需要消耗大量资源，而且会降低进一步获取资源的能力。尤其是带来严峻的融资约束问题，致使企业社会责任履行存在资源不足的现实局限性。本章通过对冗余资源和融资约束进行中介效应检验，研究发现，企业风险承担降低了资源冗余程度，加剧了融资约束，进而抑制了社会责任投资。结果证实了资源约束为风险承担负向影响社会责任履行的作用机制。

此外，本章考察了资源约束程度不同企业间的差异。选取企业年龄大小、现金持有量多少、股利支付率高低三种资源约束情境进行分析。通过分组回归发现，企业风险承担与社会责任的负相关关系在年龄小、现金持有量少以及股利支付率低的企业中更显著，说明企业资源较为富余可以缓解风险承担对社会责任的负向影响，而资源较匮乏的企业在承担高风险后会更显著地减少社会责任，强化了风险承担通过加剧资源约束进而降低社会责任履行水平的理论逻辑。

第二，检验了业绩压力机制。企业承担风险会造成短期经营困难和财务困境，给管理层带来较大的业绩压力，促使其减少社会责任投入，导致社会责任履行存在动机不足问题。为验证业绩压力机制是否存在，本章将管理层报告语调和违规行为作为业绩压力的代理变量，通过中介效应检验发现，业绩压力为风险承担与企业社会责任履行之间的部分中介因子。企业风险承担导致管理层业绩压力加大，进而减少了社会责任参与。

此外，本章考察了业绩压力程度不同企业间的差异。选取真实盈余管理程度、管理层年龄和分析师预测偏差三种业绩压力情境进行分析。结果发现，风险承担对社会责任的抑制效应在真实盈余管理多、管理层年龄小和分析师预测偏差大的企业中更显著，说明在管理层已经承受较大业绩压力的情况下，承担高风险会加剧这种压力，继而对社会责任的负面影响更显著。回归结果强化了企业风险承担通过加大管理层业绩压力进而抑制社会责任履行的理论逻辑。

第五章

企业风险承担、生命周期与社会责任履行

根据企业生命周期理论，企业是一个不断演进的实体，处于不同生命周期阶段的企业在战略目标、资源禀赋、组织结构以及经营特点等方面存在系统性和规律性差异，从而使得企业风险承担行为有所差别。进一步来看，风险承担行为的质性差异将会对企业其他行为决策产生重要影响，特别是企业具有较高自由裁量权的社会责任投资决策。那么，随着企业所处发展阶段的变化，企业风险承担与社会责任履行的关系究竟会呈现出何种差异。为此，本章将基于动态视角，结合生命周期理论和企业行为理论，进一步分析企业生命周期不同阶段性的特征对企业风险承担与社会责任履行关系的影响。

第一节 理论分析与研究假设

一、企业生命周期概述

企业如同自然界的生物体，有着从诞生、成长、壮大到死亡的一系列过程。然而，与生物体的生命周期不同，企业发展具有更大的不可预见性，从出现到消亡要经历几年、十几年甚至更长的时间，企业发展还可能会出现停滞阶段，而且消亡也并非必然，企业可以通过变革实现再生。企业生命周期理论是关于企业成长、消亡阶段性和循环的理论，揭示企业发展的基本规律，便于管理者根据每个阶段的企业特征和出现的问题制定适应的组织战略和结构、经营计划，安排人员等，使组织充满竞争力和活力。关于企业生命周期的理论研究，一些比较有代表性的学者观点有：格雷纳（Greiner，1972）按照组织规模和年龄将企业生命周期分为创立、指导、授权、协调和合作五个阶段，并指出在不同阶段，企业的管理

重点和风格、组织结构、控制系统以及收益分配方式均有所区别。米勒和弗里森（Miller and Friesen，1984）认为企业的发展一般有诞生、成长、成熟、复兴和衰退五个阶段，但并非所有企业都严格经历这些阶段，部分企业成长后直接进入衰退期，也有的企业在衰退期重生后进入成熟期，同时指出不同时期的外部环境、组织战略、决策模式表现出差异性。爱迪思（Adizes，1989）在其著作《企业生命周期》中系统地阐述了企业生命周期理论，认为企业的生命周期是企业发展与成长的动态轨迹，企业的发展阶段同人类机体相似，要经历成长阶段（包括孕育期、婴儿期、学步期、青春期与盛年期）与老化阶段（包括稳定期、贵族期、官僚前期、官僚期与死亡期），并指出企业成长和老化取决于灵活性和可控性两个因素。在我国，陈佳贵（1995）按照企业的规模扩张类型将企业的成长方式分为欠发育型、正常发育型和超常发育型，正常发育型企业的生命周期可以划分为孕育期、求生存期、高速成长期、成熟期、衰退期和蜕变期六个阶段，企业进入衰退期后有两种发展可能：一是破产死亡，二是通过蜕变获得新生。李业（2000）认为销售额能基本反映企业的成长状况，根据销售额将企业生命周期划分为孕育期、初生期、成长期、成熟期和衰退期五个阶段，每个阶段有不同形态和问题，应采取适应性策略以促使企业发展壮大。对于企业生命周期阶段的理论划分和界定虽未形成统一的观点，但具有共性，均反映了企业从产生到消亡整个过程，阐释了企业的发展规律。

企业的演化路径是由内部因素（如战略选择、财务资源和管理能力等）和外部因素（如竞争环境、宏观经济等）共同决定的，企业的生命周期是这些因素变化所塑造的不同阶段。战略领域文献认为资源基础是企业在整个生命周期中移动的根本基础，并不断探索组织资源和结构刚性如何影响企业在生命周期阶段的转变。比如，赫尔法特和彼得瑞夫（Helfat and Peteraf，2003）研究表明组织资本影响企业的创业动力、生产能力以及运营效率，进一步来看，这些因素又影响企业生命周期阶段的变化。普里和扎雷茨基（Puri and Zarutskie，2012）探索了风险投资对企业生命周期转变的解释，研究发现使用风险投资融资的企业规模更大、增长更快且失败率较低。

随着企业生命周期理论研究的发展完善，学者们逐渐使用大数据样本为企业生命周期研究提供经验证据以更好地指导企业管理实践。准确测算企业生命周期阶段是开展实证研究的基础前提，然而，实际上这是一项非常困难和复杂的工作。因为企业由许多重叠但又不完全相同的产品组成，可能在不同的行业中运营，企业的每个产品和行业都可能经历不同的生命周期阶段，这使得很难在企业层面准确划分生命周期阶段（Dickinson，2011）。尽管如此，过往文献给出了一些企业生命周期的单变量指标，包括企业年龄、规模和盈利能力（Habib and

Hasan，2019）。虽然这些指标一定程度上反映了企业的成熟度，但只提供了有关企业生命周期的部分信息，具有固有的局限性，难以准确捕获企业的生命周期。例如，企业规模和年龄假设企业在整个生命周期中呈线性发展，而事实上，企业在生命周期中很大可能是动态发展的。而且，企业从一个生命周期阶段过渡到另一个阶段所需的时间因行业而异。安东尼和拉米什（Anthony and Ramesh，1992）第一个使用会计信息来衡量企业生命周期，其使用年龄、销售增长、股息收益率和资本支出四个变量将公司生命周期分为增长、增长/成熟、成熟、成熟/停滞和停滞多个阶段。迪安基洛等（DeAngelo et al.，2006）认为留存收益占总资产或总股本的比例是企业生命周期的合理指标，拥有较高比例的公司相对而言较成熟，较低比例的公司是年轻的。目前实证研究中，得到广泛认可和普遍使用的企业生命周期阶段划分是由迪金森（Dickinson，2011）提出的基于现金流量的方法。迪金森（Dickinson，2011）认为现金流量反映了公司盈利能力、增长和风险的差异，在识别企业生命周期时具有更高的信度和效度。其在研究中，利用经营性现金流净额、投资性现金流净额和融资性现金流净额的正负符号，构建了八种可能的现金流模式组合，然后将这八种组合分为五个生命周期阶段：初创期、成长期、成熟期、淘汰期和衰退期。该方法强调现金流的方向而非现金流的大小，可以有效避免财务数据被操纵所产生的噪声（王性玉等，2016；Habib and Hasan，2017；侯巧铭等，2017；顾雷雷和彭杨，2022）。

二、企业生命周期的调节作用机理分析

基于企业生命周期理论，企业是一个不断演进的实体，生命周期各阶段，企业在战略目标、资源禀赋、组织结构以及经营特点等方面存在着系统性和规律性差异。这些差异对塑造企业风险承担决策具有重要影响：哈比布和哈桑（Habib and Hasan，2017）研究了企业生命周期不同阶段的风险偏好，以及风险偏好对企业绩效的影响，结果表明，在生命周期的引入期和衰退期，风险承担水平较高，而在成长期和成熟期，风险承担水平较低，并且在引入阶段和衰退阶段（成长和成熟阶段）的冒险行为对未来绩效有负面（正面）影响。在我国资本市场上，王性玉等（2016）有类似的研究发现，指出企业处于初创期和衰退期时，风险承担较大，而处于成长期和成熟期时，风险承担较小。实质上，生命周期除了影响风险承担水平即企业所承担风险量的大小外，还会影响风险承担行为的质，使得同等水平的风险承担行为具有质性差异。企业行为理论为我们阐述这一观点提供了理论基础。在企业行为理论框架下，存在着两个著名的命题，"问题性探

索"和"宽裕式探索",以解释不同的风险承担行为(Xu et al.,2019;张丹妮等,2022)。"问题性探索"指的是当业绩低于期望水平时,企业会主动寻求问题的解决方案,倾向于实施一些风险性变革活动,比如进行重大的战略调整、采取违规投机行为或者冒险进入新的、不熟悉的领域。所谓"宽裕式探索",即当业绩高于期望水平时,企业资源比较宽裕后会从事一些需要耗费资源而回报又不确定的冒险行为,比如收购与兼并、研发活动等。"问题性探索"命题基于动机视角,指出企业有为扭转业绩下降而承担风险的目的。而"宽裕式探索"命题则是基于能力视角,强调资源宽裕度较高的企业有承担风险的能力(O'Brien and David,2014)。由于企业风险承担决策是动机和能力所共同决定的,因此应结合动机和能力来理解风险承担行为背后的决策逻辑。同时,不同生命周期阶段的企业在经营目标、资源状况、组织结构等各方面存在显著不同,导致企业风险承担的动机和能力有所区别,从而使风险承担行为具有本质差异。鉴于此,我们创新性地将企业行为理论的两个命题与企业生命周期理论有机结合起来,深入理解企业风险承担行为的质性差异以及由此对社会责任决策产生的影响。可以合理预期,在不同的生命周期阶段,由于企业风险承担背后的决策逻辑不同,企业承担高风险后对社会责任履行的影响也会有所差别。也就是说,企业生命周期是风险承担作用于社会责任履行的边界条件,对二者关系具有调节作用,理论分析框架如图 5-1 所示。

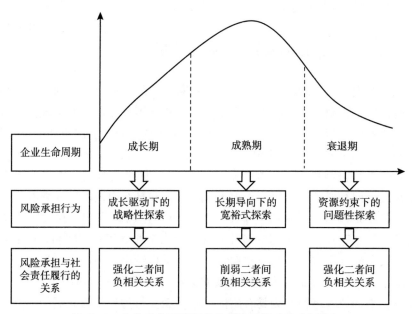

图 5-1　企业生命周期调节作用机理的理论分析框架

（一）成长期企业风险承担与社会责任履行

处于成长阶段的企业主要目标是市场扩张和销售增长，此阶段企业风险承担是一种成长驱动下的战略性探索。在成长期，企业规模逐渐扩大，但市场份额仍较低，在行业中立足未稳。虽已解决基本的生存问题，但依然面临着较高的潜在进入者威胁和在位者的市场挤占。由于没有成熟的盈利模式，该阶段企业的盈利能力有限，而且缺乏规模效应，销售的增长难以带来利润的同步增加（顾雷雷和彭杨，2022）。

成长期企业发展潜力巨大，各项业务和产品市场需求呈现高速增长的态势，投资机会也较多。为迅速占领市场，抓住发展机会，在行业中谋取立足之地，企业会进行大量的资本支出，扩大产能以满足不断增长的市场需求，例如建立厂房、购置生产设备等（Dickinson，2011）。企业还会加速市场开拓以抢占市场份额，建立先发优势吓退潜在进入者，并追赶行业领先者，在产品市场上获得客户认可。对成长期企业而言，其提高核心竞争力、获取市场占有率的关键途径是增强研发创新能力，拥有技术优势。因此，在成长阶段，企业会加大研发力度，开发具有市场前景的差异化产品来吸引顾客，并通过大量的广告投入以宣传产品。可见，为实现市场扩张和快速成长的战略目标，成长期企业倾向于从事资本支出、市场开拓、研发创新、广告宣传等风险承担行为，这是一种成长驱动下的战略性探索。

显然，这些风险承担行为将会消耗企业大量资源。而且，在成长阶段，特别是初期，企业面临较高的资源约束（黄宏斌等，2016；刘诗源等，2020）。一方面，从内部看，经营成本较高，没有形成稳定的盈利，企业内部创造现金流的能力有限，经营活动现金净流量可能为正，也可能为负。另一方面，从外部看，企业经营风险较高，市场认可度有待增加，以信贷为主的外部资金提供者往往较为谨慎，限制了企业融资可得性。因此，成长期企业承担高风险后会引发更为严峻的资源紧张，加剧融资约束程度，导致企业难以有闲置资源参与社会责任活动。

成长期企业风险承担是以增长为导向的战略性投资，目的是扩大市场份额，抓住投资机会，提高企业核心竞争力。此时，企业管理者具有较大的财务业绩压力，倾向于优先将有限的资源配置在研发、生产、销售等生产性活动上，促使企业快速成长、占领市场。巨大的成长压力将削弱管理者社会责任投资意愿，降低履行社会责任的可能性。据此，提出研究假设 H4：

H4：其他条件一定的情况下，当企业处于成长期，风险承担与社会责任履行的负相关关系被强化。

（二）成熟期企业风险承担与社会责任履行

处于成熟阶段的企业经营重心是巩固市场地位和建立长期竞争力，延缓衰退期的到来，企业为实现这一目标而进行的风险承担是一种长期导向下的宽裕式探索。企业步入成熟期之后，企业规模较大，形成一定的规模效应，发展模式逐渐由外延式向内涵式转变，发展速度较成长期有所减缓。在市场地位方面，经过成长阶段的发展后，企业市场份额较高，市场地位稳固，成为行业领先者。成熟期企业产品的知名度较高，客户基础广泛，建立了良好的市场声誉。在盈利方面，企业已逐渐形成自己的经营理念和成熟的盈利模式，盈利能力较强，销售利润率的提高使得企业在该阶段拥有稳定和丰厚的利润，财务表现强劲。在资源方面，从内部看，经营活动能够产生大量的现金流入，而所需的生产性资金投入减少，因而可支配资金剩余较多（Dickinson，2011）；从外部看，伴随企业经营风险的降低和盈利能力的提高，外部资金提供者愿意以较低的成本为企业提供更多的资金支持，在信贷市场、股票市场上和供应链上均有较强的融资能力，融资渠道通畅且筹资途径多样化（黄宏斌等，2016）。因此，成熟期企业的融资约束程度最小，闲置资源最为丰裕。

虽然成熟期企业在市场地位、盈利能力和资源等方面占据优势，但在现实世界中，竞争是激烈且残酷的，企业无法一劳永逸，须居安思危。因此，为巩固市场地位和建立长期竞争力，延长生命周期，处于成熟阶段的企业具有较强的自主创新意愿，研发投入强度较高，而且倾向于选择资金投入量大、不确定性强、回报周期长但未来收益大的发明专利项目（刘诗源等，2020）。企业也会通过开发新产品或新市场创造新的增长点，实现进一步扩张，使得现有资源的配置效率最大化（顾雷雷和彭杨，2022）。企业行为理论认为，绩效水平较高的企业由于有充沛的冗余资源，往往进行"宽裕式探索"，从事需要消耗资源的并购、创新等冒险活动（O'Brien and David，2014）。同样，在企业行为理论的框架下，许等（Xu et al.，2019）和张丹妮等（2022）研究指出高绩效公司为了保持竞争优势和实现长期发展，有动力实施长期导向、有抱负的风险承担行为，如研发投入，以提高企业的长期竞争力。这一理论逻辑与成熟期企业的情况非常契合，结合企业行为理论，我们认为成熟阶段企业的风险承担行为更有可能是一种长期导向下的宽裕式探索。

那么，成熟期企业承担高风险后即使消耗了大量的资源，但由于该阶段丰厚的资源基础、强劲的内部创造现金流和外部融资能力，风险承担行为引发的资源紧张程度特别是融资约束问题也能够得到有效缓解，从而降低对社会责任履行的负面影响。哈比布和哈桑（Habib and Hasan，2017）研究发现规模、盈利能力和闲置资源的优势使处于成熟期的公司比处于生命周期其他阶段的公司在社会责任活动上投入更多。而且，成熟期企业风险承担是一种长期导向行为，自然管理层短视倾向会有所减轻。此外，成熟期企业具有优异的财务表现，使得管理者能够从追逐短期利润的压力中解脱出来，专注于长期竞争力的培育（张丹妮等，2022）。可见，在成熟阶段，企业承担高风险后给管理者带来的短期财务业绩压力、融资压力、职业生涯忧虑等利益损害将会降低，从而缓解社会责任履行动机不足问题。

基于以上分析，成熟期企业风险承担是一种长期导向下的宽裕式探索，在该阶段企业承担高风险引发的资源约束和业绩压力均较低。因此，可以预期，成熟期企业风险承担与社会责任履行的负相关关系将会被削弱，提出研究假设 H5：

H5：其他条件一定的情况下，当企业处于成熟期，风险承担与社会责任履行的负相关关系会被削弱。

（三）衰退期企业风险承担与社会责任履行

处于衰退阶段的企业首要目标是摆脱绩效困境，扭转亏损，此时企业风险承担是一种资源约束下的问题性探索。衰退期在企业整个生命周期的末端，该时期企业规模逐渐萎缩，可能采取变卖闲置资产、削减存货、停产亏损产品等适应性措施。在市场方面，企业产品与消费者偏好偏离，不能适应市场需求，无法吸引新客户，依赖老顾客的重复购买；市场占有率开始下降，市场份额被竞争对手攫取，市场地位岌岌可危；企业在市场中的声誉和形象也受到损害，市场认可度降低。在盈利方面，销售额减少或者销售收入增长落后于成本的上升幅度，导致利润率降低，利润空间缩小，生产效益低下；经营业绩严重下滑，甚至处于亏损状态，财务表现脆弱（刘诗源等，2020）。在资源方面，内部创造现金流的能力降低，资金紧缺；由于该时期企业经营风险较高、财务状况恶化，外部资金提供者资金供给意愿下降，债权人甚至要求企业尽快归还前期借款，企业融资约束严峻（黄宏斌等，2016）。此外，企业还面临着人才流失、供应链中断、退市威胁和被并购的风险。

为解决业绩下滑问题，衰退期企业往往会实施一些风险性变革活动，如增加研发支出、进行重大的战略调整、采取违规投机行为或者尝试进入新领域（Chen and Miller，2007；贺小刚等，2017；Xu et al.，2019）。基于企业行为理论，低绩效企业具有为扭转业绩下降而承担风险的动机，从而为眼前的业绩问题寻找短期解决方案，该问题驱动下的冒险行为被称为"问题性探索"。这一理论逻辑与衰退企业的情况非常契合，借鉴企业行为理论，再加上衰退期企业普遍面临的资源紧缺问题，我们认为，衰退阶段企业的风险承担行为更有可能是一种资源约束下的问题性探索。

显然，衰退期企业承担高风险后，资源约束将会进一步恶化，从而导致社会责任投入缺乏相应的资源支持。而且，该时期企业风险承担更多是以短期为导向，问题驱动下的"背水一战"行为。在这种情况下，管理者承受着巨大的短期业绩压力，企业处于生死存亡的边缘，管理者还面临着职位不保、声誉损失等职业风险，从而加重其短视倾向。顾雷雷和彭杨（2022）研究表明，衰退期企业管理层出于职业防御目的，可能会做出损害投资者利益的行为。可见，衰退期企业风险承担后，管理层所承受的财务业绩压力将会进一步加剧，诱发严重的管理者机会主义短视倾向，导致管理者更加关注那些对提升短期财务收益有直接影响的活动，而不是参与企业社会责任活动。因此，可以合理预期，处于衰退阶段的企业风险承担对社会责任履行的抑制作用会更加强烈，故提出如下研究假设：

H6：其他条件一定的情况下，当企业处于衰退期时，风险承担与社会责任履行的负相关关系被强化。

第二节 研究设计

一、样本选择与数据来源

以 2009～2020 年沪深两市 A 股上市公司为初始样本。和讯网社会责任报告自 2010 年开始发布，且 2020 年是目前所能获取的最新数据，以及为缓解存在的内生性问题，将被解释变量社会责任提前一期，故社会责任的观测区间为 2011～2020 年。企业风险承担的计算需要用到 $t-1$ 至 $t+1$ 期的数据，其涵括区间为 2009～2020 年，其余变量的样本期间为 2010～2019 年。根据现有研究惯例进行以下剔除：金融类企业、ST 和 *ST 等特别处理公司、资不抵债企业（资产负债率高于 1）、数据缺失的样本。共得到 24456 个公司年度观测值。企业社会责任数据来源于和讯网发布的我国上市公司社会责任评分，其他财务数据均来自 CSMAR 数据库。为减少极端值的影响，对所有连续变量进行上下 1% 的缩尾处理。

二、模型构建与变量定义

为检验本章的研究假设 H4 至 H6，构建如下回归模型（5.1）：

$$CSR_{i,t+1} = \alpha_0 + \alpha_1 RiskT_{i,t} + \alpha_2 Size_{i,t} + \alpha_3 Lev_{i,t} + \alpha_4 Roe_{i,t} + \alpha_5 Growth_{i,t}$$
$$+ \alpha_6 Share_{i,t} + \alpha_7 Soe_{i,t} + \alpha_8 Bsize_{i,t} + \alpha_9 Indep_{i,t} + \alpha_{10} Both_{i,t}$$
$$+ \sum Ind + \sum Year + \varepsilon \tag{5.1}$$

模型（5.1）中，各变量详细定义如下：

1. 被解释变量：企业社会责任（CSR）

采用和讯网发布的上市公司社会责任综合评分来测度社会责任履行情况。该评分基于上市公司公布的社会责任报告以及财务报告，从股东责任、员工责任、供应商客户和消费者权益责任、环境责任和社会公众责任 5 项内容出发，设立 13 个二级指标和 37 个三级指标对社会责任进行全面系统的评价（具体的指标体系见附录），在我国社会责任领域研究中已经得到普遍的应用（冯丽艳等，2016；蒋德权和蓝梦，2022）。此外，由于按照现行会计核算体系，财务绩效指标反映了对股东的责任，所以在主回归中对社会责任的衡量不再包括股东责任，CSR =（员工责任分数 + 供应商客户和消费者权益责任分数 + 环境责任分数 + 社会公众责任分数）/100。

2. 解释变量：企业风险承担（RiskT）

由于风险的本质是不确定性，且财务理论中一般用收益的方差或者标准差来度量风险水平，故大多数文献以业绩的波动性程度衡量企业风险承担水平。根据计算依据的数据基础不同，可以分为以会计核算数据为基础和以资本市场数据为基础两类。但由于我国资本市场股价的影响因素众多，股价中企业基本面信息含量存疑，用股票收益波动率度量风险承担噪声较大。鉴于此，参考已有文献（郭瑾等，2017；周泽将等，2018；Do et al.，2022），我们采用总资产收益率（ROA）在一段时期内的波动性作为企业风险承担的代理变量。以三年（$t-1$ 期至 $t+1$ 期）为一个观测期间，计算每个期间内经年度和行业平均值调整后 ROA 的滚动标准差，具体计算公式如下：

$$RiskT_{i,t} = \sqrt{\frac{1}{T-1}\sum_{t=1}^{T}\left(ADJROA_{i,t} - \frac{1}{N}\sum_{t=1}^{T}ADJROA_{i,t}\right)^2} \tag{5.2}$$

其中，i 表示上市公司，t 表示年度，ROA 为相应年度内息税前利润（EBIT）与年末资产总额的比值，ADJROA 为经年度和行业平均值调整后的总资产收益率。

根据该式计算出的 $RiskT$ 值越大，表示企业风险承担水平越高。

3. 调节变量：企业生命周期

现有关于企业生命周期的划分方法有三类：单变量指标法（企业年龄、规模和盈利能力）、综合指标法（使用年龄、销售增长、股息收益率和资本支出四个变量）以及现金流组合法。目前实证研究中，迪金森（Dickinson，2011）提出的基于现金流组合的生命周期划分方法得到广泛认可和普遍使用。该方法通过经营性现金流净额、投资性现金流净额和融资性现金流净额的正负组合，将生命周期划分为初创期、增长期、成熟期、淘汰期和衰退期五个阶段。具体来说，初创期企业经营活动尚未步入正轨，经营净现金流为负；进行大量的早期投资，投资净现金流为负；通过各种方式筹集资金用于经营投资，筹资净现金流为正。增长期企业利润率上升，经营净现金流为正；投入大量的资本支出以满足高速增长需求，投资净现金流为负；需要筹集资金支持资本投入，筹资净现金流为正。成熟期企业盈利能力较强，经营活动能够产生稳定的现金流入；投资机会虽较增长期有所减少，但为维护现有的规模和市场份额，投资净现金流为负；成熟的公司自由现金流较多，开始偿还债务或者分配现金股利，筹资净现金流为负。衰退期企业经营业绩严重下滑，经营净现金流为负；衰退的公司会清算资产，以偿还债务或支持现有业务，投资净现金流为正；内源融资能力有限，筹资净现金流正负依赖于投资者对企业的评价。剩余的现金流组合为淘汰期。

本书参考侯巧铭（2017）、刘诗源等（2020）的做法，根据企业现金流组合判断企业生命周期阶段。由于研究样本均为上市公司，基本已经度过了初创期，所以将初创期和成长期合并为成长期；淘汰期和衰退期时常互相转换，故将淘汰期并入衰退期。最终，本研究将企业生命周期分为成长期、成熟期和衰退期三个阶段，具体的划分结果见表 5 - 1。

表 5 - 1　　　　　　　　　　　　企业生命周期阶段的划分

本书生命周期划分	Dickinson 生命周期划分	经营活动现金流	投资活动现金流	筹资活动现金流
成长期	初创期	－	－	＋
	增长期	＋	－	＋
成熟期	成熟期	＋	－	－

续表

本书生命周期划分	Dickinson 生命周期划分	经营活动现金流	投资活动现金流	筹资活动现金流
衰退期	淘汰期	+	+	+
	淘汰期	−	−	−
	淘汰期	+	+	−
	衰退期	−	+	+
	衰退期	−	+	−

4. 控制变量

为控制其他因素对研究结论的干扰，参考已有文献（朱焱和王玉丹，2019；冯晓晴等，2020；Liu et al.，2021），选择以下因素作为控制变量：企业规模（Size），对期末资产总额取自然对数进行衡量；资产负债率（Lev），期末负债总额与资产总额的比值；盈利能力（Roe），本年度净利润与期末净资产的比值；企业成长性（Growth），等于当年营业收入减去上年营业收入再除以上年的营业收入；股权集中度（Share），用公司第一大股东的持股比例衡量；产权性质（Soe），根据实际控制人的性质将样本分为国有企业和非国有企业；董事会规模（Bsize），对董事会人数加1再取自然对数；独立董事占比（Indep），为独立董事人数占董事会总人数的比值；是否两职合一（Both），反映企业董事长兼任总经理的情况。详细的变量定义见表5-2。此外，在回归中我们还控制了行业固定效应（Ind）和年度固定效应（Year）。为减小异方差对回归结果的影响，采用稳健型标准误，并在公司层面进行聚类（Cluster）调整。

表5-2　　　　　　　　　变量定义

变量类型	变量名称	变量符号	变量定义
被解释变量	企业社会责任	CSR	（员工责任 + 供应商客户和消费者权益责任 + 环境责任 + 社会公众责任）/100
解释变量	企业风险承担	RiskT	见前文
调节变量	企业生命周期	LifeC	根据现金流量组合判断

变量类型	变量名称	变量符号	变量定义
控制变量	企业规模	Size	期末总资产的自然对数
	资产负债率	Lev	期末负债与总资产的比值
	盈利能力	Roe	年度净利润与净资产的比值
	企业成长性	Growth	营业收入增长率
	股权集中度	Share	第一大股东持股比例
	产权性质	Soe	若为国有企业则为1，否则为0
	董事会规模	Bsize	董事会人数的自然对数
	独立董事占比	Indep	独立董事人数占董事会总人数的比值
	是否两职合一	Both	若董事长兼任总经理则为1，否则为0
	行业固定效应	Ind	行业虚拟变量
	年度固定效应	Year	年份虚拟变量

第三节 实证检验与结果分析

一、描述性统计

表 5-3 列示了不同生命周期阶段各变量的描述性统计结果。各阶段社会责任履行水平的均值分别为 0.104、0.103、0.085，风险承担水平的均值分别为 0.043、0.044、0.059，说明衰退期企业的社会责任履行水平最低，而风险承担水平最高。成熟期企业规模最大，成长期次之，衰退期企业体量最小。成长期企业杠杆率最高，通过债务融资以支持高速增长，成熟期企业会偿还部分债务且内源融资能力较强，故杠杆率最低。成熟期企业净资产收益率最大，成长期略小，衰退期的均值仅为 0.033，不到成熟期的一半，说明衰退期盈利能力严重下滑。成长期企业营业收入增长率最高，成熟期次之，衰退期增长缓慢。这些变量在各阶段的差异与前述理论分析和企业现实情况相符，表明基于现金流组合方法划分生命周期是可靠的。

表 5 – 3   不同生命周期各变量的描述性统计

变量	成长期		成熟期		衰退期	
	均值	标准差	均值	标准差	均值	标准差
CSR	0.104	0.132	0.103	0.128	0.085	0.108
RiskT	0.043	0.051	0.044	0.053	0.059	0.070
Size	8.380	1.283	8.424	1.325	8.126	1.208
Lev	0.454	0.197	0.405	0.207	0.418	0.222
Roe	0.070	0.090	0.077	0.101	0.033	0.141
Growth	0.252	0.513	0.179	0.436	0.149	0.556
Share	0.342	0.144	0.363	0.153	0.333	0.149
Soe	0.352	0.477	0.409	0.492	0.386	0.487
Bsize	2.138	0.199	2.150	0.198	2.109	0.198
Indep	0.376	0.054	0.373	0.053	0.377	0.054
Both	0.275	0.447	0.244	0.430	0.263	0.440

二、回归结果分析

为考察企业生命周期对风险承担与社会责任履行二者间关系的影响，检验研究假设 H4 ~ H6，根据生命周期的划分将研究样本分为成长期样本、成熟期样本和衰退期样本，然后基于模型（5.1）对各分样本进行回归，回归结果分别列示于表 5 - 4、表 5 - 5 和表 5 - 6 中。

表 5 –4   成长期企业风险承担与社会责任履行

变量	全样本 CSR (1)	成长期样本 CSR (2)
RiskT	-0.052 *** (-3.390)	-0.068 *** (-2.630)
Size	0.025 *** (21.216)	0.029 *** (16.894)

续表

变量	全样本 CSR （1）	成长期样本 CSR （2）
Lev	−0.033 *** （−4.756）	−0.057 *** （−5.952）
Roe	0.091 *** （9.823）	0.115 *** （7.126）
Growth	−0.001 （−0.559）	0.000 （0.142）
Share	0.001 （0.106）	−0.005 （−0.401）
Soe	0.013 *** （4.214）	0.021 *** （4.848）
Bsize	0.009 （1.121）	0.010 （0.916）
Indep	0.062 ** （2.354）	0.093 ** （2.560）
Both	−0.001 （−0.532）	−0.001 （−0.189）
Constant	−0.080 *** （−3.063）	−0.124 *** （−3.612）
Ind	控制	控制
Year	控制	控制
观测值	24456	10532
调整 R^2	0.233	0.247
F 值	48.932	34.714

注：括号内为 t 值，*** 、** 分别表示在 1%、5% 水平上显著，使用异方差稳健标准误，并经公司层面聚类调整。

表 5 - 5 　　　　　　　　　　成熟期企业风险承担与社会责任履行

变量	全样本 CSR (1)	成熟期样本 CSR (2)
RiskT	- 0.052 *** (- 3.390)	- 0.034 (- 1.271)
Size	0.025 *** (21.216)	0.024 *** (14.416)
Lev	- 0.033 *** (- 4.756)	- 0.027 *** (- 2.649)
Roe	0.091 *** (9.823)	0.116 *** (7.357)
Growth	- 0.001 (- 0.559)	- 0.002 (- 0.744)
Share	0.001 (0.106)	- 0.006 (- 0.526)
Soe	0.013 *** (4.214)	0.007 (1.521)
Bsize	0.009 (1.121)	0.011 (1.023)
Indep	0.062 ** (2.354)	0.027 (0.776)
Both	- 0.001 (- 0.532)	- 0.005 (- 1.355)
Constant	- 0.080 *** (- 3.063)	- 0.075 ** (- 2.153)
Ind	控制	控制
Year	控制	控制
观测值	24456	9278
调整 R^2	0.233	0.228
F 值	48.932	25.525

注：括号内为 t 值，*** 、** 分别表示在1%、5%水平上显著，使用异方差稳健标准误，并经公司层面聚类调整。

表 5 – 6 衰退期企业风险承担与社会责任履行

变量	全样本 CSR (1)	衰退期样本 CSR (2)
RiskT	-0.052 *** (-3.390)	-0.080 *** (-4.287)
Size	0.025 *** (21.216)	0.017 *** (9.013)
Lev	-0.033 *** (-4.756)	-0.008 (-0.743)
Roe	0.091 *** (9.823)	0.050 *** (4.349)
Growth	-0.001 (-0.559)	-0.001 (-0.467)
Share	0.001 (0.106)	0.031 ** (2.086)
Soe	0.013 *** (4.214)	0.009 ** (2.163)
Bsize	0.009 (1.121)	0.002 (0.143)
Indep	0.062 ** (2.354)	0.029 (0.696)
Both	-0.001 (-0.532)	0.002 (0.678)
Constant	-0.080 *** (-3.063)	0.007 (0.151)
Ind	控制	控制
Year	控制	控制
观测值	24456	4640
调整 R^2	0.233	0.201
F 值	48.932	33.310

注：括号内为 t 值，*** 、** 分别表示在 1%、5% 水平上显著，使用异方差稳健标准误，并经公司层面聚类调整。

由表5-4可知，第（1）列为全样本的回归结果，风险承担的系数为-0.052，在1%水平上显著，计算得到标准化回归系数为-0.019。第（2）列为成长期样本的回归结果，风险承担的系数为-0.068，大于全样本的系数，显著性水平为1%。进一步计算得到风险承担的标准化系数为-0.026，企业风险承担水平每上升1个标准差，社会责任履行水平下降0.026个标准差，表明成长期企业风险承担对履行社会责任的经济重要性大于全样本，风险承担与社会责任履行的负相关关系对于成长期企业更为显著。原因可能在于：一是成长期企业风险承担是一种成长驱动下的战略性探索，为满足企业高速增长需求，企业会优先将资源配置在资本支出、市场开拓、研发创新、广告宣传等风险承担行为上，使企业能够在市场上站稳脚跟；二是成长阶段企业本身面临较高的资源约束，资金缺口严重，因而企业风险承担引发的资源紧张局面更为严峻，导致企业难以有闲置资源参与社会责任活动。因此，在成长阶段，企业风险承担对社会责任履行的抑制作用更强烈，支持研究假设H4。

根据表5-5，第（1）列为全样本的回归结果，风险承担的系数为-0.052，显著性水平为1%，标准化回归系数为-0.019。第（2）列显示，在成熟期样本中，风险承担的系数为-0.034，且不再显著，说明企业风险承担与社会责任履行之间不存在显著的负向关系。换言之，当企业处于成熟期，风险承担对社会责任履行的抑制作用被削弱，支持研究假设H5。究其原因，成熟期企业风险承担是一种长期导向下的宽裕式探索，在该阶段企业承受高风险引发的资源约束和业绩压力均较低。一方面，成熟期企业具有丰厚的资源基础、强劲的内部创造现金流和外部融资能力，风险承担行为引发的资源紧张特别是融资约束问题能够得到有效缓解，从而降低资源问题对社会责任履行的负面影响。另一方面，在成熟阶段，企业风险承担给管理者带来的短期业绩压力、融资压力、职业生涯忧虑等利益损害有所减少，一定程度上缓解了社会责任履行动机不足问题。因此，我们观察到，成熟期企业风险承担对社会责任履行不存在显著的抑制效应。

如表5-6所示，第（1）列为全样本的回归结果，风险承担的系数为-0.052，标准化回归系数为-0.019。第（2）列为衰退期样本的回归结果，此时风险承担的系数为-0.080，t值为-4.287，显著性水平为1%。进一步计算得到标准化回归系数为0.053，衰退阶段企业风险承担水平每上升1个标准差，社会责任履行水平则会下降0.053个标准差，将近是全样本的三倍，结果说明衰退期企业风险承担对履行社会责任的经济重要程度远大于全样本，风险承担与社会责任履行的抑制效应对于衰退期企业更加强烈，支持研究假设H6。造成这一现象的原因可能是衰退期企业风险承担是一种资源约束下的问题性探索，具有短期导向，受业绩下滑驱动。在这种情况下，风险承担带来的资源紧张问题非常严峻，可谓是"捉襟见肘"，从而导致企业缺乏相应的资源来支持社会责任活动。而且，管理者承受着巨大的短期业绩压力和职业风险，其会致力于能够提升短期财务收益的活动，而不是社会责任活动。因此，当企业处于衰退阶段时，风险承担与社会责任履行的负相关关系更为显著。

三、稳健性检验

（一）对公共型社会责任的检验

由第三章可知，企业风险承担对整体社会责任履行的负向影响是由公共型社会责任的减少所驱动的。为更直接地考察企业承担高风险后的社会责任投资决策在不同生命周期阶段的差异，将被解释变量替换为公共型社会责任（PCSR）重新进行回归，结果见表 5 - 7。

表 5 - 7　　　　　　　　　　　对公共型社会责任的检验

变量	全样本 PCSR（1）	成长期 PCSR（2）	成熟期 PCSR（3）	衰退期 PCSR（4）
$RiskT$	-0.072*** (-8.629)	-0.073*** (-5.311)	-0.065*** (-4.514)	-0.094*** (-7.624)
$Size$	0.012*** (18.263)	0.013*** (14.346)	0.012*** (13.032)	0.008*** (6.828)
Lev	-0.016*** (-4.323)	-0.026*** (-5.072)	-0.015*** (-2.834)	-0.002 (-0.354)
Roe	0.057*** (10.688)	0.073*** (8.322)	0.067*** (7.759)	0.030*** (3.787)
$Growth$	-0.000 (-0.512)	-0.000 (-0.301)	-0.000 (-0.104)	-0.001 (-0.534)
$Share$	0.006 (1.293)	0.002 (0.382)	0.002 (0.314)	0.023*** (2.860)
Soe	0.005*** (3.207)	0.010*** (4.592)	0.002 (0.739)	0.004 (1.617)

变量	全样本 PCSR（1）	成长期 PCSR（2）	成熟期 PCSR（3）	衰退期 PCSR（4）
Bsize	0.002 （0.401）	0.003 （0.513）	0.002 （0.361）	－ 0.004 （－ 0.567）
Indep	0.026* （1.879）	0.047** （2.563）	0.009 （0.459）	0.003 （0.131）
Both	－ 0.001 （－ 0.560）	－ 0.001 （－ 0.372）	－ 0.002 （－ 1.039）	0.002 （0.671）
Constant	－ 0.029** （－ 2.151）	－ 0.048*** （－ 2.742）	－ 0.025 （－ 1.420）	0.021 （0.863）
Ind	控制	控制	控制	控制
Year	控制	控制	控制	控制
观测值	24456	10532	9278	4640
调整 R^2	0.223	0.240	0.225	0.197
F 值	70.316	45.952	31.655	30.250

注：括号内为 t 值，***、**、* 分别表示在 1%、5%、10% 水平上显著，使用异方差稳健标准误，并经公司层面聚类调整。

由表 5 - 7 可知，在第（1）列的全样本中，风险承担（RiskT）的系数为 － 0.072，显著性为 1%，与第三章的研究结果一致。第（2）列为成长期样本的回归结果，系数为 － 0.073，显著性水平为 1%。第（3）列为成熟期样本的回归结果，风险承担（RiskT）的系数为 － 0.065，在 1% 水平上显著，系数的绝对值小于全样本。第（4）列为衰退期样本的回归结果，风险承担（RiskT）的系数为 － 0.094，显著性为 1%，系数绝对值大于全样本。基于公共型社会责任的检验结果表明，当企业处于成长期和衰退期时，风险承担与社会责任履行的负相关关系被强化，当企业处于成熟期时，二者关系有所削弱。这与前文基于整体社会责任的结论一致。

（二）改变企业风险承担的衡量方式

1. 用极差法度量企业风险承担

参考周泽将等（2018）的研究，滚动计算 $t-1$ 至 $t+1$ 观测期内经年度和行业平均值调整后的总资产收益率的最大值与最小值的差额，以此作为风险承担的替代衡量（*RiskT_JC*）。根据企业生命周期阶段将样本分成三组，然后对模型（5.1）进行回归，结果列示在表 5 - 8 中，风险承担（*RiskT_JC*）的系数在全样本中显著为负；在成长期样本中为 - 0.037，显著性水平为 1%；在衰退期样本中为 - 0.043，显著性水平为 1%；而在成熟期不显著，结果与前文得出的结论一致。

表 5 - 8   极差法衡量风险承担水平

变量	全样本 CSR (1)	成长期 CSR (2)	成熟期 CSR (3)	衰退期 CSR (4)
RiskT_JC	- 0.027 *** (- 3.341)	- 0.037 *** (- 2.619)	- 0.018 (- 1.255)	- 0.043 *** (- 4.257)
Size	0.025 *** (21.210)	0.029 *** (16.891)	0.024 *** (14.412)	0.017 *** (9.007)
Lev	- 0.033 *** (- 4.756)	- 0.057 *** (- 5.953)	- 0.027 *** (- 2.647)	- 0.008 (- 0.743)
Roe	0.091 *** (9.827)	0.115 *** (7.123)	0.116 *** (7.372)	0.050 *** (4.353)
Growth	- 0.001 (- 0.558)	0.000 (0.146)	- 0.002 (- 0.745)	- 0.001 (- 0.464)
Share	0.001 (0.107)	- 0.005 (- 0.402)	- 0.006 (- 0.525)	0.031 ** (2.083)
Soe	0.013 *** (4.215)	0.021 *** (4.847)	0.007 (1.522)	0.009 ** (2.167)
Bsize	0.009 (1.123)	0.010 (0.916)	0.011 (1.025)	0.002 (0.146)
Indep	0.062 ** (2.356)	0.093 ** (2.561)	0.027 (0.777)	0.029 (0.696)
Both	- 0.001 (- 0.533)	- 0.001 (- 0.189)	- 0.005 (- 1.356)	0.002 (0.681)

续表

变量	全样本 CSR (1)	成长期 CSR (2)	成熟期 CSR (3)	衰退期 CSR (4)
Constant	−0.080*** (−3.065)	−0.124*** (−3.612)	−0.075** (−2.155)	0.007 (0.152)
Ind	控制	控制	控制	控制
Year	控制	控制	控制	控制
观测值	24456	10532	9278	4640
调整 R^2	0.233	0.247	0.228	0.201
F 值	48.922	34.712	25.527	33.260

注：括号内为 t 值，***、** 分别表示在 1%、5% 水平上显著，使用异方差稳健标准误，并经公司层面聚类调整。

2. 改变总资产收益率的衡量方式

借鉴何瑛等（2019）的研究，将总资产收益率的衡量替换为税息折旧及摊销前利润（EBITDA）与期末总资产的比值，再按式（5.2）计算总资产收益率在 $t-1$ 至 $t+1$ 期内的滚动标准差，以此作为风险承担的替代指标，记为 RiskT_EBITDA。按企业生命周期将样本划分为成长期、成熟期和衰退期三组，然后根据模型（5.1）分别回归，结果列示于表 5−9 中。根据表 5−9 可知，风险承担（RiskT_EBITDA）的系数在全样本、成长期和衰退期分别为 −0.051、−0.068、−0.081，成熟期样本中风险承担系数不显著，说明前文所得结论不变。

表 5−9　　　　　　　　改变总资产收益率的衡量方式

变量	全样本 CSR (1)	成长期 CSR (2)	成熟期 CSR (3)	衰退期 CSR (4)
RiskT_EBITDA	−0.051*** (−3.305)	−0.068*** (−2.622)	−0.031 (−1.157)	−0.081*** (−4.251)
Size	0.025*** (21.217)	0.029*** (16.892)	0.024*** (14.419)	0.017*** (9.012)
Lev	−0.032*** (−4.754)	−0.057*** (−5.953)	−0.027*** (−2.650)	−0.007 (−0.738)

变量	全样本 CSR (1)	成长期 CSR (2)	成熟期 CSR (3)	衰退期 CSR (4)
Roe	0.091 *** (9.875)	0.116 *** (7.150)	0.116 *** (7.385)	0.051 *** (4.387)
Growth	−0.001 (−0.550)	0.000 (0.149)	−0.002 (−0.742)	−0.001 (−0.459)
Share	0.001 (0.108)	−0.005 (−0.401)	−0.006 (−0.522)	0.031 ** (2.083)
Soe	0.013 *** (4.217)	0.021 *** (4.847)	0.007 (1.526)	0.009 ** (2.169)
Bsize	0.009 (1.124)	0.010 (0.920)	0.011 (1.027)	0.002 (0.140)
Indep	0.062 ** (2.358)	0.093 ** (2.564)	0.028 (0.779)	0.029 (0.695)
Both	−0.001 (−0.531)	−0.001 (−0.188)	−0.005 (−1.356)	0.002 (0.678)
Constant	−0.080 *** (−3.071)	−0.124 *** (−3.618)	−0.076 ** (−2.164)	0.007 (0.152)
Ind	控制	控制	控制	控制
Year	控制	控制	控制	控制
观测值	24456	10532	9278	4640
调整 R^2	0.233	0.247	0.228	0.201
F 值	48.929	34.721	25.507	33.270

注：括号内为 t 值，***、** 分别表示在 1%、5% 水平上显著，使用异方差稳健标准误，并经公司层面聚类调整。

3. 改变企业风险承担的计算周期

借鉴郭瑾等（2017）的做法，使用五年期的数据衡量企业风险承担，观测区间为 $t-2$ 至 $t+2$ 期，根据模型（5.2）计算每个观测期内经年度和行业平均值调整后

ROA 的滚动标准差，即为风险承担的衡量指标，记为 *RiskT_Five*。将全样本分为成长期、成熟期和衰退期三组，再根据模型（5.1）进行回归，结果见表 5 – 10。

根据表 5 – 10 可知，由于风险承担指标计算周期的改变，总样本量缩减至 17930，各组别观测值亦有变化。由表可知，风险承担（*RiskT_Five*）的系数在成熟期样本中不显著，在全样本、成长期和衰退期分别为 – 0.045、– 0.064、– 0.072，均显著。结果表明前文得出的结论依然正确。

表 5 – 10　　　　　　　　　改变企业风险承担的计算周期

变量	全样本 *CSR* (1)	成长期 *CSR* (2)	成熟期 *CSR* (3)	衰退期 *CSR* (4)
RiskT_Five	– 0.045 ** (– 2.267)	– 0.064 ** (– 2.253)	– 0.003 (– 0.091)	– 0.072 *** (– 2.776)
Size	0.033 *** (21.444)	0.037 *** (17.489)	0.033 *** (14.509)	0.023 *** (9.070)
Lev	– 0.044 *** (– 5.062)	– 0.073 *** (– 6.360)	– 0.035 *** (– 2.639)	– 0.008 (– 0.626)
Roe	0.134 *** (9.445)	0.151 *** (6.900)	0.165 *** (6.655)	0.079 *** (4.235)
Growth	– 0.002 (– 1.294)	– 0.002 (– 0.554)	– 0.003 (– 0.906)	– 0.003 (– 0.944)
Share	– 0.010 (– 0.878)	– 0.016 (– 1.087)	– 0.016 (– 0.976)	0.024 (1.218)
Soe	0.017 *** (4.293)	0.025 *** (4.635)	0.012 ** (2.035)	0.012 ** (2.157)
Bsize	0.010 (0.996)	0.010 (0.760)	0.012 (0.906)	0.005 (0.278)
Indep	0.075 ** (2.246)	0.101 ** (2.335)	0.043 (0.910)	0.037 (0.643)
Both	– 0.003 (– 0.892)	– 0.002 (– 0.547)	– 0.008 (– 1.617)	0.004 (0.772)

续表

变量	全样本 CSR (1)	成长期 CSR (2)	成熟期 CSR (3)	衰退期 CSR (4)
Constant	−0.147*** (−4.477)	−0.177*** (−4.402)	−0.151*** (−3.354)	−0.045 (−0.736)
Ind	控制	控制	控制	控制
Year	控制	控制	控制	控制
观测值	17930	8221	6508	3196
调整 R^2	0.224	0.242	0.217	0.192
F 值	46.931	33.990	50.350	21.650

注：括号内为 t 值，*** 、** 分别表示在 1%、5% 水平上显著，使用异方差稳健标准误，并经公司层面聚类调整。

（三）改变企业生命周期阶段的划分

在前面的基准回归中将淘汰期并入了衰退期，但实际上淘汰期中部分企业特征和成熟期末期企业接近，部分又与衰退期企业相似，淘汰期本质上是一个较为动荡的阶段，无法对其进行清晰的界定，现有研究对这一时期的处理也没有形成一致的方法。为避免生命周期阶段划分对结论的干扰，使研究结果更加干净，我们将淘汰期样本剔除，重新对模型（5.1）进行分组回归，结果列示于表 5−11 中。由表可知，衰退期样本的风险承担系数为 −0.084，并在 1% 的水平上显著，绝对值在各分组样本中最大，并且大于全样本的系数绝对值。回归结果表明，企业生命周期对风险承担与社会责任履行之间的关系具有显著的调节作用，在成长期和衰退期二者的负相关关系被强化，而在成熟期二者的负向关系被削弱。

表 5−11　　　　　　　　改变企业生命周期阶段的划分

变量	全样本 CSR (1)	成长期 CSR (2)	成熟期 CSR (3)	衰退期 CSR (4)
RiskT	−0.052*** (−3.390)	−0.066** (−2.522)	−0.034 (−1.236)	−0.084*** (−3.475)
Size	0.025*** (21.216)	0.028*** (16.745)	0.024*** (14.484)	0.020*** (6.382)

续表

变量	全样本 CSR (1)	成长期 CSR (2)	成熟期 CSR (3)	衰退期 CSR (4)
Lev	−0.033 *** (−4.756)	−0.055 *** (−5.767)	−0.026 ** (−2.552)	−0.012 (−0.808)
Roe	0.091 *** (9.823)	0.116 *** (7.159)	0.116 *** (7.181)	0.048 *** (2.903)
Growth	−0.001 (−0.559)	−0.000 (−0.055)	−0.002 (−0.798)	−0.001 (−0.266)
Share	0.001 (0.106)	−0.006 (−0.465)	−0.011 (−0.926)	0.032 (1.395)
Soe	0.013 *** (4.214)	0.021 *** (4.869)	0.009 ** (2.141)	0.004 (0.571)
Bsize	0.009 (1.121)	0.010 (0.915)	0.007 (0.642)	0.011 (0.564)
Indep	0.062 ** (2.354)	0.098 *** (2.690)	0.019 (0.521)	0.059 (0.829)
Both	−0.001 (−0.532)	−0.001 (−0.260)	−0.004 (−1.112)	−0.001 (−0.206)
Constant	−0.080 *** (−3.063)	−0.124 *** (−3.571)	−0.056 (−1.560)	−0.080 (−1.158)
Ind	控制	控制	控制	控制
Year	控制	控制	控制	控制
观测值	24456	10404	8770	1412
调整 R^2	0.233	0.248	0.235	0.238
F 值	48.932	33.846	25.068	7.409

注：括号内为 t 值，*** 、** 分别表示在 1%、5% 水平上显著，使用异方差稳健标准误，并经公司层面聚类调整。

第四节 本 章 小 结

结合生命周期理论和企业行为理论，本章在第三章研究的基础上，从动态视角检验了企业生命周期对风险承担与社会责任履行关系的调节效应，证实了风险承担对履行社会责任的抑制作用因企业所处阶段不同而存在显著差异，有助于深入理解承担高风险承担企业的社会责任履行水平低下的动态成因。具体得到以下几点研究结论：

首先，在成长阶段，企业风险承担是一种成长驱动下的战略性探索，由于面临较高的资源约束，企业风险承担引发的资源紧张局面更为严峻、资金缺口也更加严重，而且面临较大的成长压力。企业履行社会责任既存在资源不足，也存在业绩压力，从而制约了企业参与社会责任活动。因此，在成长阶段，企业风险承担与社会责任履行之间的负向关系更为强烈。

其次，在成熟阶段，企业风险承担是一种长期导向下的宽裕式探索，由于丰裕的资源、强劲的内外部融资能力以及盈利能力，企业承担高风险后产生的资源约束和面临的业绩压力均有所降低，社会责任履行的资源不够和动机不足问题在一定程度有所缓解。所以，在成熟期，企业风险承担对社会责任履行不存在显著的抑制效应，二者间负相关关系被削弱。

最后，在衰退阶段，企业风险承担是一种资源约束下的问题性探索，由此造成的资源紧缺问题非常严峻，企业缺乏资源参与社会责任活动。而且，管理者受短期问题导向驱使，扭转业绩颓势的压力巨大，故履行社会责任的动机严重不足。因此，在衰退期，企业风险承担对社会责任履行的抑制效应更加强烈，即二者间负向关系在衰退期更为显著。

第六章

企业风险承担影响社会责任的经济后果

前面章节研究表明，风险承担会加剧资源约束，并产生较大的业绩压力，企业承担高风险后倾向于降低社会责任履行水平，特别是减少有益于环境和社会公众这部分利益相关者的公共型社会责任。经济属性是企业的本质属性，企业风险承担旨在获取超额经济利润，增加股东财富。那么，随之而来的问题是，企业采取的社会责任履行策略能否提升经济绩效，是否有助于实现风险承担战略目标，这也是企业决策者所关心的重要问题。企业价值反映了资本市场投资者对企业发展前景和内在价值的看法，集中体现了股东财富。可持续发展能力反映了企业长期盈利能力和持久竞争力，而且社会责任被赋予实现可持续发展的期望。基于此，本章将从企业价值和可持续发展能力两个方面，考察风险承担对社会责任履行的影响会产生何种经济后果。即风险承担影响社会责任履行进而给企业经济绩效带来什么样的影响？回答该问题可以检验和评价高风险承担企业的社会责任履行决策的有效性，也有助于深刻认识社会责任的作用价值。

第一节 理论分析与研究假设

一、社会责任与企业经济绩效

企业履行社会责任对经济绩效的影响错综复杂，已有文献得到多样化的研究结论。根据隐性成本假说、利益相关者理论和资源基础理论的观点，履行社会责任能够降低隐性成本、改善利益相关者关系、获取利益相关者的资源投入，进而提升财务业绩、增强产品市场竞争力以及增加市场价值（Wang et al.，2008；蒋德权和蓝梦，2022）。然而，新古典经济学理论认为，承担社会责任是对股东资源的一种净消耗，将损害股东利益，对经济绩效产生不利影响（Friedman，1970）。企业履行社会责任会产生不必要的成本，从而削弱企业盈利能力，与社会责任积极性较低的企业相比处于竞争劣势（Preston and O'Bannon，1997）。这两种观点的逻辑框架不一致，前者的分析框架是从履行社会责任获得的收益出发，而后者则从产生的成本出发。从某种意义上说，这两种对立的观点在某些条件下都是正确的。对于一些企业，社会责任与经济绩效呈正相关，而对于另一些企业则可能为负相关。关键的问题是，履行社会责任获得的回报与付出的成本孰高孰低。若社会责任投资的收益超过了增加的成本，则对企业经济绩效是有益的，反之则有损经济绩效。马洛姆（Marom，2006）将成本收益分析应用于社会责任研究中，为社会责任与企业经济绩效各种矛盾的研究结论提供了一个合理框架。企业参与社会责任初期需要大量投入，因而资产收益率和净收入下降，随着社会责任投入的增加，逐渐产生能够覆盖成本的回报（Barnett and Salomon，2012）。在资本市场上，如果投资者认为社会责任消耗了本可以投资于营销、研发等项目的有限资源，即从盈利能力更大的项目中转移了资源，就会认为企业资源配置不当，从而降低对企业的估值（Mahapatra，1984）。布拉默等（Brammer et al.，2006）研究发现企业参与环境和就业方面的社会责任会使股价受到资本市场的惩罚，损害了股东价值。在创新能力较低的企业中，消费者会认为企业履行社会责任是一种错误优先级，对其作出负面或有害的归因，进而降低市场价值（Luo and Bhattacharya，2006）。

诚然，企业参与社会责任不可避免地会产生成本，需要付出时间、精力和资源等，而且对其他投资活动会产生资源挤出效应。但履行社会责任有利于增加利益相关者的收益水平，激励他们投入资源或防止其受到企业经营活动的负面影响。社会责任投资的回报来自改善的利益相关者关系创造的价值增值，佩里尼等（Perrini et al.，2011）强调企业从社会责任中受益主要是获得无形资源，例如员工承诺、供应商信任、客户满意、公众认可等。利益相关者如何看待和响应企业社会责任行为，企业履行的社会责任对利益相关者是否重要，能否触发其积极归因和行为反馈，将影响企业投资社会责任获取的收益。因此，在分析企业社会责任产生的经济绩效时应同时考虑成本和收益要素①，将二者纳入同一分析框架。

---

① 本章所指的成本是广义的，不局限于财务报表上的费用，也包括物质资源、人力资本等履行社会责任产生的支出。同样，收益也不局限于财务报表上的收入，还包括企业声誉、公众认可度等履行社会责任带来的好处。而且，成本和收益既有显性的，也有隐性的。

二、风险承担、社会责任与企业经济绩效

对于高风险承担企业降低社会责任履行水平最终会如何影响企业经济绩效而言，应从企业减少社会责任参与所节约的成本和放弃的收益两个方面来分析。

企业作出风险承担的战略安排后倾向于减少社会责任投入是因为承担风险引发的资源约束和业绩压力。显然，履行社会责任需要消耗本可以用于风险性项目的有限资源。在我国现行会计核算制度下，企业开展社会责任活动的支出大部分会直接形成费用，这将增加企业的经营成本，而且规划、管理和评估社会责任项目也会产生一些间接成本（王双进等，2022）。因此，企业降低社会责任投入有助于减少资源消耗，削减经营成本，降低生产效率损失。顾雷雷和彭杨（2022）指出在成长阶段，由于资源约束的存在，企业慈善捐赠对投资资源产生"挤出效应"。在风险承担伴随的资源约束和业绩压力下，企业减少社会责任参与一定程度上能够缓解高风险承担企业眼前的生存问题和挑战。企业将降低社会责任投资，节约而来的资源配置在风险性项目中有助于企业渡过暂时性危机或者抓住获利机会，从而更好地参与竞争，增强盈利能力，并且持续经营下去。资本市场上的投资者也会认为企业承担高风险后作出的社会责任决策是一种现实选择，符合投资优先级顺序，从而给予积极的评价。

然而，高风险承担企业减少社会责任投入也就放弃了社会责任能够带来的潜在收益。社会责任投资的回报来自改善的利益相关者关系创造的价值增值，已有文献指出，当社会责任可以提高企业上行潜力或降低下行风险时，将积极影响未来现金流，并产生市场溢价（Lu et al.，2021）。由于高风险高收益特性，承担高风险的企业既可以从社会责任提高产生的上行潜力作用中受益，也可以从社会责任带来的下行风险降低中受益。一方面，企业履行社会责任预期能够缓解利益相关者的风险偏好冲突，促使利益相关方投入更多的资源，有助于企业充分识别和利用投资机会，增强上行获利潜力。另一方面，高风险承担企业履行社会责任预期能够降低下行风险。原因如下：参与社会责任可以积累道德资本，保护关系型无形资产，降低风险事件造成的经济损失；参与社会责任使得增益信息流入，帮助企业重塑风险认知，动态调整风险承担战略实施计划，避免经营失败；履行社会责任有助于降低陷入财务困境的概率，以防风险性项目因资金链断裂而中断或中止。此外，高风险承担企业倾向于从事市场开拓、并购、创新等探索性行为，内外部信息不对称性较高，更需要通过履行社会责任获取社会经营许可证和合法性，增强市场对企业产品和服务的感知和认可度

（Banker et al.，2022；Ho et al.，2022）。因此，高风险承担企业减少社会责任将无法获得预期由于改善的利益相关者关系所创造的价值增值，放弃了从社会责任产生的增强上行潜力和降低下行风险中受益的可能。

　　基于上述分析，企业承担高风险后降低社会责任履行有助于减少资源消耗和经营成本，但却放弃了社会责任创造的潜在收益，最终对企业经济绩效的影响需要权衡所节约的成本和放弃的潜在收益二者的大小。如若企业减少社会责任参与所节约的资源使得风险项目有更多的资源支持，帮助企业解决当下的经营困难，且与放弃的社会责任收益相比，资源和成本节约带来的益处更多的话，预期将会增加企业价值，得到投资者的认可，一定程度上也有利于企业持续经营。如若企业降低社会责任履行水平放弃的潜在收益大于节约的成本，则将有损企业价值和可持续发展能力，阻碍风险承担战略实施。例如，社会责任表现较差的企业（比如，环境污染严重）可能无法获得社会经营许可证，产品或服务难以得到认可，市场价值将会下降，企业也很难在行业中立足。此外，需要注意的是，履行社会责任的成本和支出较为容易测算。而收益具有模糊性和间接性，且收益大小与利益相关者对社会责任的响应程度密切相关，因而履行社会责任的收益较难观察和度量，企业管理者很难在事前对收益进行准确估计。因此，企业风险承担与社会责任履行之间的关系最终会给经济绩效带来何种影响是不确定的，难以直接判断企业承担高风险后作出的社会责任决策是否有助于经济目标实现和风险承担战略实施。据此，提出如下假设：

　　H7a：其他条件一定的情况下，企业风险承担会降低社会责任履行水平，进而对企业经济绩效产生正向影响。

　　H7b：其他条件一定的情况下，企业风险承担会降低社会责任履行水平，进而对企业经济绩效产生负向影响。

第二节　研 究 设 计

一、样本选择与数据来源

　　以2009～2020年沪深两市A股上市公司为初始样本。由于和讯网社会责任报告自2010年开始发布，而且2020年是目前所能获取的最新数据。企业风险承担的一个观测期为 $t-1$ 至 $t+1$ 三年期，故2009年为起始年份。根据现有研究惯例做以下剔除：金融类企业、ST 和 *ST 等特别处理公司、资不抵债企业（资产负债率高于 1）、数据缺失的样本，共获得 24456 个公司年度观测值。企业社会责任数据来源于和讯网发布的上市公司社会责任评分，其他财务数据均来自 CS-MAR 数据库。为减少极端值的影响，对所有连续变量进行上下 1% 缩尾处理。

二、模型构建与变量定义

为考察企业风险承担影响社会责任履行进而产生的经济绩效，以检验 H7a 和 H7b，参考现有风险承担的有关文献（周泽将等，2018；高磊等，2020），并借鉴陈瑞等（2013）、温忠麟和叶宝娟（2014）的中介效应检验程序和模型的解释，根据本章的研究目的，构建回归模型（6.1）、模型（6.2）和模型（6.3）：

$$Perfor_{i,t+1} = \alpha_0 + \alpha_1 RiskT_{i,t} + \alpha_2 Size_{i,t} + \alpha_3 Lev_{i,t} + \alpha_4 Roe_{i,t} + \alpha_5 Growth_{i,t}$$
$$+ \alpha_6 Share_{i,t} + \alpha_7 Soe_{i,t} + \alpha_8 Bsize_{i,t} + \alpha_9 Indep_{i,t} + \alpha_{10} Both_{i,t}$$
$$+ \sum Ind + \sum Year + \varepsilon \tag{6.1}$$

$$CSR_{i,t+1} = \beta_0 + \beta_1 RiskT_{i,t} + \beta_2 Size_{i,t} + \beta_3 Lev_{i,t} + \beta_4 Roe_{i,t} + \beta_5 Growth_{i,t}$$
$$+ \beta_6 Share_{i,t} + \beta_7 Soe_{i,t} + \beta_8 Bsize_{i,t} + \beta_9 Indep_{i,t} + \beta_{10} Both_{i,t}$$
$$+ \sum Ind + \sum Year + \varepsilon \tag{6.2}$$

$$Perfor_{i,t+1} = \lambda_0 + \lambda_1 RiskT_{i,t} + \lambda_2 CSR_{i,t+1} + \lambda_3 Size_{i,t} + \lambda_4 Lev_{i,t} + \lambda_5 Roe_{i,t}$$
$$+ \lambda_6 Growth_{i,t} + \lambda_7 Share_{i,t} + \lambda_8 Soe_{i,t} + \lambda_9 Bsize_{i,t}$$
$$+ \lambda_{10} Indep_{i,t} + \lambda_{11} Both_{i,t} + \sum Ind + \sum Year + \varepsilon \tag{6.3}$$

模型中各变量定义如下：

1. 企业经济绩效（*Perfor*）

从企业价值和可持续发展能力两个方面来检验企业风险承担影响社会责任履行进而对经济绩效产生的作用，为 $t+1$ 期的指标。作为企业一项重要的战略决策，风险承担是股东意志的集中体现，旨在为股东创造财富。而股东财富体现在企业价值上，因此，从企业价值维度评价高风险承担企业的社会责任行为产生的经济后果具有逻辑合理性。而且，企业价值反映了资本市场投资者对企业发展前景和盈利能力的看法，是一个前瞻性的绩效维度。企业价值（*TQ*）的计算公式为（每股价格×流通股份数 + 每股净资产×非流通股份数 + 负债账面价值）/年末总资产。

实践中，企业社会责任与可持续发展紧密结合，履行社会责任被赋予实现可持续发展的期望。2019 年中国企业家调查系统对全国 4000 多位企业经营者的调查显示，83%的调查对象认为履行社会责任对企业的可持续发展非常重要①。理论上，可持续发展能力反映了企业的长期盈利能力和持久竞争力，是企业经营管理不懈追求的目标。因此，该指标能够较好地评估企业承担高风险后作出的社会责任决策是否有助于实现经济目标，该指标也具有一定的前瞻性。参考现有研究（杨旭东等，2018；董小红等，2022），使用范霍恩可持续发展模型构建可持续发展能力指标，可持续发展能力（SDC）＝销售净利率×留存收益率×（1＋产权比率）/［1/总资产周转率－销售净利率×留存收益率×（1＋产权比率）］。

2. 企业风险承担（RiskT）

参考现有文献（Do et al.，2022；周泽将等，2018），采用总资产收益率（ROA）在三年期（t－1 至 t＋1 期）内的波动性作为企业风险承担的代理变量。计算每个期间内经年度和行业平均值调整后 ROA 的滚动标准差，具体计算公式如下：

$$RiskT_{i,t} = \sqrt{\frac{1}{T-1} \sum_{t=1}^{T} \left(ADJROA_{i,t} - \frac{1}{N} \sum_{t=1}^{T} ADJROA_{i,t} \right)^2} \tag{6.4}$$

其中，i 表示上市公司，t 表示年度，ROA 为相应年度内息税前利润（EBIT）与年末资产总额的比值，ADJROA 为经年度和行业平均值调整后的总资产收益率。根据该式计算出的 RiskT 值越大，表示企业风险承担水平越高。

3. 企业社会责任（CSR）

采用和讯网发布的上市公司社会责任评分来测度社会责任履行情况。该评分基于上市公司公布的社会责任报告以及财务报告，从股东责任、员工责任、供应商客户和消费者权益责任、环境责任和社会公众责任 5 项内容出发，设立 13 个二级指标和 37 个三级指标对社会责任进行全面系统的评价，在我国社会责任领域研究中已经得到普遍的应用（冯丽艳等，2016；王爱群和刘耀娜，2021；蒋德权和蓝梦，2022）。企业社会责任（CSR）＝（员工责任分数＋供应商客户和消费者权益责任分数＋环境责任分数＋社会公众责任分数）/100，为 t＋1 期的数据。

4. 控制变量

为控制其他因素对研究结论的干扰，参考已有文献（朱焱和王玉丹，2019；冯晓晴等，2020；张多蕾等，2022），选择以下因素作为控制变量：企业规模（Size），对期末资产总额取自然对数；资产负债率（Lev），期末负债总额与资产总额的比值；盈利能力（Roe），本年度净利润与期末净资产的比值；企业成长性（Growth），等于当年营业收入减去上年营业收入再除以上年的营业收入；股权集

---

① 光明网，https：//epaper. gmw. cn/gmrb/html/2020－10/10/nbs. D110000gmrb_04. htm。

中度（*Share*），用公司第一大股东的持股比例衡量；产权性质（*Soe*），若为国有企业就取值为 1，否则为 0；董事会规模（*Bsize*），对董事会人数加 1 取自然对数；独立董事占比（*Indep*），独立董事人数占董事会总人数的比值；是否两职合一（*Both*），若董事长兼任总经理则取值为 1，否则为 0。

此外，控制了行业固定效应（*Ind*）和年度固定效应（*Year*）。为减小异方差对回归结果的影响，在回归中采用稳健型标准误，并在公司层面进行聚类调整。各变量定义见表 6 - 1。

表 6 - 1　　　　　　　　　　　　　变量定义

变量类型	变量名称	变量符号	变量定义
被解释变量	企业价值	*TQ*	（每股价格×流通股份数＋每股净资产×非流通股份数＋负债账面价值)/年末总资产
	可持续发展能力	*SDC*	销售净利率×留存收益率×(1＋产权比率)/[1/总资产周转率－销售净利率×留存收益率×(1＋产权比率)]
	企业社会责任	*CSR*	（员工责任＋供应商客户和消费者权益责任＋环境责任＋社会公众责任)/100
解释变量	企业风险承担	*RiskT*	经年度行业均值调整后的总资产收益率（息税前利润/总资产）三年期滚动标准差
控制变量	企业规模	*Size*	期末总资产的自然对数
	资产负债率	*Lev*	期末负债与总资产的比值
	盈利能力	*Roe*	年度净利润与净资产的比值
	企业成长性	*Growth*	营业收入增长率
	股权集中度	*Share*	第一大股东持股比例
	产权性质	*Soe*	若为国有企业则为 1，否则为 0
	董事会规模	*Bsize*	董事会人数的自然对数
	独立董事占比	*Indep*	独立董事人数占董事会总人数的比值
	是否两职合一	*Both*	若董事长兼任总经理则为 1，否则为 0
	行业固定效应	*Ind*	行业虚拟变量
	年度固定效应	*Year*	年份虚拟变量

检验程序和原理如下：首先，利用模型（6.1）考察风险承担对企业经济绩效的影响，若 α_1 显著，则二者具有显著关系；若 α_1 不显著，则对后续分析并无

影响①。其次，根据模型（6.2）检验风险承担对企业社会责任的影响，前面第三章的分析已经得到了研究结论，企业承担高风险会抑制社会责任履行，即 β_1 显著为负。最后，根据模型（6.3）将风险承担和社会责任同时放入模型中与企业经济绩效进行回归。我们重点关注模型（6.3）中回归系数 λ_1 和 λ_2 的显著性和符号。

检验结果分为以下几种情况：第一，若 λ_2 不显著，则企业风险承担抑制社会责任履行，进而对企业经济绩效不具有显著影响。第二，若 λ_2 显著为正，同时 λ_1 显著为负，则表示社会责任在风险承担与企业经济绩效之间发挥了部分中介作用，即企业风险承担通过抑制社会责任履行进而降低了企业经济绩效；若 λ_2 显著为正，λ_1 也显著为正，则说明社会责任在风险承担与企业经济绩效的关系中起到了部分负向中介效应（高磊等，2020），也被称作遮掩效应，意味着社会责任的减少削弱了风险承担与企业经济绩效的正相关关系；若 λ_2 显著为正，且 λ_1 不显著，则表示社会责任在风险承担与企业经济绩效之间起到了完全中介作用。第三，若 λ_2 显著为负，λ_1 也显著为负，则表示社会责任在风险承担对企业经济绩效的影响中起到了部分负向中介的作用，也被称作遮掩效应，说明降低社会责任履行能够减弱风险承担对企业经济绩效的负向影响；若 λ_2 显著为负，且 λ_1 显著为正，则表示社会责任在风险承担与企业经济绩效之间发挥了部分中介作用，企业风险承担通过减少社会责任履行进而增加了企业经济绩效；若 λ_2 显著为负，且 λ_1 不显著，则表示社会责任在风险承担与经济绩效之间起到了完全中介作用。

企业风险承担抑制社会责任履行进而对企业经济绩效有何影响，本章将通过后文的实证检验，并依据上述检验程序和原理来分析判断。

第三节　实证检验与结果分析

一、描述性统计

表 6 - 2 给出了主要变量的描述性统计结果。根据表 6 - 2 可以看出，企业价值（TQ）的均值为 2.063，最小值为 0.852，最大值为 9.226，说明样本企业的

---

① 因为可能存在两个中介效应相近、作用相反的中介变量，二者抵消，主效应可能不会被观测到（陈瑞等，2013；温忠麟和叶宝娟，2014）。更为重要的是，我们的研究重点是风险承担影响社会责任的经济后果，即检验企业风险承担降低了社会责任履行水平进而影响企业经济绩效，而不是风险承担与企业经济绩效之间总的关系。不同于机制分析，对于经济后果的考察不需要以总效应是否显著为前提。因此，参考高磊等（2020）的做法，我们主要关注中介效应检验程序中第二步和第三步的检验结果即可。

市场价值存在较大差异。企业可持续发展能力（SDC）是百分比指标，均值为
0.061，最小值为 -0.018，最大值为 0.342，表明样本企业的可持续发展能力参
差不齐。

表 6 - 2　　　　　　　　　　主要变量描述性统计

变量	样本量	均值	标准差	中位数	最小值	最大值
TQ	24456	2.063	1.403	1.604	0.852	9.226
SDC	24456	0.061	0.064	0.045	-0.018	0.342

二、回归结果分析

表 6 - 3 给出了基于模型（6.1）、模型（6.2）和模型（6.3）对企业风险承
担影响社会责任履行进而产生的经济绩效进行检验的回归结果，其中第（1）~
（3）列以企业价值作为经济绩效指标，第（4）~（6）列以可持续发展能力作为
经济绩效的代理变量。

表 6 - 3　　　　　　　　　风险承担、社会责任与企业经济绩效

变量	TQ (1)	CSR (2)	TQ (3)	SDC (4)	CSR (5)	SDC (6)
RiskT	2.753 *** (10.174)	-0.051 *** (-3.276)	2.774 *** (10.258)	0.100 *** (9.581)	-0.051 *** (-3.276)	0.102 *** (9.811)
CSR			0.422 *** (5.114)			0.044 *** (10.057)
Size	-0.450 *** (-20.511)	0.025 *** (20.842)	-0.461 *** (-20.508)	0.000 (0.256)	0.025 *** (20.842)	-0.001 (-1.503)
Lev	-0.151 (-1.253)	-0.034 *** (-4.828)	-0.136 (-1.133)	0.042 *** (11.798)	-0.034 *** (-4.828)	0.043 *** (12.186)
Roe	1.464 *** (10.092)	0.093 *** (9.747)	1.425 *** (9.857)	0.241 *** (25.641)	0.093 *** (9.747)	0.237 *** (25.210)
Growth	0.018 (0.781)	-0.001 (-0.510)	0.019 (0.794)	0.010 *** (10.093)	-0.001 (-0.510)	0.010 *** (10.171)

续表

变量	TQ (1)	CSR (2)	TQ (3)	SDC (4)	CSR (5)	SDC (6)
Share	-0.073 (-0.745)	0.001 (0.059)	-0.073 (-0.750)	0.009 ** (2.333)	0.001 (0.059)	0.009 ** (2.338)
Soe	0.081 ** (2.333)	0.013 *** (3.968)	0.075 ** (2.191)	-0.003 ** (-2.217)	0.013 *** (3.968)	-0.004 *** (-2.618)
Bsize	-0.052 (-0.625)	0.009 (1.139)	-0.056 (-0.672)	-0.006 ** (-2.008)	0.009 (1.139)	-0.007 ** (-2.134)
Indep	1.018 *** (3.665)	0.061 ** (2.269)	0.992 *** (3.580)	-0.011 (-0.936)	0.061 ** (2.269)	-0.013 (-1.166)
Both	-0.014 (-0.422)	-0.002 (-0.631)	-0.013 (-0.403)	0.001 (1.203)	-0.002 (-0.631)	0.001 (1.266)
Constant	4.946 *** (17.494)	-0.083 *** (-3.143)	4.982 *** (17.648)	0.044 *** (4.122)	-0.083 *** (-3.143)	0.047 *** (4.442)
Ind	控制	控制	控制	控制	控制	控制
Year	控制	控制	控制	控制	控制	控制
观测值	24456	24456	24456	24456	24456	24456
调整 R^2	0.311	0.230	0.312	0.201	0.230	0.206
F 值	93.152	48.778	90.805	39.573	48.778	44.141

注：括号内为 t 值，*** 、** 分别表示在 1%、5% 水平上显著，使用异方差稳健标准误，并经公司层面聚类调整。

以企业价值作为经济绩效指标，第（1）列是模型（6.1）的检验结果，可以看到，风险承担（RiskT）的系数为 2.753，显著性水平为 1%，说明在控制其他因素的影响后，企业承担高风险有助于提升企业价值。第（2）列是模型（6.2）的检验结果，风险承担（RiskT）的系数为 -0.051，在 1% 的水平上显著为负，企业风险承担对社会责任履行具有显著的抑制效应，与第三章的检验结果一致。进一步将企业风险承担（RiskT）和社会责任（CSR）同时放入模型中与企业价值（TQ）进行回归，第（3）列给出检验结果。从结果可以知道，企业风险承担（RiskT）和社会责任（CSR）的回归系数分别为 2.774 和 0.422，系数符号均为正，并且通过了 1% 水平的显著性检验。结果表明社会责任在风险承担与企业价值的正向关系中起到了部分负向中介作用（高磊等，2020）。间接效应为 -0.022，直接效应为 2.774，这意味着社会责任水平的降低削弱了风险承担与企业价值之间的正向关系。企业承担高风险后降低社会责任履行水平，不利于企业价值，投资者不看好社会责任表现较差的企业。

以可持续发展能力作为经济绩效的代理变量，第（4）列是模型（6.1）的回归结果，风险承担（RiskT）的系数为 0.1，显著性水平为 1%，表明在控制其他因素的影响后，企业承担高风险能够增强可持续发展能力，勇于承担风险有利于企业实现可持续经营。第（5）列是模型（6.2）的检验结果，风险承担（RiskT）的系数为 -0.051，显著性水平为 1%，企业风险承担会显著抑制社会责任履行，与第三章的检验结果一致。接下来，将企业风险承担（RiskT）和社会责任（CSR）同时放入模型中与企业可持续发展能力（SDC）进行回归，第（6）列给出检验结果。从结果可以知道，企业风险承担（RiskT）和社会责任（CSR）的回归系数分别为 0.102、0.044，系数符号均为正，并且通过了 1% 水平的显著性检验。结果说明，社会责任在风险承担提升可持续发展能力的过程中起到负向的中介作用，即社会责任履行水平的降低导致高风险承担企业的可持续发展能力减弱。企业承担高风险后，社会责任履行水平下降，这削弱了企业可持续发展能力。综上可知，企业风险承担抑制了社会责任履行，进而对企业价值和可持续发展能力产生了负向影响，说明企业作出的社会责任决策有损经济绩效，不利于实现风险承担战略目标，支持 H7b。

前文理论分析指出，高风险承担企业降低社会责任履行水平最终会如何影响企业经济绩效取决于减少社会责任参与所节约的成本和放弃的收益孰高孰低。检验结果意味着，企业承担高风险后减少社会责任履行放弃的收益大于节约的成本。高风险承担企业的决策者低估了社会责任在获取经营合法性、提高风险项目的上行获利能力以及降低下方风险等方面的价值创造能力。结果也反映出资本市场投资者重视企业社会责任表现，进行投资决策时会将企业社会责任履行情况作为重要考虑。企业承担高风险后削减社会责任投入虽然短期内可以避免资源消耗和成本支出，但不利于企业可持续发展。因此，企业承担高风险后，即使面临严峻的资源约束和业绩压力，也不应侵害利益相关者的利益，减少社会责任履行，而应采取策略破解资源约束和业绩压力的双重困境，积极履行社会责任，并优化履行方式，获取利益相关者的资源投入和支持，从而实现经济绩效的增长。

三、稳健性检验

（一）构建交互项检验经济绩效

参考熊凌云等（2020）的研究，构建企业风险承担与社会责任履行的交互项，检验企业承担高风险后降低社会责任履行水平所产生的经济绩效，模型如下：

$$Perfor_{i,t+n} = \varphi_0 + \varphi_1 RiskT_{i,t} + \varphi_2 CSR_{i,t+1} + \varphi_3 RiskT_{i,t} \times CSR_{i,t+1} + \varphi_4 Size_{i,t}$$
$$+ \varphi_5 Lev_{i,t} + \varphi_6 Roe_{i,t} + \varphi_7 Growth_{i,t} + \varphi_8 Share_{i,t} + \varphi_9 Soe_{i,t}$$
$$+ \varphi_{10} Bsize_{i,t} + \varphi_{11} Indep_{i,t} + \varphi_{12} Both_{i,t} + \sum Ind + \sum Year + \varepsilon$$

$$(6.5)$$

模型（6.5）中企业经济绩效（$Perfor$）为未来一期至三期的数据，其他变量定义同前文，不再赘述。回归结果列示于表6-4中。

表6-4　　　　　　　　　　构建交互项检验经济绩效

变量	TQ_{t+1} (1)	TQ_{t+2} (2)	TQ_{t+3} (3)	SDC_{t+1} (4)	SDC_{t+2} (5)	SDC_{t+3} (6)
$RiskT$	2.570 *** (9.885)	2.437 *** (7.732)	3.044 *** (8.299)	0.102 *** (9.606)	0.093 *** (7.761)	0.095 *** (6.551)
CSR	0.387 *** (4.679)	0.363 *** (4.178)	0.094 (1.020)	0.044 *** (9.922)	0.022 *** (4.934)	0.017 *** (3.514)
$RiskT \times CSR$	−8.547 *** (−6.351)	−9.687 *** (−5.863)	−9.521 *** (−5.822)	−0.015 (−0.172)	−0.282 *** (−3.537)	−0.172 * (−1.737)
$Size$	−0.462 *** (−20.550)	−0.478 *** (−19.283)	−0.461 *** (−17.291)	−0.001 (−1.505)	−0.001 * (−1.908)	−0.002 * (−1.873)
Lev	−0.140 (−1.164)	−0.209 (−1.576)	−0.301 ** (−2.094)	0.043 *** (12.187)	0.035 *** (8.642)	0.034 *** (7.128)
Roe	1.459 *** (10.098)	1.289 *** (7.546)	0.955 *** (4.644)	0.237 *** (25.028)	0.161 *** (18.039)	0.124 *** (11.652)
$Growth$	0.020 (0.847)	−0.014 (−0.568)	−0.033 (−1.271)	0.010 *** (10.177)	0.005 *** (5.046)	−0.001 (−0.649)

续表

变量	TQ_{t+1} (1)	TQ_{t+2} (2)	TQ_{t+3} (3)	SDC_{t+1} (4)	SDC_{t+2} (5)	SDC_{t+3} (6)
Share	-0.069 (-0.710)	0.128 (1.181)	0.187 (1.590)	0.009 ** (2.340)	0.014 *** (3.407)	0.018 *** (3.802)
Soe	0.076 ** (2.223)	0.046 (1.226)	0.029 (0.709)	-0.004 *** (-2.616)	-0.003 * (-1.773)	-0.003 * (-1.678)
Bsize	-0.053 (-0.633)	-0.084 (-0.911)	-0.082 (-0.835)	-0.007 ** (-2.133)	-0.002 (-0.619)	-0.002 (-0.518)
Indep	1.004 *** (3.622)	0.876 *** (2.887)	0.817 ** (2.571)	-0.013 (-1.165)	-0.014 (-1.088)	-0.018 (-1.273)
Both	-0.013 (-0.407)	0.038 (1.021)	0.042 (1.033)	0.001 (1.265)	0.001 (0.983)	0.001 (0.924)
Constant	5.141 *** (18.136)	5.309 *** (17.250)	5.437 *** (16.792)	0.057 *** (5.313)	0.039 *** (3.354)	0.046 *** (3.436)
Ind	控制	控制	控制	控制	控制	控制
Year	控制	控制	控制	控制	控制	控制
观测值	24456	20682	17425	24456	21173	17900
调整 R^2	0.314	0.305	0.302	0.206	0.095	0.054
F 值	89.246	75.888	72.142	43.475	20.277	11.694

注：括号内为 t 值，***、**、* 分别表示在 1%、5%、10% 水平上显著，使用异方差稳健标准误，并经公司层面聚类调整。

表 6-4 的结果显示，第（1）~（3）列为企业价值的检验，交互项 $RiskT \times CSR$ 的回归系数均显著为负。结果表明，高风险承担企业减少社会责任履行的行为对企业价值产生了持续性的损害。第（4）~（6）列为企业可持续发展能力的检验，可以看到，交互项 $RiskT \times CSR$ 的回归系数在未来二期和未来三期均显著为负；在未来一期可持续发展能力为负，但尚未通过显著性检验。总体而言，企业承担高风险后降低社会责任履行水平不利于企业可持续发展。结果与前文结论保持一致，企业风险承担抑制社会责任履行，对企业价值和可持续发展能力产生了负向影响。

(二) 控制公司固定效应

为缓解公司层面不变因素可能造成的内生性问题，在回归中加入企业固定效应 (Firm) 以减少遗漏变量对研究结论的干扰。表 6-5 给出了控制企业固定效应后的回归结果，其中，第 (1) ~ (3) 列以企业价值作为经济绩效指标，第 (4) ~ (6) 列以可持续发展能力作为经济绩效指标。

表 6-5　　　　　　　　　　控制公司固定效应的检验结果

变量	TQ (1)	CSR (2)	TQ (3)	SDC (4)	CSR (5)	SDC (6)
RiskT	0.976 *** (7.885)	-0.041 *** (-2.824)	0.981 *** (7.921)	0.028 *** (3.816)	-0.041 *** (-2.824)	0.030 *** (4.044)
CSR			0.113 * (1.901)			0.039 *** (11.145)
Size	-0.477 *** (-29.922)	0.017 *** (9.202)	0.478 *** (-29.984)	0.019 *** (-20.537)	0.017 *** (9.202)	-0.020 *** (-21.264)
Lev	0.553 *** (8.846)	0.002 (0.213)	0.553 *** (8.843)	0.074 *** (19.860)	0.002 (0.213)	0.074 *** (19.902)
Roe	0.564 *** (8.598)	0.030 *** (3.921)	0.561 *** (8.544)	0.106 *** (27.217)	0.030 *** (3.921)	0.105 *** (26.985)
Growth	0.008 (0.644)	0.004 *** (2.579)	0.007 (0.610)	0.013 *** (17.271)	0.004 *** (2.579)	0.012 *** (17.120)
Share	-0.317 *** (-3.101)	-0.015 (-1.291)	0.315 *** (-3.084)	-0.015 ** (-2.403)	-0.015 (-1.291)	-0.014 ** (-2.311)
Soe	-0.060 (-1.219)	-0.002 (-0.264)	-0.060 (-1.216)	0.014 *** (-4.612)	-0.002 (-0.264)	-0.013 *** (-4.605)
Bsize	-0.212 *** (-3.107)	0.008 (0.960)	0.213 *** (-3.120)	0.004 (0.938)	0.008 (0.960)	0.004 (0.867)
Indep	-0.003 (-0.014)	0.075 *** (3.152)	-0.011 (-0.055)	0.007 (0.568)	0.075 *** (3.152)	0.004 (0.327)
Both	-0.048 ** (-2.274)	-0.005 * (-1.853)	-0.047 ** (-2.249)	0.001 (0.845)	-0.005 * (-1.853)	0.001 (0.990)

续表

变量	TQ (1)	CSR (2)	TQ (3)	SDC (4)	CSR (5)	SDC (6)
Constant	5.477 *** (17.283)	−0.010 (−0.270)	5.478 *** (17.288)	0.196 *** (10.402)	−0.010 (−0.270)	0.196 *** (10.453)
Ind	控制	控制	控制	控制	控制	控制
Year	控制	控制	控制	控制	控制	控制
Firm	控制	控制	控制	控制	控制	控制
观测值	24456	24456	24456	24456	24456	24456
调整 R^2	0.255	0.180	0.255	0.098	0.180	0.103
F 值	183.051	117.763	178.587	58.037	117.763	60.025

注：括号内为 t 值，*** 、** 、* 分别表示在1%、5%、10%水平上显著，使用异方差稳健标准误，并经公司层面聚类调整。

　　根据表6-5的结果显示，以企业价值作为经济绩效指标，第（1）列是模型（6.1）的检验结果，风险承担（RiskT）的系数显著为正，表明企业风险承担提升了市场价值。第（2）列为模型（6.2）的检验结果，风险承担（RiskT）的系数显著为负，即风险承担抑制了社会责任履行。进一步将风险承担（RiskT）和社会责任（CSR）同时放入模型中进行回归，第（3）列结果显示，RiskT 和 CSR 的系数均显著为正。结果表明，社会责任在风险承担与企业价值之间起到了负向中介作用。企业承担高风险后降低社会责任履行水平，损害了企业价值。以可持续发展能力作为经济绩效指标，第（4）列是模型（6.1）的回归结果，风险承担（RiskT）的系数显著为正，表明风险承担有利于企业可持续发展。第（5）列的结果同第（2）列。接下来，将企业风险承担（RiskT）和社会责任（CSR）同时放入模型中与企业可持续发展能力（SDC）进行回归。由第（6）列结果可知，风险承担（RiskT）和社会责任（CSR）的回归系数均显著为正。结果说明社会责任在风险承担对可持续发展能力的影响中起到负向的中介作用。企业承担高风险后降低了社会责任履行水平，进而削弱了可持续发展能力。前文研究结论保持不变。

（三）用极差法度量企业风险承担

　　参考周泽将等（2018）的研究，滚动计算 $t-1$ 至 $t+1$ 观测期内经年度和行业平均值调整后的总资产收益率的最大值与最小值的差额，以此作为风险承担的替代衡量（RiskT_JC）。然后利用模型（6.1）、模型（6.2）和模型（6.3）重新进行检验。检验结果列示于表6-6中，其中，第（1）~（3）列以企业价值作为经济绩效指标，第（4）~（6）列以可持续发展能力作为经济绩效指标。

表6-6 极差法衡量企业风险承担

变量	TQ (1)	CSR (2)	TQ (3)	SDC (4)	CSR (5)	SDC (6)
RiskT_JC	1.487 *** (10.202)	-0.027 *** (-3.234)	1.498 *** (10.285)	0.054 *** (9.674)	-0.027 *** (-3.234)	0.055 *** (9.900)
CSR			0.423 *** (5.116)			0.044 *** (10.061)
Size	-0.450 *** (-20.519)	0.025 *** (20.836)	-0.461 *** (-20.515)	0.000 (0.273)	0.025 *** (20.836)	-0.001 (-1.487)
Lev	-0.151 (-1.258)	-0.034 *** (-4.828)	-0.137 (-1.138)	0.042 *** (11.793)	-0.034 *** (-4.828)	0.043 *** (12.182)
Roe	1.466 *** (10.096)	0.093 *** (9.752)	1.426 *** (9.861)	0.242 *** (25.669)	0.093 *** (9.752)	0.237 *** (25.238)
Growth	0.018 (0.769)	-0.001 (-0.509)	0.018 (0.783)	0.010 *** (10.081)	-0.001 (-0.509)	0.010 *** (10.159)
Share	-0.072 (-0.741)	0.001 (0.059)	-0.073 (-0.746)	0.009 ** (2.340)	0.001 (0.059)	0.009 ** (2.346)
Soe	0.081 ** (2.335)	0.013 *** (3.969)	0.075 ** (2.193)	-0.003 ** (-2.214)	0.013 *** (3.969)	-0.004 *** (-2.616)
Bsize	-0.053 (-0.635)	0.009 (1.142)	-0.057 (-0.683)	-0.006 ** (-2.017)	0.009 (1.142)	-0.007 ** (-2.144)
Indep	1.016 *** (3.658)	0.061 ** (2.271)	0.990 *** (3.572)	-0.011 (-0.945)	0.061 ** (2.271)	-0.013 (-1.175)
Both	-0.013 (-0.418)	-0.002 (-0.632)	-0.013 (-0.399)	0.001 (1.208)	-0.002 (-0.632)	0.001 (1.271)
Constant	4.944 *** (17.484)	-0.083 *** (-3.145)	4.979 *** (17.639)	0.044 *** (4.111)	-0.083 *** (-3.145)	0.047 *** (4.432)

续表

变量	TQ (1)	CSR (2)	TQ (3)	SDC (4)	CSR (5)	SDC (6)
Ind	控制	控制	控制	控制	控制	控制
$Year$	控制	控制	控制	控制	控制	控制
观测值	24456	24456	24456	24456	24456	24456
调整 R^2	0.311	0.230	0.313	0.201	0.230	0.207
F 值	93.139	48.768	90.790	39.623	48.768	44.191

注：括号内为 t 值，*** 、** 分别表示在 1% 、5% 水平上显著，使用异方差稳健标准误，并经公司层面聚类调整。

根据表 6-6 的回归结果，以企业价值作为经济绩效指标，第（1）列是模型（6.1）的检验结果，风险承担（$RiskT\_JC$）的系数为 1.487，显著性水平为 1%，说明风险承担提升了企业价值。第（2）列是模型（6.2）的检验结果，风险承担（$RiskT\_JC$）的系数为 -0.027，在 1% 的水平上显著为负，风险承担对社会责任履行具有抑制效应，与第三章的检验结果一致。进一步将风险承担（$RiskT\_JC$）和社会责任（CSR）同时放入模型中与企业价值（TQ）进行回归，第（3）列结果显示，风险承担（$RiskT\_JC$）和社会责任（CSR）的回归系数分别为 1.498 和 0.423，系数符号均为正，并且通过了 1% 水平的显著性检验。结果表明，社会责任在风险承担与企业价值的正向关系中起到了部分负向中介作用。企业承担高风险后降低了社会责任履行水平，这有损企业价值。

以可持续发展能力作为经济绩效指标，第（4）列是模型（6.1）的回归结果，风险承担（$RiskT\_JC$）的系数显著为正，表明风险承担增强了可持续发展能力。第（5）列的结果同第（2）列。将风险承担（$RiskT\_JC$）和社会责任（CSR）同时放入模型中与企业可持续发展能力（SDC）进行回归。由第（6）列结果可知，风险承担（$RiskT\_JC$）和社会责任（CSR）的回归系数均显著为正，说明社会责任在风险承担对可持续发展能力的正向影响中起到负向的中介作用。企业承担高风险后，社会责任履行水平下降，削弱了企业可持续发展能力。与前文研究结论保持一致。

（四）改变企业风险承担的计算周期

借鉴郭瑾等（2017）的做法，使用五年期（$t-2$ 至 $t+2$ 期）的数据衡量企业风险承担水平。根据模型（6.4）计算每个观测期内经年度和行业平均值调整后总资产收益率的滚动标准差，即为企业风险承担（*RiskT_Five*）。然后，利用模型（6.1）、模型（6.2）和模型（6.3）进行检验。由于样本期间的改变，观测值减少至17931个，结果列示于表6-7中。

表6-7　　　　　　　　　改变企业风险承担的计算周期

变量	TQ (1)	CSR (2)	TQ (3)	SDC (4)	CSR (5)	SDC (6)
RiskT_Five	2.411*** (7.546)	-0.046** (-2.308)	2.435*** (7.627)	0.040*** (3.608)	-0.046** (-2.308)	0.041*** (3.753)
CSR			0.515*** (6.001)			0.032*** (7.294)
Size	-0.509*** (-21.168)	0.034*** (21.338)	-0.527*** (-21.223)	-0.000 (-0.616)	0.034*** (21.338)	-0.001** (-2.094)
Lev	-0.059 (-0.454)	-0.044*** (-5.068)	-0.036 (-0.277)	0.043*** (11.005)	-0.044*** (-5.068)	0.044*** (11.310)
Roe	1.239*** (6.489)	0.135*** (9.433)	1.170*** (6.155)	0.284*** (21.168)	0.135*** (9.433)	0.279*** (20.783)
Growth	-0.010 (-0.424)	-0.002 (-1.274)	-0.009 (-0.376)	0.009*** (7.767)	-0.002 (-1.274)	0.009*** (7.858)
Share	-0.069 (-0.656)	-0.010 (-0.886)	-0.063 (-0.608)	0.009** (2.278)	-0.010 (-0.886)	0.009** (2.364)
Soe	0.108*** (2.927)	0.017*** (4.208)	0.099*** (2.712)	-0.001 (-0.679)	0.017*** (4.208)	-0.002 (-1.034)
Bsize	-0.036 (-0.403)	0.010 (1.022)	-0.042 (-0.463)	-0.007* (-1.914)	0.010 (1.022)	-0.007** (-2.007)
Indep	1.186*** (4.011)	0.075** (2.217)	1.148*** (3.894)	-0.014 (-1.158)	0.075** (2.217)	-0.016 (-1.343)
Both	-0.050 (-1.425)	-0.003 (-0.954)	-0.049 (-1.386)	0.001 (0.547)	-0.003 (-0.954)	0.001 (0.624)

续表

变量	TQ (1)	CSR (2)	TQ (3)	SDC (4)	CSR (5)	SDC (6)
Constant	5.218 *** (17.448)	-0.148 *** (-4.502)	5.294 *** (17.727)	0.046 *** (4.078)	0.148 *** (-4.502)	0.051 *** (4.455)
Ind	控制	控制	控制	控制	控制	控制
Year	控制	控制	控制	控制	控制	控制
观测值	17931	17931	17931	17931	17931	17931
调整 R^2	0.358	0.223	0.360	0.228	0.223	0.232
F 值	82.579	46.769	80.502	36.439	46.769	39.338

注：括号内为 t 值，*** 、 ** 分别表示在 1%、5% 水平上显著，使用异方差稳健标准误，并经公司层面聚类调整。

表 6-7 第（1）~（3）列以企业价值作为经济绩效指标。第（1）列是模型（6.1）的检验结果，风险承担（RiskT_Five）的系数显著为正，表明企业风险承担增加了市场价值。第（2）列为模型（6.2）的检验结果，风险承担（RiskT_Five）的系数显著为负，说明企业风险承担抑制了社会责任履行。然后将企业风险承担（RiskT_Five）和社会责任（CSR）同时放入模型中与企业价值（TQ）进行回归，第（3）列结果显示，企业风险承担（RiskT_Five）和社会责任（CSR）的回归系数均显著为正。检验结果表明，社会责任在风险承担对企业价值的正向影响中起到了负向中介作用，即社会责任水平的降低导致高风险承担企业的价值创造能力减弱。

第（4）~（6）列以可持续发展能力作为经济绩效指标。第（4）列是模型（6.1）的回归结果，风险承担（RiskT_Five）的系数为 0.04，显著性水平为 1%，说明企业承担高风险有利于实现可持续发展。第（5）列的结果同第（2）列。然后将风险承担（RiskT_Five）和社会责任（CSR）同时放入模型中与企业可持续发展能力（SDC）进行回归。第（6）列结果可知，企业风险承担（RiskT_Five）和社会责任（CSR）的回归系数分别为 0.041、0.032，通过了 1% 水平的显著性检验。结果说明社会责任在风险承担对可持续发展能力的正向影响中起到负向的中介作用，即社会责任履行水平的降低导致高风险承担企业的可持续发展能力削弱。企业承担高风险后，社会责任履行水平降低，有损企业可持续发展能力。上述结果与前文研究结论一致。

第四节 进一步分析

一、对企业经济绩效影响的持续性

前述回归中，企业经济绩效为未来一期的指标。我们进一步考察企业风险承担抑制社会责任履行对未来二期和未来三期的经济绩效是否仍存在显著影响，检验影响是否具有持续性。使用未来二期和未来三期的企业价值和可持续发展能力作为被解释变量，然后利用模型（6.1）、模型（6.2）和模型（6.3）重新进行检验。由于样本期间的改变，观测值有所减少。对未来二期经济绩效的影响结果见表6-8。

表6-8　　　　　　　　　　　对未来二期经济绩效的影响

变量	TQ_{t+2} (1)	CSR (2)	TQ_{t+2} (3)	SDC_{t+2} (4)	CSR (5)	SDC_{t+2} (6)
RiskT	2.577 *** (7.863)	− 0.050 *** (− 2.802)	2.597 *** (7.928)	0.097 *** (8.029)	− 0.047 *** (− 2.717)	0.098 *** (8.124)
CSR			0.407 *** (4.716)			0.023 *** (5.212)
Size	− 0.466 *** (− 19.243)	0.028 *** (20.713)	− 0.478 *** (− 19.228)	− 0.001 (− 0.952)	0.029 *** (21.146)	− 0.001 * (− 1.876)
Lev	− 0.221 * (− 1.661)	− 0.038 *** (− 4.879)	− 0.206 (− 1.541)	0.034 *** (8.434)	− 0.039 *** (− 5.015)	0.035 *** (8.654)
Roe	1.294 *** (7.575)	0.107 *** (9.299)	1.250 *** (7.325)	0.162 *** (18.197)	0.106 *** (9.460)	0.160 *** (17.933)
Growth	− 0.015 (− 0.617)	− 0.002 (− 1.005)	− 0.015 (− 0.589)	0.005 *** (4.999)	− 0.002 (− 0.943)	0.005 *** (5.024)
Share	0.123 (1.127)	− 0.004 (− 0.359)	0.125 (1.144)	0.014 *** (3.351)	− 0.004 (− 0.364)	0.014 *** (3.382)
Soe	0.052 (1.356)	0.015 *** (4.082)	0.046 (1.205)	− 0.002 (− 1.563)	0.015 *** (4.129)	− 0.003 * (− 1.784)

续表

变量	TQ_{t+2} (1)	CSR (2)	TQ_{t+2} (3)	SDC_{t+2} (4)	CSR (5)	SDC_{t+2} (6)
Bsize	-0.083 (-0.902)	0.010 (1.164)	-0.088 (-0.948)	-0.002 (-0.582)	0.010 (1.155)	-0.002 (-0.648)
Indep	0.891*** (2.932)	0.073** (2.477)	0.861*** (2.837)	-0.013 (-0.992)	0.070** (2.359)	-0.014 (-1.117)
Both	0.037 (0.997)	-0.002 (-0.886)	0.038 (1.025)	0.001 (0.947)	-0.002 (-0.876)	0.001 (0.991)
Constant	5.117*** (16.712)	-0.114*** (-3.909)	5.163*** (16.855)	0.030** (2.563)	0.114*** (-3.913)	0.033*** (2.786)
Ind	控制	控制	控制	控制	控制	控制
Year	控制	控制	控制	控制	控制	控制
观测值	20682	20682	20682	21173	21173	21173
调整 R^2	0.302	0.230	0.303	0.093	0.228	0.095
F 值	79.386	47.907	77.232	20.345	47.945	20.540

注：括号内为 t 值，***、**、* 分别表示在1%、5%、10%水平上显著，使用异方差稳健标准误，并经公司层面聚类调整。

表6-8第（1）~（3）列以企业价值作为经济绩效指标。第（1）列是模型（6.1）的检验结果，风险承担（RiskT）的系数为2.577，在1%水平上显著，表明企业风险承担增加了市场价值。第（2）列为模型（6.2）的检验结果，风险承担（RiskT）的系数显著为负，企业风险承担抑制了社会责任履行，与第三章的检验结果一致。然后，将风险承担（RiskT）和社会责任（CSR）同时放入模型中与企业价值（TQ）进行回归。第（3）列结果显示，企业风险承担（RiskT）和社会责任（CSR）的回归系数均显著为正。结果表明，社会责任在风险承担对企业价值的正向影响中起到了负向中介作用。企业承担高风险后，降低了社会责任履行水平，不利于企业价值。

表6-8第（4）~（6）列以可持续发展能力作为经济绩效指标。第（4）列是模型（6.1）的回归结果，风险承担（RiskT）的系数显著为正，企业风险承担提高了可持续发展能力。第（5）列为模型（6.2）的检验结果，风险承担（RiskT）的系数显著为负，说明企业风险承担抑制了社会责任履行。接下来，将

企业风险承担（*RiskT*）和社会责任（*CSR*）同时放入模型中与可持续发展能力（*SDC*）进行回归。由第（6）列可知，企业风险承担（*RiskT*）和社会责任（*CSR*）的回归系数均显著为正。结果说明社会责任在企业风险承担对可持续发展能力的正向影响中起到负向的中介作用。企业承担高风险后减少社会责任参与，不利于企业可持续发展能力。

对未来三期经济绩效的影响进行检验的结果列示于表 6-9 中。第（3）列显示，社会责任（*CSR*）的系数为 0.137，但不显著。对可持续发展能力的影响与表 6-8 的结论一致，不再赘述。综合表 6-8 和表 6-9 的检验结果可知，企业风险承担降低社会责任履行对企业经济绩效产生了持续性的不利影响，加强了前文的研究结论。

表 6-9　　　　　　　　　　　对未来三期经济绩效的影响

变量	TQ_{t+3} (1)	CSR (2)	TQ_{t+3} (3)	SDC_{t+3} (4)	CSR (5)	SDC_{t+3} (6)
RiskT	3.076 *** (8.183)	-0.057 *** (-2.708)	3.083 *** (8.200)	0.095 *** (6.555)	-0.055 *** (-2.673)	0.096 *** (6.619)
CSR			0.137 (1.497)			0.018 *** (3.715)
Size	-0.456 *** (-17.644)	0.033 *** (21.042)	-0.461 *** (-17.249)	-0.001 (-1.188)	0.033 *** (21.131)	-0.002 * (-1.874)
Lev	-0.301 ** (-2.087)	-0.044 *** (-5.016)	-0.295 ** (-2.039)	0.033 *** (6.993)	-0.044 *** (-5.071)	0.034 *** (7.145)
Roe	0.956 *** (4.642)	0.133 *** (9.104)	0.938 *** (4.543)	0.127 *** (11.902)	0.135 *** (9.412)	0.124 *** (11.653)
Growth	-0.033 (-1.260)	-0.003 (-1.579)	-0.032 (-1.244)	-0.001 (-0.695)	-0.002 (-1.270)	-0.001 (-0.657)
Share	0.182 (1.542)	-0.010 (-0.827)	0.183 (1.554)	0.018 *** (3.746)	-0.010 (-0.831)	0.018 *** (3.788)
Soe	0.032 (0.765)	0.018 *** (4.290)	0.029 (0.708)	-0.003 (-1.500)	0.017 *** (4.266)	-0.003 * (-1.674)

续表

变量	TQ_{t+3} (1)	CSR (2)	TQ_{t+3} (3)	SDC_{t+3} (4)	CSR (5)	SDC_{t+3} (6)
Bsize	−0.085 (−0.864)	0.009 (0.848)	−0.086 (−0.876)	−0.002 (−0.489)	0.011 (1.056)	−0.002 (−0.534)
Indep	0.816 ** (2.562)	0.081 ** (2.392)	0.805 ** (2.531)	−0.017 (−1.196)	0.075 ** (2.214)	−0.018 (−1.287)
Both	0.042 (1.024)	−0.003 (−0.899)	0.042 (1.035)	0.001 (0.894)	−0.003 (−0.966)	0.001 (0.929)
Constant	5.277 *** (16.367)	−0.145 *** (−4.378)	5.297 *** (16.381)	0.037 *** (2.786)	−0.149 *** (−4.511)	0.040 *** (2.979)
Ind	控制	控制	控制	控制	控制	控制
Year	控制	控制	控制	控制	控制	控制
观测值	17425	17425	17425	17900	17900	17900
调整 R^2	0.300	0.226	0.300	0.053	0.223	0.054
F 值	75.032	46.707	73.202	11.934	46.678	11.923

注：括号内为 t 值，*** 、 ** 、 * 分别表示在1%、5%、10%水平上显著，使用异方差稳健标准误，并经公司层面聚类调整。

二、对不同类型社会责任影响的绩效后果

根据第三章和第四章的分析可知，企业风险承担引发资源约束和业绩压力，继而导致整体社会责任履行水平降低。但是，针对不同的利益相关者，企业采取了不同的行为方式。对有益于环境和社会公众的公共型社会责任，企业承担高风险后减少了这部分社会责任。而对有益于员工和供应链上企业的技术型社会责任，表现为一定程度的参与。由于履行不同类型社会责任需要消耗的资源和产生的成本费用有所差别，而且不同利益相关者对企业社会责任的响应也存在差异，从而使得产生的收益具有明显差别。那么，企业承担高风险后对不同类型社会责任的不同行为是否会对经济绩效产生差异化的影响？即高风险承担企业减少公共型社会责任对经济绩效会产生何种影响，而履行技术型社会责任又会如何影响经济绩效？回答这两个问题，有助于全面认识高风险承担企业的社会责任决策产生的经济绩效后果，深刻理解不同类型社会责任的作用价值。

（一）对公共型社会责任影响的绩效后果

为考察企业承担高风险后减少公共型社会责任参与进而对企业经济绩效产生的影响，将前文模型（6.2）和模型（6.3）中的社会责任指标替换为公共型社会责任（PCSR）。参照前文构建的中介效应模型和检验原理，以企业价值和可持续发展能力作为经济绩效指标进行检验，检验结果列示于表6-10中。

表6-10　　　　　　　对公共型社会责任影响的绩效后果检验

变量	TQ (1)	PCSR (2)	TQ (3)	SDC (4)	PCSR (5)	SDC (6)
RiskT	2.753 *** (10.174)	-0.072 *** (-8.629)	2.782 *** (10.256)	0.100 *** (9.581)	-0.072 *** (-8.629)	0.106 *** (10.225)
PCSR			0.403 ** (2.557)			0.092 *** (11.446)
Size	-0.450 *** (-20.511)	0.012 *** (18.263)	-0.455 *** (-20.463)	0.000 (0.256)	0.012 *** (18.263)	-0.001 (-1.462)
Lev	-0.151 (-1.253)	-0.016 *** (-4.323)	-0.144 (-1.197)	0.042 *** (11.798)	-0.016 *** (-4.323)	0.043 *** (12.162)
Roe	1.464 *** (10.092)	0.057 *** (10.688)	1.441 *** (9.974)	0.241 *** (25.641)	0.057 *** (10.688)	0.236 *** (25.065)
Growth	0.018 (0.781)	-0.000 (-0.512)	0.018 (0.787)	0.010 *** (10.093)	-0.000 (-0.512)	0.010 *** (10.221)
Share	-0.073 (-0.745)	0.006 (1.293)	-0.075 (-0.771)	0.009 ** (2.333)	0.006 (1.293)	0.008 ** (2.195)
Soe	0.081 ** (2.333)	0.005 *** (3.207)	0.078 ** (2.277)	-0.003 ** (-2.217)	0.005 *** (3.207)	-0.004 ** (-2.567)
Bsize	-0.052 (-0.625)	0.002 (0.401)	-0.053 (-0.634)	-0.006 ** (-2.008)	0.002 (0.401)	-0.006 ** (-2.052)
Indep	1.018 *** (3.665)	0.026 * (1.879)	1.007 *** (3.627)	-0.011 (-0.936)	0.026 * (1.879)	-0.013 (-1.142)

续表

变量	TQ (1)	PCSR (2)	TQ (3)	SDC (4)	PCSR (5)	SDC (6)
Both	−0.014 (−0.422)	−0.001 (−0.560)	−0.013 (−0.413)	0.001 (1.203)	−0.001 (−0.560)	0.001 (1.262)
Constant	4.946*** (17.494)	−0.029** (−2.151)	4.958*** (17.548)	0.044*** (4.122)	−0.029** (−2.151)	0.046*** (4.329)
Ind	控制	控制	控制	控制	控制	控制
Year	控制	控制	控制	控制	控制	控制
观测值	24456	24456	24456	24456	24456	24456
调整 R^2	0.311	0.224	0.312	0.201	0.224	0.208
F 值	93.152	62.946	90.959	39.573	62.946	46.845

注：括号内为 t 值，***、**、* 分别表示在1%、5%、10%水平上显著，使用异方差稳健标准误，并经公司层面聚类调整。

表6-10第（1）~（3）列以企业价值作为经济绩效指标。第（1）列是模型（6.1）的检验结果，风险承担（RiskT）的系数为2.753，显著性水平为1%，说明在控制其他因素的影响后，企业风险承担有助于提升企业价值。第（2）列是模型（6.2）的检验结果，风险承担（RiskT）的系数为 −0.072，在1%的水平上显著为负，企业风险承担对公共型社会责任具有显著的抑制效应，这一回归结果与第三章的检验结果一致。进一步将企业风险承担（RiskT）和公共型社会责任（PCSR）同时放入模型中与企业价值（TQ）进行回归。由第（3）列的检验结果可知，企业风险承担（RiskT）和公共型社会责任（PCSR）的回归系数分别为2.782和0.403，系数符号均为正，并且通过了1%水平的显著性检验。结果表明，公共型社会责任在风险承担与企业价值的正向关系中起到了部分负向中介作用，削弱了风险承担对企业价值的正向影响。企业承担高风险后降低了公共型社会责任履行水平，损害了企业价值。

第（4）~（6）列以可持续发展能力作为经济绩效指标。第（4）列是模型（6.1）的回归结果，风险承担（RiskT）的系数为0.1，显著性水平为1%，说明企业承担高风险有利于实现可持续发展。第（5）列的结果同第（2）列。进一步将企业风险承担（RiskT）和公共型社会责任（PCSR）同时放入模型中与可持续发展能力（SDC）进行回归。由第（6）列可知，企业风险承担（RiskT）和公共型社会责任（PCSR）的回归系数分别为0.106、0.092，显著性水平为1%。

检验结果说明，公共型社会责任在风险承担对可持续发展能力的正向影响中起到负向的中介作用，即公共型社会责任削弱了高风险承担企业的可持续发展能力。企业承担高风险后，减少了公共型社会责任参与，不利于企业可持续发展能力。

由上述分析可知，企业承担高风险后降低了公共型社会责任履行，对企业价值和可持续发展能力产生了负向影响。结果表明，企业承担高风险后作出的降低公共型社会责任投入的决策无法获得资本市场的认可，也削弱了可持续发展能力，损害了企业经济绩效。

（二）对技术型社会责任影响的绩效后果

为考察企业风险承担对技术型社会责任的影响所产生的经济绩效后果，将前文模型（6.2）和模型（6.3）中的社会责任指标替换为技术型社会责任（TC-SR）。需要注意的是，根据第三章的检验结果可知，此时模型（6.2）中风险承担（$RiskT$）的系数 β_1 为正。检验结果列示于表 6–11 中。

表 6–11　　　　　　　　对技术型社会责任影响的绩效后果检验

变量	TQ (1)	TCSR (2)	TQ (3)	SDC (4)	TCSR (5)	SDC (6)
$RiskT$	2.753 *** (10.174)	0.024 *** (2.727)	2.729 *** (10.125)	0.100 *** (9.581)	0.024 *** (2.727)	0.098 *** (9.447)
$TCSR$			0.985 *** (6.496)			0.058 *** (7.495)
$Size$	−0.450 *** (−20.511)	0.014 *** (20.115)	−0.464 *** (−20.553)	0.000 (0.256)	0.014 *** (20.115)	−0.001 (−1.021)
Lev	−0.151 (−1.253)	−0.018 *** (−4.653)	−0.133 (−1.106)	0.042 *** (11.798)	−0.018 *** (−4.653)	0.043 *** (12.088)
Roe	1.464 *** (10.092)	0.038 *** (7.473)	1.427 *** (9.859)	0.241 *** (25.641)	0.038 *** (7.473)	0.239 *** (25.432)
$Growth$	0.018 (0.781)	−0.000 (−0.494)	0.019 (0.800)	0.010 *** (10.093)	−0.000 (−0.494)	0.010 *** (10.120)
$Share$	−0.073 (−0.745)	−0.006 (−1.090)	−0.067 (−0.692)	0.009 ** (2.333)	−0.006 (−1.090)	0.009 ** (2.431)

续表

变量	TQ (1)	TCSR (2)	TQ (3)	SDC (4)	TCSR (5)	SDC (6)
Soe	0.081 ** (2.333)	0.008 *** (4.172)	0.073 ** (2.135)	−0.003 ** (−2.217)	0.008 *** (4.172)	−0.004 ** (−2.534)
Bsize	−0.052 (−0.625)	0.007 (1.610)	−0.059 (−0.713)	−0.006 ** (−2.008)	0.007 (1.610)	−0.007 ** (−2.146)
Indep	1.018 *** (3.665)	0.035 ** (2.341)	0.983 *** (3.555)	−0.011 (−0.936)	0.035 ** (2.341)	−0.013 (−1.116)
Both	−0.014 (−0.422)	−0.001 (−0.687)	−0.013 (−0.395)	0.001 (1.203)	−0.001 (−0.687)	0.001 (1.255)
Constant	4.946 *** (17.494)	−0.056 *** (−3.661)	5.002 *** (17.727)	0.044 *** (4.122)	−0.056 *** (−3.661)	0.047 *** (4.430)
Ind	控制	控制	控制	控制	控制	控制
Year	控制	控制	控制	控制	控制	控制
观测值	24456	24456	24456	24456	24456	24456
调整 R^2	0.311	0.206	0.313	0.201	0.206	0.204
F 值	93.152	35.656	90.700	39.573	35.656	40.792

注：括号内为 t 值，*** 、** 分别表示在1%、5%水平上显著，使用异方差稳健标准误，并经公司层面聚类调整。

表6-11第（1）~（3）列以企业价值作为经济绩效指标。第（1）列是模型（6.1）的检验结果，风险承担（RiskT）的系数显著为正，说明企业承担高风险有助于企业价值的提升。第（2）列是模型（6.2）的检验结果，风险承担（RiskT）的系数显著为正，企业风险承担对技术型社会责任具有促进作用。然后，将风险承担（RiskT）和技术型社会责任（TCSR）同时放入模型中与企业价值（TQ）进行回归，第（3）列给出检验结果。风险承担（RiskT）和技术型社会责任（TCSR）的回归系数均显著为正。结果表明，技术型社会责任在风险承担与企业价值的正向关系中起到了部分中介作用。企业风险承担通过履行技术型社会责任进而增加了企业价值，企业技术型社会责任行为具有价值增值作用，资本市场投资者对此给予了积极评价。

第（4）~（6）列以可持续发展能力作为经济绩效指标。第（4）列是模型

（6.1）的回归结果，风险承担（RiskT）的系数显著为正，表明风险承担增强了企业可持续发展能力。第（5）列的回归结果同第（2）列。接下来，将企业风险承担（RiskT）和技术型社会责任（TCSR）同时放入模型中与企业可持续发展能力（SDC）进行回归，第（6）列给出检验结果。企业风险承担（RiskT）和技术型社会责任（TCSR）的回归系数均显著为正。检验结果表明，技术型社会责任在风险承担增强可持续发展能力的过程中具有部分中介作用。企业承担高风险后增加了技术型社会责任履行水平，进而提高了企业可持续发展能力。

综合表 6 - 10 和表 6 - 11 来看，虽然技术型社会责任的增加帮助高风险承担企业增加了经济绩效，但公共型社会责任在风险承担与企业经济绩效之间的负向影响大于技术型社会责任的正向影响，导致高风险承担企业的社会责任决策不利于实现经济绩效。因此，企业作出风险承担的战略安排后，不仅要履行有益于主要利益相关者的技术型社会责任，也要积极参与可见度较高的公共型社会责任，提高整体社会责任履行水平，从而更好地实现风险承担战略目标。

第五节　本　章　小　结

前文第三章的研究表明，由于企业承担风险加剧了资源约束，并产生较大的业绩压力，企业作出风险承担的战略安排后倾向于降低社会责任履行。本章在前文研究结论的基础上，进一步考察了企业风险承担对社会责任的影响会产生何种经济绩效。从企业价值和可持续发展能力两个方面检验风险承担抑制社会责任履行带来的经济后果。研究发现，企业风险承担抑制了社会责任履行，进而对企业价值和可持续发展能力产生了负向影响，且这一负向影响具有持续性。这意味着，企业承担高风险后减少社会责任履行放弃的潜在收益大于节约的成本。对高风险承担企业而言，降低社会责任履行水平是不经济的。通过一系列稳健性检验，上述结论稳健可靠。本章进一步考察了企业风险承担对不同类型社会责任的影响如何作用于企业经济绩效。研究发现，虽然风险承担对技术型社会责任的促进作用增加了经济绩效，但减少公共型社会责任参与对经济绩效产生了较大的负向影响。总体而言，高风险承担企业作出的社会责任决策有损经济绩效，不利于实现经济目标。因此，企业承担高风险后应积极参与公共型社会责任，提高整体社会责任履行水平，从而更好地服务于风险承担战略，实现企业可持续发展。

第七章

"三方共治" 的社会责任治理模式

前文研究发现，企业风险承担引发资源约束和业绩压力，继而导致整体社会责任履行水平降低。企业对不同类型的社会责任采取了不同的行为逻辑，承担高风险后主要减少公共型社会责任参与，履行一些技术型社会责任。我们进一步考察了企业承担高风险后作出的社会责任决策如何影响企业经济绩效。结果表明，风险承担抑制了整体社会责任和公共型社会责任，对企业价值和可持续发展能力产生了负向影响。综合而言，高风险承担企业的社会责任履行策略不利于实现经济绩效。因此，接下来，本章将探索一些可行机制缓解风险承担与社会责任之间的冲突，促使企业积极履行社会责任，进而提升经济绩效。这部分研究具有较强的现实意义，为企业更好地管理企业战略和社会责任整合过程中的紧张关系，进而通过履行社会责任、服务于风险承担战略实施提供实践指导，也为相关部门制定政策推进共同富裕提供建议。

根据市场经济条件下形成的企业、政府、社会公众三元主体结构，党的十九大报告针对生态文明建设提出了"构建政府为主导、企业为主体、社会组织和公众共同参与的环境治理体系"，确立了"三方共治"的治理模式。环境责任是社会责任的一个重要维度，放眼更广泛的社会责任治理，也应充分发挥各方主体力量，建立起企业、政府和社会公众多元主体协同治理体系。基于此，本章将从企业、政府和社会公众三个方面探索促进高风险承担企业参与社会责任的治理机制。

第一节 理论分析与研究假设

一、公司治理

现代公司治理的目标是保护股东利益，并兼顾利益相关者的利益。前述研究表明企业风险承担抑制了整体社会责任和公共型社会责任，进而导致企业价值降低，并削弱企业的可持续发展能力。这不仅损害了利益相关者的利益，也不利于增加股东财富。因此，在社会责任治理体系中，企业应充分发挥主体责任，建立有效的公司治理机制，实现股东和利益相关者之间的正和博弈，确保企业风险承担行为对所有的利益相关方都能够达成帕累托改进。本部分将考察独立董事和机构投资者两种力量在企业社会责任中的治理作用。

（一）独立董事占比

董事会是公司治理的核心，董事会的有效性依赖独立董事职能的发挥。独立董事具有独立性和客观性，设立之初便被寄予了代表广泛利益相关者利益的期望，约束企业作出平衡各方利益的决策。在高风险承担企业中，独立董事通过发挥监督和咨询职能，能够优化企业社会责任决策。

在声誉保护驱动下，独立董事有动机监督企业履行社会责任。已有文献为独立董事的监督职能提供了大量经验证据，强调独立董事之所以勤勉履责是源于其对自身声誉的珍视，良好声誉可以向董事职业市场传递其工作能力、专业知识的积极信号（Yu et al.，2018；谢东明和王平，2021）。企业承担高风险后降低社会责任投资，特别是减少可见度较高且具有较强利他倾向的公共型社会责任议题参与，将会引发外部利益相关者对独立董事不作为或履职能力低下的质疑。倘若企业做出侵害社会公众利益、产品造假、环境污染等对社会不负责的行为，除企业自身会招致有关部门的惩处外，负有监督职能的独立董事也将承担相应的连带责任。这些都将损害独立董事的社会声誉和形象，影响其继续任职或兼任其他公司的独立董事。为追求和维护社会声誉，独立董事有强烈的动机约束企业对利益相关者的利益侵占，督促企业积极践行社会责任议题。

独立董事有能力促使企业重视利益相关者的诉求，监督企业履行社会责任。独立董事独立于公司股东和管理者，法律法规赋予其发表独立意见的权力。2001年证监会发布的《关于在上市公司建立独立董事制度的指导意见》规定，独立董事应当就聘任或解聘高级管理人员、高级管理人员的薪酬等事项向董事会或者股东大会发表独立意见。所以，独立董事可以通过以下方式发挥监督职能：第一，选聘具有较高社会责任感、利他情怀和同理心的高管，解聘自私自利、罔顾其他利益相关方需求的高管。第二，将社会责任表现纳入高管的薪酬契约中，激励高管更积极地参与社会责任。同时，考虑风险承担给管理层带来的短期业绩压力，设计风险激励相容的薪酬契约，从源头上缓解高管减少社会责任投入的倾向。第三，独立董事可以提议召开董事会讨论社会责任议题，要求管理层对相关议题作出说明。通过上述措施，独立董事对社会责任的监督将会是行之有效的。

独立董事不仅能够监督企业履行社会责任，还可以就社会责任议题提供咨询服务。独立董事拥有专业知识、经验、社会关系等人力资本，在企业中扮演着咨询者的角色，可以为社会责任决策提供建议。在上市公司中担任独立董事的多为经验丰富的专业人士、知名专家学者、商界成功人士等，他们在技术、运营、财务等方面具有专业知识和独特技能，为其所供职的公司带来有价值的稀缺资源（张勇，2021）。此外，与企业内部管理者相比，独立董事来自公司外部，视野更为开阔，与外部利益相关者的关系更为密切，对利益相关者的需求和期望感受深切。因此，独立董事在社会责任投资决策中能够直接提供咨询建议，协助管理层制定符合企业风险承担战略的社会责任投资方案。

基于上述分析，独立董事可以通过监督和咨询职能作用于高风险承担企业的社会责任决策，促使企业积极履行社会责任。我们预期，企业董事会中独立董事占比越高，企业风险承担对整体社会责任和公共型社会责任的负向影响越弱，也会参与更多的技术型社会责任。据此，提出研究假设 H8：

H8：其他条件一定的情况下，独立董事占比越高，风险承担与社会责任履行的负相关关系越弱。

（二）机构投资者持股

机构投资者是公司治理中一股特殊力量，对塑造企业社会责任决策具有重要作用。首先，出于增加投资收益的目的，机构投资者会监督公司改善社会责任表现。与一般投资者相比，机构投资者由于持有股份比例较高，倾向于对公司价值创造特别是长远发展至关重要的投资决策投入更多精力进行监督以增加财务回报。基于利益相关者理论和资源基础理论，企业履行社会责任能够与利益相关者建立并维系良好的互信关系，激励其投入有价值的异质性资源，从而为企业价值提升助力（Yeh et al.，2020；温素彬和方苑，2008；黄世忠，2021）。前述研究发现，风险承担抑制整体社会责任和公共型社会责任对企业价值和可持续发展能力产生了负向影响，这会损害机构投资者的利益，故机构投资者有动机督促企业履行社会责任。陈等（Chen et al.，2020）研究发现，机构投资者改善了公司社会责任绩效，尤其是推动了对公司未来财务业绩具有较强预测力的社会责任行为。因此，出于财务动机，机构投资者将会积极监督高风险承担企业的社会责任行为，避免因承担高风险导致的社会责任缺失。

同时，随着ESG理念的普及和负责任投资趋势的日益增长，越来越多的机构投资者在构造投资组合时将社会、环境因素纳入考量。与财务动机相比，社会责任偏好在解释投资者的社会责任决策方面发挥着更重要的作用，即使投资者持有社会责任共同基金获得比传统基金更低的回报（Riedl and Smeets，2017）。由于秉持责任投资理念，机构投资者对社会责任表现较好的企业更为青睐，对社会责任缺失行为会采取措施加以制约，从而能够减少企业风险承担对社会责任投资的负面影响。此外，与一般投资者相比，机构投资者具有深厚的专业知识、更多的资源以及丰富的投资经验，可以通过公司财务报表、外部行业报告、自身实地调研等多渠道获取公司信息。如此，能够降低与企业的信息不对称程度，实施有效的监督。而且，机构投资者参与公司治理的方式多样，例如，与管理层谈判、使用股东提案权、抛售股票等。由于持股比例较高，机构投资者的上述行为会带来股票市场异动，对企业社会责任投资决策施加压力。

然而，并非所有的机构投资者都积极参与公司治理并愿意监督管理层。不同机构投资者在持股动机、投资偏好、投资理念等方面存在显著差异，因此，分析机构投资者的治理效果时应考虑其异质性。布里克利等（Brickley et al.，1988）将机构投资者划分为压力抵制型和压力敏感型两种。压力抵制型投资者与企业只存在单纯的投资关系，着眼于长期回报，监督管理层的动机更强。而压力敏感型投资者与企业同时存在着投资关系和商业关系，往往缺乏监督企业管理层的积极性，甚至与管理层形成"战略联盟"而对社会责任缺失行为"视而不见"。因此，秉持长期投资理念的压力抵制型机构投资者才能对公司实施实质性的监督和治理，约束风险承担导致的社会责任缺失行为，促使企业积极参与社会责任。据此，提出研究假设 H9：

H9：其他条件一定的情况下，机构投资者持股越多，风险承担与社会责任履行的负相关关系越弱。

二、政府治理

根植于新古典经济学，企业经营基于股东至上主义，以为股东创造价值为依归，股东与利益相关者之间存在矛盾冲突，企业并不天然地愿意履行社会责任。企业社会责任缺失是市场失灵的表现之一，需要发挥政府这只"看得见的手"在社会责任治理中的主导作用。政府通过社会责任正式制度供给、实践政策以及行为监督等方式，深化企业对社会责任的认知，促使企业行为符合社会期望。在我国，政府既是企业利益相关者，同时也扮演着协调企业与其他利益相关者关系的角色，通过政府"自上而下"的方式推动企业社会责任响应是有效的。第一财经研究院《2022 中国企业社会责任研究报告：内生的力量》指出，中国企业社会责任具有国家性和战略性，政府是企业履行社会责任的强大推动力，企业披露社会责任报告是向政府传达合规性的一种方式。因此，接下来将从法律环境和政府补助两个方面探索政府在高风险承担企业的社会责任决策中发挥的治理作用。

（一）法律环境

社会责任是企业对利益相关者群体的一种义务，事实上也是利益相关者群体向企业主张的一种权利。法律规范在约束和保障义务与权利关系中发挥着重要作用，完善的法律体系是政府推动企业开展社会责任实践的一条"国际经验"。因此，地区法律环境的差异会影响风险承担与社会责任之间的关系。

首先，在法律环境较好的地区，有关社会责任方面的法律法规体系更加健全，对利益相关者群体有更好的权益保障。《公司法》对企业社会责任作了原则性规定，第五条明确表述"公司从事经营活动，必须遵守法律、行政法规、遵守社会公德、商业道德，诚实守信，接受政府和社会公众的监督，履行社会责任"。近年来，我国出台了一系列有关企业社会责任的法律法规，如《安全生产法》《环境保护法》《消费者权利保护法》等，对企业社会责任作了详尽规定。地方政府依据《公司法》及其他法律法规，在地方规章中可以修改完善推进企业履行社会责任的相关规定。《环境保护法》明确规定"县级以上地方人民政府环境保护主管部门会同有关部门，根据国家环境保护规划的要求，编制本行政区域的环境保护规划，报同级人民政府批准并公布实施"。因而，法律环境较好的地区有更健全完善的法规规章，对企业社会责任作出了更严格的规定和更高的标准，从立法方面加强了企业社会责任的法治化、规范化，更好地保护员工、消费者、社会公众等利益群体的权益。因此，企业承担高风险追逐经济利润的过程会受到更强的法律约束，为规避合规性风险，将会承担一定的社会责任。

其次，在法律环境较好的地区，执法更加严格、司法更加公正，企业社会责任缺失将会面临更高的违法成本和诉讼风险。良好的地区法律环境意味着社会责任方面的法律法规能够得到有效实施，政府相关部门会加大执法监督力度，依法追究违法责任人的法律责任。企业倘若违背与利益相关者之间的契约，侵害利益相关者的利益，就更有可能遭受诉讼风险、行政处罚或承担刑事责任，也会给企业及管理者带来严重的声誉损失。比如，企业通过不正常运行防治污染设施等逃避监管的方式违法排放污染物将受到罚款处罚，对其直接负责的主管人员和其他直接责任人员将处十日以上十五日以下拘留。此外，公正的司法为利益相关者通过诉讼手段维护自身权益提供了法治平台，更加敢于发声，其利益诉求能够得以保障。当地区法律环境较好时，考虑到违法成本和声誉损失，企业承担高风险后会遵循与利益相关群体之间的商业契约和社会契约，强化合法合规意识，减少侵害利益相关者利益的社会责任缺失行为。孙泽宇和齐保垒（2022）在研究中指出，完善的法律环境使企业面临严格的法律约束，保证法律条款能被有效执行而降低管理层寻租的可能性，因而企业会切实加强社会责任履行。

综合而言，地区法律环境越好，社会责任方面的法律法规体系就越健全完善，执法越有效，能够更好地保障利益相关者的权益，约束企业经营行为，促使企业重视社会责任。可以预期，良好的法律环境将削弱企业风险承担与整体社会责任和公共型社会责任之间的负向关系，增强与技术型社会责任之间的正向关系。根据上述分析，提出研究假设 H10：

H10：其他条件一定的情况下，地区法律环境越好，风险承担与社会责任履行的负相关关系越弱。

（二）政府补助

除了强制性的法律法规，政府还可以通过财政补贴的方式激励企业在承担风险追求经济利润的同时兼顾其他利益相关者的利益，积极履行社会责任。具体地，政府补助会通过以下两个作用对风险承担与社会责任之间的关系产生影响。

一方面，财政补贴作为一项资源流入，能够缓解风险承担引发的资源约束所导致的社会责任投入减少。财政补贴本质上是政府对公共资源的分配，既包括对技术开发、设备购置、技改专项等风险承担行为的补助，也涉及社保就业补贴、安全生产奖励费、产品质量安全检测经费、节能环保拨款等社会责任方面。前者的政府补助可以为风险项目提供资金支持，减少风险承担对企业自身资源的占用，从而使得企业有更多的富余资源用于社会责任活动。后者的财政补贴直接作用于企业社会责任，补贴的专款专用性使得获得更多补助的企业社会责任投入会相应增加，政府补助具有"资源效应"。此外，已有文献指出，政府补助不仅使企业获得政府层面的资源支持，还具有显著的"认证效应"，帮助企业吸引更多的外部资源（陈晓珊，2021）。企业获得财政补贴意味着得到了政府的认可和背书，向外部传递企业未来良好发展前景的积极信号。一来可以引导更多的社会资源流向企业，缓解企业融资约束程度；二来能够降低外部投资者与企业之间的信息不对称性，减轻对企业高风险项目的损失担忧，获取更多投资者的信任和支持，减轻管理层的财务业绩压力。因此，政府补助产生的"资源效应"和"认证效应"增加了企业现金流和其他资源，可以有效缓解风险承担导致的资源紧张和业绩压力，提高企业参与社会责任的能力和积极性。

另一方面，基于社会交换理论，企业会积极履行社会责任反哺政府补助。社会交换理论指出，一方在接受另一方提供的资源或帮助后，出于互惠原因，会由此产生回报对方的意愿和行为（何康等，2022）。根据这一理论，企业获得政府财政补贴后，会增强社会责任表现，比如进行更多的慈善捐赠、投身教育扶贫、保障就业等。企业以此"回馈"政府的帮扶，强化与政府的互惠互利关系，并提高获取财政补贴的持续性。企业履行社会责任承担政策性义务是为政府分忧解难的重要方式，一定程度上弥补了政府在微观层面上公共服务的不足，协助政府实现政治目标。企业承担高风险后面临资源约束和业绩压力，政府补助对其而言无疑是"雪中送炭"。所以，获得补助的企业会产生强烈的感恩情绪，激发其积极参与社会责任议题的内在动力以回报政府的帮助，进一步巩固良好的政企关系。

基于上述逻辑，若企业获得更多的政府补助，风险承担引发的资源约束和业绩压力将得到有效缓解，进而削弱企业减少社会责任参与的动机。因此，提出研究假设 H11：

H11：其他条件一定的情况下，政府补助越多，风险承担与社会责任履行的负相关关系越弱。

三、社会公众治理

公众是企业社会责任的受益者，也是推动企业承担社会责任的重要外部力量。公众期望企业成为一个良好的"社会公民"，服务社会，增进社会福利。同时，企业经营过程中产生的环境和社会问题与公众密切相关，受到其广泛关注。因此，企业社会责任治理需要社会组织和公众的共同参与。由于公众参与具有广泛性、主动性和创造性等特点，通过"自下而上"的方式推动企业社会责任实践，可以弥补公司治理内生动力不足和政府治理灵活性不足的缺陷。

（一）媒体关注

作为新兴的公司外部治理力量，媒体是独立客观的第三方，具有搜集、传播和扩散信息的功能，媒体报道能够引发广泛的社会关注和强大的舆论监督，通过声誉约束和降低信息不对称程度改善公司治理（Ghoul et al.，2019）。一方面，媒体关注会曝光企业社会责任缺失行为，给企业带来声誉损失。通常而言，媒体偏爱报道企业环境污染、员工压榨等对社会不负责任的负面消息，因为公众对坏消息的情绪反应比好消息更强烈，"爆炸性新闻"会带来更多的关注度和点击率，产生"轰动效应"。而且，对于负面消息媒体往往会进行追踪报道，使企业不负责任的行为处于社会公众关注之下，形成"盯住效应"（唐亮等，2018）。此时，企业的声誉和形象将会遭到极大的损害，削弱企业吸引金融资本、优秀员工、客户供应商的能力，使利益相关者对企业未来的盈利能力持怀疑态度（Maistriau and Bonardi, 2014）。显然，在媒体的高度关注下，高风险承担企业将会承受社会责任缺失产生的严重后果，从而不敢贸然地侵害利益相关者的利益、从事对社会不负责任的活动。因此，媒体关注将通过声誉机制来约束企业社会责任行为，增加社会责任缺失的成本和损失，从而减轻风险承担对社会责任的负向影响。

另一方面，媒体关注能够降低企业信息不对称程度，便于外部利益相关者监督企业社会责任行为，并引发行政部门的介入和监管。媒体发挥治理作用源于其发现、传播和扩散信息的功能，媒体报道有助于减轻企业内外部的信息不对称性，使企业行为决策处于透明的信息环境下，接受外部利益相关方和广大社会公众的评判和监督（Ghoul et al., 2019）。在媒体高度关注的情形下，高风险承担企业减少社会责任参与的行为更容易被外部利益相关者观测和识别，引发社会舆论。更为严重的是，企业社会责任缺失还会引起监管部门的介入和调查，招致巨额的行政处罚（田高良等，2016）。这些不利影响可能会导致企业丧失合法性地位，陷入破产境地（唐亮等，2018）。此外，媒体报道减少信息摩擦的作用在资本市场上更为明显，投资者能够更准确地评估企业社会责任缺失对未来盈利能力的不利影响和可能产生的经营风险，从而导致公司股价下跌甚至崩盘。可见，媒体关注通过改善企业的信息不对称性便于外部利益相关者实施有效的监督和行政部门进行有力的监管，进而抑制企业承担高风险后的社会责任投资减少行为。

媒体关注的声誉约束机制和信息传递机制均是提高企业忽视社会责任产生的成本和损失。事实上，媒体报道也会大力宣扬和褒奖企业积极履行社会责任的行为，帮助企业树立良好形象，获取外部利益相关者的好感（贾兴平和刘益，2014）。从这个意义上看，媒体关注将会增加企业履行社会责任获取的收益，减轻社会责任参与给企业资源和财务业绩带来的短期冲击，激励企业积极投身于社会责任活动。综合上述分析，可以合理预期，媒体关注能够发挥治理效力，弱化企业风险承担对社会责任产生的负向影响，提高企业参与社会责任的积极性。因此，提出研究假设 H12：

H12：其他条件一定的情况下，媒体关注度越高，风险承担与社会责任履行的负相关关系越弱。

（二）社会规范

企业行为内生于其所处的社会环境，环境中群体成员所共同恪守的规则和标准指引着个体的认知和判断，约束个体行为，促使个人和群体保持一致。这些规则和标准即为社会规范,包括思想原则、道德规范、宗教信条、社会风俗等,体现群体公认的价值导向,是社会群体行为认知中处于主流的意识形态。在我国,儒家思想是人们广泛认同、影响最为深远的哲学观念,也是个人和组织最为尊崇的道德规范和行动指南(Ip,2009)。儒家文化蕴含着深刻的商业伦理,我国企业家的价值观和经营理念深受儒家思想的影响,企业行为决策具有儒家文化烙印。因此,我们进一步探讨儒家文化的社会责任治理作用,考察其如何影响风险承担与企业社会责任的关系。

首先,儒家思想主张"先义后利""义以生利"的义利观,有助于指引企业在承担风险追逐经济利润的过程中履行社会责任。社会责任理论指出,企业不能仅以股东财富最大化为唯一存在目标,在创造利润的同时,还应尊重员工、消费者、社区和环境等利益相关方的权益和诉求,这即是儒家文化中"义"的思想内涵。孔子认为,"君子喻于义,小人喻于利"(《论语·里仁》),"不义而富且贵,于我如浮云"(《论语·述而》)。荀子也强调"义",主张"先义而后利者荣,先利而后义者辱"(《荀子·荣辱篇》)。孟子非常推崇"义",指出"非其有而取之,非义也"(《论语·为政》)、"得道者多助,失道者寡助"(《孟子·公孙丑下》),常说"大人者,惟义所在"。"义"是儒家商业伦理的核心,但并非否认逐"利",而是强调"取之有义",认为对物质利益的追求应建立在遵循道义的前提下。儒家还认为"义以生利",遵守道义能够带来物质利益。儒家文化的义利观与企业社会责任理论的观点非常契合,指出企业在承担风险、追求经济利润时应注重"见利思义""先义后利",应将对利益相关者的关切融入企业经营中,帮助企业获得更多经济收益。淦未宇等(2020)研究发现,儒家文化影响企业雇佣策略,提高了员工权益保障质量。因此,在义利观的引导下,企业提高风险承担水平、追求超额经济利润的同时会积极承担社会责任,实现"义利合一"。

其次,儒家文化倡导"仁者爱人"的仁爱观,能够引导企业做出回馈社会的利他行为。儒家思想的核心是"仁",其基本内涵是"爱人",关爱他人,怀有同情心和怜悯之情。孔子的"夫仁者,己欲立而立人,己欲达而达人"(《论语·雍也》)、"泛爱众,而亲仁"(《论语·学而》),孟子的"恻隐之心,仁之端也"(《孟子·公孙丑上》)、"仁者爱人,有礼者敬人"(《孟子·离娄下》)等均体现了"仁者爱人"(《论语·颜渊》)的思想。儒家的仁爱观指引企业管理者怀有仁慈之心、恻隐之心,懂得"推己及人",重视员工、供应商、社会公众等群体的关切和需求,更加顾及企业经营对他们的影响,更可能做出利他的亲社会行为。孟子发展了孔子的仁爱思想,提倡"亲亲而仁民,仁民而爱物"(《孟子·尽心上》),推人及物,主张在爱人的同时爱万物。这体现了儒家的生态思想,能够引导企业注重生态环境保护，促进经济、社会与环境和谐共生。在仁爱观的影响下，高风险承担企业会更加重视利益相关者的诉求，积极参与有益于利益相关者的社会责任。

此外，儒家思想还提倡"大道之行也，天下为公"（《礼记·礼运》）、"君子贵人而贱己，先人而后己"（《礼记·坊记》）的大同思想，强调无私奉献和整体利益，这与履行社会责任以实现共同富裕的时代内涵相一致。儒家关于"信"的主张"人而无信，不知其可也"（《论语·为政》），表明企业应诚信经营赢得他人的信任。"天时不如地利，地利不如人和"（《孟子·公孙丑下》）的理念体现了社会责任的最终目标，即实现企业与社会、环境的和谐共生。基于上述分析，在儒家思想的影响下，高风险承担企业会平衡义利，怀有仁爱之心、利他情怀和奉献精神，从而更加重视利益相关者的利益，积极履行社会责任。可以预期，企业所在地区受儒家文化影响程度更高时，风险承担与整体社会责任、公共型社会责任的负向关系更弱，与技术型社会责任的正向关系更强。因此，提出研究假设 H13：

H13：其他条件一定的情况下，儒家文化影响程度越高，风险承担与社会责任履行的负相关关系越弱。

第二节　研究设计

一、样本选择与数据来源

以 2009～2020 年沪深两市 A 股上市公司为初始样本。和讯网社会责任报告自 2010 年开始发布，且 2020 年是目前所能获取的最新数据，以及为缓解存在的内生性问题，将被解释变量社会责任提前一期，故社会责任的观测区间为 2011～2020 年。企业风险承担的计算需要用到 $t-1$ 至 $t+1$ 期的数据，其涵括区间为 2009～2020 年，其余变量的样本期间为 2010～2019 年。根据现有研究惯例进行以下剔除：金融类企业、ST 和 *ST 等特别处理公司、资不抵债企业（资产负债率高于 1）、数据缺失的样本。共得到 24456 个公司年度观测值。企业社会责任数据来源于和讯网发布的我国上市公司社会责任评分，其他财务数据均来自 CSMAR 数据库。为减少极端值的影响，对所有连续变量进行上下1% 的缩尾处理。

二、模型构建与变量定义

为检验本章的研究假设 H8 至 H13，构建如下回归模型（7.1）：

$$CSR_{i,t+1} = \alpha_0 + \alpha_1 RiskT_{i,t} + \alpha_2 Size_{i,t} + \alpha_3 Lev_{i,t} + \alpha_4 Roe_{i,t} + \alpha_5 Growth_{i,t}$$
$$+ \alpha_6 Share_{i,t} + \alpha_7 Soe_{i,t} + \alpha_8 Bsize_{i,t} + \alpha_9 Indep_{i,t} + \alpha_{10} Both_{i,t}$$
$$+ \sum Ind + \sum Year + \varepsilon \qquad (7.1)$$

在模型（7.1）中，各变量详细定义如下：

1. 被解释变量：企业社会责任（CSR）

采用和讯网发布的上市公司社会责任综合评分来测度社会责任履行情况。该评分基于上市公司公布的社会责任报告以及财务报告，从股东责任、员工责任、供应商客户和消费者权益责任、环境责任和社会公众责任5项内容出发，设立13个二级指标和37个三级指标对社会责任进行全面系统的评价（具体的指标体系见附录），在我国社会责任领域研究中已经得到普遍的应用（冯丽艳等，2016；蒋德权和蓝梦，2022）。此外，由于按照现行会计核算体系，财务绩效指标反映了对股东的责任，所以在主回归中对社会责任的衡量不再包括股东责任，$CSR = $（员工责任＋供应商客户和消费者权益责任＋环境责任＋社会公众责任）/100。

2. 解释变量：企业风险承担（RiskT）

由于风险的本质是不确定性，且财务理论中一般用收益的方差或者标准差来度量风险水平，故大多数文献以业绩的波动性程度衡量企业风险承担水平。根据计算依据的数据基础不同，可以分为以会计核算数据为基础和以资本市场数据为基础两类。但由于我国资本市场股价的影响因素众多，股价中企业基本面信息含量存疑，用股票收益波动率度量风险承担噪声较大。鉴于此，参考已有文献（郭瑾等，2017；周泽将等，2018；Do et al.，2022），我们采用总资产收益率（ROA）在一段时期内的波动性作为企业风险承担的代理变量。以三年（$t-1$ 至 $t+1$ 期）为一个观测期间，计算每个期间内经年度和行业平均值调整后 ROA 的滚动标准差，具体计算公式如下：

$$RiskT_{i,t} = \sqrt{\frac{1}{T-1} \sum_{t=1}^{T} \left(ADJROA_{i,t} - \frac{1}{N} \sum_{t=1}^{T} ADJROA_{i,t} \right)^2} \qquad (7.2)$$

其中，i 表示上市公司，t 表示年度，ROA 为相应年度内息税前利润（EBIT）与年末资产总额的比值，ADJROA 为经年度和行业平均值调整后的总资产收益率。

根据该式计算出的 *RiskT* 值越大，表示企业风险承担水平越高。

3. 调节变量

独立董事占比（*Indep*）：独立董事人数占董事会总人数的比值。

机构投资者持股（*Inshold*）：参考梁上坤（2018）、何瑛等（2019）的做法，将证券投资基金、社保基金和合格境外投资者归为压力抵制型机构投资者，计算三者的持股比例之和。

地区法律环境（*Law*）：王小鲁等编制的《中国分省份市场化指数报告（2021）》中法治环境分项指数，该指数依据的是企业调查数据中企业对公检法机关执法公正及效率情况的评价，由于数据只更新到 2019 年，2020 年数据用 2019 年替代。

政府补助（*Subsidy*）：企业财务报表附注中披露收到的政府补助，直接取自 CSMAR 数据库。

媒体关注度（*Media*）：来自 CNRDS 数据库上市公司新闻舆情子库，统计了包括《中国证券报》《上海证券报》《第一财经日报》《21 世纪经济报道》《中国经营报》《经济观察报》《证券日报》《证券时报》等研究常用到的八大主流财经报纸在内共 600 多家财经报刊的新闻数据。首先，按年度对这些财经报刊标题中出现该公司的新闻次数进行加总；然后，加 1 取自然对数，获得媒体关注度的衡量指标。

社会规范（*Culutre*）：借鉴已有研究（淦未宇等，2020），采用企业所在地区儒家书院的数量作为受儒家思想影响的代理变量。

4. 控制变量

为控制其他因素对研究结论的干扰，参考已有文献（朱焱和王玉丹，2019；冯晓晴等，2020；Liu et al.，2021），选择以下因素作为控制变量：企业规模（*Size*），对期末资产总额取自然对数进行衡量；资产负债率（*Lev*），期末负债总额与资产总额的比值；盈利能力（*Roe*），本年度净利润与期末净资产的比值；企业成长性（*Growth*），等于当年营业收入减去上年营业收入再除以上年的营业收入；股权集中度（*Share*），用公司第一大股东的持股比例衡量；产权性质（*Soe*），根据实际控制人的性质将样本分为国有企业和非国有企业；董事会规模（*Bsize*），对董事会人数加 1 再取自然对数；独立董事占比（*Indep*），为独立董事人数占董事会总人数的比值；是否两职合一（*Both*），反映企业董事长兼任总经理的情况。详细的变量定义见表 7 – 1。此外，在回归中控制了行业固定效应（*Ind*）和年度固定效应（*Year*）。为减小异方差对回归结果的影响，采用稳健型标准误，并在公司层面进行聚类（Cluster）调整。

表 7 - 1   变量定义

变量类型	变量名称	变量符号	变量定义
被解释变量	企业社会责任	*CSR*	(员工责任 + 供应商客户和消费者权益责任 + 环境责任 + 社会公众责任)/100
解释变量	企业风险承担	*RiskT*	见前文
调节变量	独立董事占比	*Indep*	独立董事人数占董事会总人数的比值
	机构投资者持股	*Inshold*	证券投资基金、社保基金和合格境外投资者三者持股之和
	地区法律环境	*Law*	王小鲁等编制的《中国分省份市场化指数报告(2021)》中法治环境分项指数
	政府补助	*Subsidy*	企业财务报表附注中披露收到的政府补助
	媒体关注度	*Media*	财经报刊标题中出现该公司的新闻次数加1取对数
	社会规范	*Culutre*	企业所在地区儒家书院的数量
控制变量	企业规模	*Size*	期末总资产的自然对数
	资产负债率	*Lev*	期末负债与总资产的比值
	盈利能力	*Roe*	年度净利润与净资产的比值
	企业成长性	*Growth*	营业收入增长率
	股权集中度	*Share*	第一大股东持股比例
	产权性质	*Soe*	若为国有企业则为1,否则为0
	董事会规模	*Bsize*	董事会人数的自然对数
	独立董事占比	*Indep*	独立董事人数占董事会总人数的比值
	是否两职合一	*Both*	若董事长兼任总经理则为1,否则为0
	行业固定效应	*Ind*	行业虚拟变量
	年度固定效应	*Year*	年份虚拟变量

第三节 实证检验与结果分析

一、独立董事的治理作用

为检验独立董事对风险承担和社会责任关系的调节效应,根据独立董事占比的年度行业中位数,将样本分为独立董事占比低组(*Indep_low*)和占比高组

（*Indep_high*），然后对模型（7.1）进行分组回归，结果列示于表 7 - 2 中。

表 7 - 2　　　　　　　　　　独立董事占比的治理作用检验

变量	Indep_low			Indep_high		
	CSR（1）	PCSR（2）	TCSR（3）	CSR（4）	PCSR（5）	TCSR（6）
RiskT	- 0.076 ***	- 0.083 ***	0.009	- 0.026	- 0.063 ***	0.039 ***
	（- 3.383）	（- 7.039）	（0.686）	（- 1.293）	（- 5.506）	（3.409）
Size	0.028 ***	0.013 ***	0.015 ***	0.023 ***	0.011 ***	0.013 ***
	（16.718）	（15.078）	（15.866）	（14.372）	（11.999）	（14.384）
Lev	- 0.037 ***	- 0.020 ***	- 0.017 ***	- 0.031 ***	- 0.012 **	- 0.020 ***
	（- 4.004）	（- 4.191）	（- 3.343）	（- 3.388）	（- 2.310）	（- 3.942）
Roe	0.097 ***	0.057 ***	0.042 ***	0.087 ***	0.057 ***	0.033 ***
	（7.320）	（7.754）	（5.973）	（7.139）	（8.265）	（4.998）
Growth	- 0.001	- 0.000	- 0.000	- 0.001	- 0.001	- 0.000
	（- 0.255）	（- 0.167）	（- 0.327）	（- 0.410）	（- 0.507）	（- 0.318）
Share	- 0.007	0.003	- 0.010	0.010	0.009	0.000
	（- 0.621）	（0.620）	（- 1.632）	（0.816）	（1.451）	（0.048）
Soe	0.014 ***	0.005 ***	0.009 ***	0.012 ***	0.006 **	0.006 **
	（3.495）	（2.578）	（3.920）	（2.610）	（2.366）	（2.460）
Bsize	0.007	0.001	0.006	0.011	0.002	0.009 *
	（0.515）	（0.110）	（0.781）	（1.244）	（0.462）	（1.736）
Both	- 0.005	- 0.002	- 0.002	0.002	0.001	0.000
	（- 1.417）	（- 1.463）	（- 1.175）	（0.502）	（0.619）	（0.184）
Constant	- 0.076 **	- 0.031 *	- 0.047 **	- 0.044 **	- 0.005	- 0.040 ***
	（- 2.281）	（- 1.907）	（- 2.401）	（- 1.962）	（- 0.427）	（- 3.101）
Ind	控制	控制	控制	控制	控制	控制
Year	控制	控制	控制	控制	控制	控制
观测值	13256	13256	13256	11200	11200	11200
调整 R^2	0.221	0.221	0.197	0.243	0.230	0.219
F 值	28.554	41.064	21.358	29.844	33.906	21.642

注：括号内为 *t* 值，*** 、 ** 、 * 分别表示在 1% 、5% 、10% 水平上显著，使用异方差稳健标准误，并经公司层面聚类调整。

从表7-2可以看出，在独立董事占比较低组，风险承担（*RiskT*）与社会责任（*CSR*）呈显著负相关关系：而在独立董事占比较高组，二者之间不存在显著关系。风险承担（*RiskT*）与公共型社会责任（*PCSR*）的回归系数和*t*值在独立董事占比较高组均小于独立董事占比较低组，风险承担（*RiskT*）对技术型社会责任（*TCSR*）的促进作用仅存在于独立董事占比较高组。结果表明，独立董事能够削弱风险承担对整体社会责任和公共型社会责任的抑制效应，激励高风险承担企业履行技术型社会责任，具有社会责任治理功能。因此，企业承担高风险后引入更多的独立董事可以有效缓解风险承担对社会责任的不利影响，促使股东和利益相关者和谐共生。

二、机构投资者的治理作用

为检验机构投资者对风险承担和社会责任关系的调节效应，根据压力抵制型机构投资者持股比例的年度行业中位数将样本分为机构持股较低组（*Inshold_low*）和机构持股较高组（*Inshold_high*），然后对模型（7.1）进行回归，结果见表7-3。由表7-3可知，风险承担（*RiskT*）对整体社会责任（*CSR*）的抑制作用仅存在于机构持股较低组，与技术型社会责任（*TCSR*）的正向关系仅存在于机构持股较高组。在两组中，风险承担（*RiskT*）均抑制公共型社会责任（*PCSR*），但在机构持股较高组中，系数大小和*t*值均小于机构持股较低组。由此可以看出，压力抵制型机构投资者能够减轻风险承担对整体社会责任和公共型社会责任的负向影响，促使企业积极履行技术型社会责任，在高风险承担企业的社会责任决策中发挥着显著的治理效应。

表7-3　　　　　　　　　　机构投资者持股的治理作用检验

变量	Inshold_low			Inshold_high		
	CSR (1)	*PCSR* (2)	*TCSR* (3)	*CSR* (4)	*PCSR* (5)	*TCSR* (6)
RiskT	-0.080 *** (-4.919)	-0.090 *** (-9.600)	0.011 (1.175)	-0.022 (-0.849)	-0.052 *** (-3.835)	0.033 ** (2.198)
Size	0.021 *** (12.750)	0.010 *** (11.490)	0.011 *** (12.171)	0.027 *** (16.412)	0.012 *** (14.189)	0.015 *** (15.898)

续表

变量	Inshold_low			Inshold_high		
	CSR （1）	PCSR （2）	TCSR （3）	CSR （4）	PCSR （5）	TCSR （6）
Lev	-0.029 *** （-3.762）	-0.015 *** （-3.330）	-0.015 *** （-3.575）	-0.028 *** （-2.675）	-0.012 ** （-2.283）	-0.016 *** （-2.699）
Roe	0.053 *** （5.366）	0.038 *** （6.097）	0.016 *** （3.273）	0.125 *** （7.749）	0.073 *** （8.493）	0.056 *** （6.277）
Growth	0.001 （0.529）	0.000 （0.365）	0.000 （0.493）	-0.003 （-1.032）	-0.001 （-0.999）	-0.001 （-0.972）
Share	0.014 （1.329）	0.013 ** （2.442）	0.000 （0.078）	-0.009 （-0.688）	0.000 （0.044）	-0.009 （-1.292）
Soe	0.007 * （1.823）	0.002 （0.813）	0.005 ** （2.555）	0.018 *** （4.068）	0.009 *** （4.008）	0.009 *** （3.691）
Bsize	0.008 （0.899）	0.002 （0.317）	0.007 （1.308）	0.007 （0.658）	0.001 （0.093）	0.006 （1.017）
Indep	0.056 * （1.820）	0.026 （1.506）	0.031 * （1.847）	0.045 （1.232）	0.018 （1.001）	0.027 （1.298）
Both	-0.003 （-1.063）	-0.001 （-0.394）	-0.002 （-1.590）	-0.002 （-0.569）	-0.002 （-0.883）	-0.001 （-0.321）
Constant	-0.067 ** （-2.206）	-0.022 （-1.369）	-0.047 *** （-2.646）	-0.068 * （-1.852）	-0.022 （-1.156）	-0.048 ** （-2.322）
Ind	控制	控制	控制	控制	控制	控制
Year	控制	控制	控制	控制	控制	控制
观测值	12264	12264	12264	12192	12192	12192
调整 R^2	0.164	0.161	0.145	0.287	0.280	0.261
F 值	23.859	30.040	16.535	39.645	47.825	30.529

注：括号内为 t 值，***、**、*分别表示在1%、5%、10%水平上显著，使用异方差稳健标准误，并经公司层面聚类调整。

三、法律环境的治理作用

为检验法律环境的社会责任治理作用，按照法治环境分项指数的年度中位数，将样本分为法律环境较差（Law_low）和法律环境较好（Law_high）两组，然后根据模型（7.1）进行分组回归，结果列示于表7－4中。在法律环境较差组中，风险承担（RiskT）与整体社会责任（CSR）的回归系数为－0.072，显著性水平为1%；而在法律环境较好组中，二者不具有统计上的显著关系，说明良好的法律环境能够抑制高风险承担企业的整体社会责任减少行为。在法律环境较好组，风险承担（RiskT）与技术型社会责任（TCSR）显著正相关，表明完善的法律环境促使企业承担高风险后仍然承担部分技术型社会责任，兼顾员工、供应商和客户的利益。风险承担（RiskT）与公共型社会责任（PCSR）的关系在两组中均呈显著负相关，但在法律环境较好组，系数和 t 值均低于法律环境较差组，表明法律环境的改善一定程度上削弱了风险承担对公共型社会责任的抑制作用。总的来看，法律环境在风险承担与社会责任的关系中发挥了显著治理效应，促进企业提高社会责任履行水平。

表7－4 法律环境的治理作用检验

变量	Law_low			Law_high		
	CSR（1）	PCSR（2）	TCSR（3）	CSR（4）	PCSR（5）	TCSR（6）
RiskT	－0.072 *** （－3.688）	－0.081 *** （－7.458）	0.010 （0.928）	－0.022 （－0.864）	－0.064 *** （－4.695）	0.043 *** （3.025）
Size	0.024 *** （15.991）	0.011 *** （13.563）	0.013 *** （15.667）	0.027 *** （13.737）	0.013 *** （12.192）	0.015 *** （13.210）
Lev	－0.016 * （－1.777）	－0.008 （－1.610）	－0.009 * （－1.753）	－0.049 *** （－4.782）	－0.023 *** （－4.182）	－0.026 *** （－4.596）
Roe	0.095 *** （7.634）	0.054 *** （7.660）	0.043 *** （6.350）	0.083 *** （5.892）	0.057 *** （7.163）	0.029 *** （3.918）
Growth	－0.002 （－1.184）	－0.002 （－1.634）	－0.001 （－0.477）	0.001 （0.478）	0.001 （1.037）	－0.000 （－0.280）

续表

变量	Law_low			Law_high		
	CSR (1)	PCSR (2)	TCSR (3)	CSR (4)	PCSR (5)	TCSR (6)
Share	0.003 (0.227)	0.009 (1.466)	-0.007 (-1.014)	-0.005 (-0.347)	0.002 (0.312)	-0.007 (-0.860)
Soe	0.025*** (5.582)	0.012*** (4.958)	0.014*** (5.360)	0.002 (0.562)	-0.000 (-0.025)	0.003 (1.065)
Bsize	-0.005 (-0.478)	-0.006 (-1.187)	0.001 (0.258)	0.025** (2.152)	0.011* (1.721)	0.014** (2.187)
Indep	0.025 (0.751)	0.005 (0.302)	0.020 (1.090)	0.104** (2.503)	0.052** (2.379)	0.053** (2.298)
Both	-0.000 (-0.110)	-0.001 (-0.482)	0.000 (0.240)	-0.004 (-1.011)	-0.001 (-0.507)	-0.003 (-1.408)
Constant	-0.061* (-1.957)	-0.013 (-0.808)	-0.051*** (-2.807)	-0.132*** (-3.435)	-0.057*** (-2.842)	-0.077*** (-3.499)
Ind	控制	控制	控制	控制	控制	控制
Year	控制	控制	控制	控制	控制	控制
观测值	13670	13670	13670	10786	10786	10786
调整 R^2	0.254	0.247	0.221	0.214	0.207	0.199
F 值	34.664	46.235	23.790	21.073	27.400	17.163

注：括号内为 t 值，***、**、* 分别表示在1%、5%、10%水平上显著，使用异方差稳健标准误，并经公司层面聚类调整。

四、政府补助的治理作用

为检验政府补助的治理作用，按照政府补助的年度行业中位数将样本分成获得政府补助较低组（Subsidy_low）和获得政府补助较高组（Subsidy_high），对模型（7.1）进行回归，结果列示于表7-5中。

表 7 - 5　　　　　　　　　　　　政府补助的治理作用检验

变量	Subsidy_low			Subsidy_high		
	CSR (1)	PCSR (2)	TCSR (3)	CSR (4)	PCSR (5)	TCSR (6)
RiskT	-0.079 *** (-4.753)	-0.090 *** (-9.326)	0.011 (1.238)	-0.039 (-1.475)	-0.061 *** (-4.378)	0.025 * (1.699)
Size	0.018 *** (10.135)	0.009 *** (8.940)	0.009 *** (9.185)	0.031 *** (17.599)	0.014 *** (15.560)	0.017 *** (17.072)
Lev	-0.027 *** (-3.555)	-0.013 *** (-3.015)	-0.014 *** (-3.540)	-0.044 *** (-4.070)	-0.021 *** (-3.804)	-0.023 *** (-3.785)
Roe	0.059 *** (5.651)	0.042 *** (6.500)	0.018 *** (3.404)	0.124 *** (8.182)	0.072 *** (8.849)	0.056 *** (6.681)
Growth	-0.000 (-0.150)	-0.000 (-0.379)	0.000 (0.056)	-0.001 (-0.358)	-0.000 (-0.186)	-0.001 (-0.506)
Share	0.014 (1.317)	0.014 ** (2.456)	-0.001 (-0.099)	-0.012 (-0.922)	-0.001 (-0.145)	-0.010 (-1.463)
Soe	0.013 *** (3.287)	0.005 ** (2.115)	0.009 *** (3.919)	0.012 *** (2.787)	0.006 *** (2.668)	0.006 *** (2.609)
Bsize	0.011 (1.152)	0.002 (0.491)	0.008 (1.644)	0.003 (0.224)	-0.001 (-0.202)	0.003 (0.500)
Indep	0.047 (1.527)	0.018 (1.044)	0.031 * (1.851)	0.045 (1.220)	0.022 (1.139)	0.023 (1.103)
Both	-0.003 (-1.185)	-0.001 (-0.980)	-0.002 (-1.180)	0.001 (0.155)	0.000 (0.046)	0.000 (0.148)
Constant	-0.039 (-1.189)	-0.012 (-0.696)	-0.031 (-1.572)	-0.092 ** (-2.525)	-0.035 * (-1.867)	-0.058 *** (-2.856)
Ind	控制	控制	控制	控制	控制	控制
Year	控制	控制	控制	控制	控制	控制
观测值	12275	12275	12275	12181	12181	12181
调整 R^2	0.168	0.180	0.135	0.278	0.262	0.258
F 值	18.645	26.888	11.615	40.877	50.186	32.136

注：括号内为 t 值，*** 、** 、* 分别表示在 1% 、5% 、10% 水平上显著，使用异方差稳健标准误，并经公司层面聚类调整。

由表 7 - 5 可知，在政府补助较低组，风险承担（*RiskT*）与整体社会责任（*CSR*）呈显著的负相关关系，显著性水平为 1%；与公共型社会责任（*PCSR*）显著负相关，系数为 - 0.090；与技术型社会责任（*TCSR*）呈正相关，但不具有统计显著性。在政府补助较高组，风险承担（*RiskT*）与整体社会责任（*CSR*）不存在显著关系，与公共型社会责任（*PCSR*）呈显著负相关，但系数减小为 - 0.061，与技术型社会责任（*TCSR*）呈正相关关系，显著性水平为 10%。根据检验结果可知，政府补助削弱了企业风险承担与整体社会责任和公共型社会责任的负向影响，同时激励企业履行更多的技术型社会责任。

五、媒体关注度的治理作用

为检验媒体关注度对风险承担和社会责任关系的调节效应，根据企业受到媒体关注程度的年度行业中位数将样本分为媒体关注度较低组（*Media_low*）和较高组（*Media_high*），再根据模型（7.1）进行分样本回归。检验结果见表 7 - 6 中。由表 7 - 6 可以看出，风险承担（*RiskT*）对整体社会责任（*CSR*）的抑制作用仅存在于媒体关注度较低组，说明媒体高度关注能够削弱二者的负向关系。风险承担（*RiskT*）与公共型社会责任（*PCSR*）的回归系数在媒体关注度较高组为 - 0.057，绝对值低于媒体关注较低组中的系数 - 0.088，反映出媒体关注减轻了风险承担对公共型社会责任产生的负面影响。风险承担（*RiskT*）与技术型社会责任（*TCSR*）的正向关系仅存在于媒体关注较高组，表明较高的媒体关注促使高风险承担企业履行技术型社会责任。总体而言，媒体关注产生了社会责任治理效应，缓和了风险承担与整体社会责任和公共型社会责任的负向关系，激励企业参与技术型社会责任。

表 7 - 6　　　　　　　　　　媒体关注度的治理作用检验

变量	Media_low			Media_high		
	CSR (1)	*PCSR* (2)	*TCSR* (3)	*CSR* (4)	*PCSR* (5)	*TCSR* (6)
RiskT	- 0.073 *** (- 3.673)	- 0.088 *** (- 7.680)	0.016 (1.486)	- 0.026 (- 1.144)	- 0.057 *** (- 4.781)	0.033 ** (2.459)
Size	0.020 *** (12.498)	0.009 *** (10.732)	0.010 *** (11.978)	0.028 *** (17.240)	0.013 *** (15.134)	0.015 *** (16.926)

续表

变量	Media_low			Media_high		
	CSR (1)	PCSR (2)	TCSR (3)	CSR (4)	PCSR (5)	TCSR (6)
Lev	-0.028 *** (-3.497)	-0.013 *** (-2.840)	-0.016 *** (-3.574)	-0.040 *** (-4.055)	-0.020 *** (-4.005)	-0.020 *** (-3.626)
Roe	0.074 *** (6.408)	0.046 *** (6.913)	0.029 *** (4.831)	0.101 *** (7.471)	0.063 *** (8.469)	0.041 *** (5.610)
Growth	-0.000 (-0.199)	0.000 (0.283)	-0.001 (-0.674)	-0.002 (-0.893)	-0.002 (-1.270)	-0.000 (-0.376)
Share	0.014 (1.332)	0.013 ** (2.308)	0.002 (0.283)	-0.012 (-0.919)	-0.000 (-0.005)	-0.012 * (-1.733)
Soe	0.012 *** (3.327)	0.005 ** (2.277)	0.008 *** (3.808)	0.015 *** (3.378)	0.007 *** (3.196)	0.008 *** (3.228)
Bsize	0.005 (0.478)	0.000 (0.068)	0.004 (0.765)	0.010 (0.969)	0.002 (0.278)	0.009 (1.408)
Indep	0.035 (1.124)	0.015 (0.855)	0.020 (1.178)	0.075 ** (2.015)	0.034 * (1.792)	0.042 ** (2.023)
Both	-0.004 * (-1.667)	-0.002 (-1.158)	-0.003 * (-1.851)	0.000 (0.057)	-0.000 (-0.181)	0.000 (0.141)
Constant	-0.041 (-1.303)	-0.013 (-0.795)	-0.029 (-1.586)	-0.090 ** (-2.510)	-0.029 (-1.539)	-0.064 *** (-3.156)
Ind	控制	控制	控制	控制	控制	控制
Year	控制	控制	控制	控制	控制	控制
观测值	13227	13227	13227	11229	11229	11229
调整 R^2	0.177	0.182	0.150	0.276	0.263	0.253
F 值	23.752	33.361	16.287	38.131	45.242	29.266

注：括号内为 t 值，***、**、* 分别表示在1%、5%、10%水平上显著，使用异方差稳健标准误，并经公司层面聚类调整。

六、社会规范的治理作用

为检验社会规范对风险承担和社会责任关系的调节效应，根据社会规范（*Culutre*）的中位数将样本分为受到儒家思想影响程度较低组（*Culutre_low*）和较高组（*Culutre_high*），对前述模型（7.1）进行分组回归，结果列示于表7-7中。

表7-7 社会规范的治理作用检验

变量	Culutre_low			Culutre_high		
	CSR (1)	PCSR (2)	TCSR (3)	CSR (4)	PCSR (5)	TCSR (6)
RiskT	-0.076 *** (-3.559)	-0.090 *** (-7.579)	0.015 (1.293)	-0.025 (-1.113)	-0.056 *** (-4.655)	0.033 *** (2.620)
Size	0.025 *** (15.427)	0.012 *** (13.308)	0.014 *** (15.098)	0.025 *** (13.347)	0.012 *** (11.798)	0.014 *** (12.898)
Lev	-0.039 *** (-3.957)	-0.017 *** (-3.349)	-0.022 *** (-3.970)	-0.026 *** (-2.640)	-0.014 *** (-2.609)	-0.012 ** (-2.323)
Roe	0.085 *** (6.554)	0.056 *** (7.467)	0.031 *** (4.535)	0.099 *** (7.131)	0.058 *** (7.601)	0.045 *** (5.921)
Growth	-0.001 (-0.549)	0.000 (0.211)	-0.001 (-1.258)	0.000 (0.112)	-0.001 (-0.759)	0.001 (0.914)
Share	0.013 (1.019)	0.013 ** (2.058)	-0.000 (-0.001)	-0.013 (-1.024)	-0.002 (-0.313)	-0.012 (-1.591)
Soe	0.008 ** (2.071)	0.003 (1.538)	0.005 ** (2.240)	0.022 *** (4.098)	0.009 *** (3.383)	0.013 *** (4.381)
Bsize	0.012 (1.187)	0.005 (0.927)	0.007 (1.207)	0.006 (0.508)	-0.002 (-0.309)	0.008 (1.176)
Indep	0.092 ** (2.496)	0.048 ** (2.476)	0.045 ** (2.183)	0.031 (0.806)	0.004 (0.194)	0.028 (1.291)
Both	0.001 (0.177)	0.001 (0.567)	-0.001 (-0.263)	-0.003 (-0.897)	-0.002 (-1.074)	-0.001 (-0.675)

续表

变量	Culutre_low			Culutre_high		
	CSR (1)	PCSR (2)	TCSR (3)	CSR (4)	PCSR (5)	TCSR (6)
Constant	−0.100 *** (−3.033)	−0.043 ** (−2.494)	−0.059 *** (−3.056)	−0.054 (−1.185)	−0.008 (−0.350)	−0.050 * (−1.894)
Ind	控制	控制	控制	控制	控制	控制
Year	控制	控制	控制	控制	控制	控制
观测值	12848	12848	12848	11608	11608	11608
调整 R^2	0.230	0.215	0.213	0.235	0.238	0.202
F 值	28.995	34.426	22.428	22.184	34.210	14.568

注：括号内为 t 值，***、**、*分别表示在1%、5%、10%水平上显著，使用异方差稳健标准误，并经公司层面聚类调整。

从表7-7可以看出，风险承担（RiskT）与整体社会责任（CSR）的关系在受儒家思想影响程度较低组中显著为负，而在受儒家思想影响程度较高组中不显著，说明儒家文化的熏陶能够削弱风险承担对整体社会责任的抑制作用。风险承担（RiskT）与技术型社会责任（TCSR）的正向关系仅存在于受儒家思想影响程度较高组，而在受儒家思想影响程度较低组中不具有统计上的显著关系，表明受儒家思想深远影响的企业在承担高风险后会重视员工、供应商和客户的利益，积极承担有益于这部分利益相关者的技术型社会责任。在受儒家思想影响程度较高组中，风险承担（RiskT）与公共型社会责任（PCSR）的回归系数为−0.056，在较低组中的系数为−0.090，反映出儒家思想减轻了风险承担对公共型社会责任的负向影响。总的来看，结果表明在儒家文化影响程度较强的地区，风险承担对整体社会责任和公共型社会责任的抑制作用更微弱，对技术型社会责任的促进作用更明显。儒家思想这一社会规范发挥着社会责任治理效应，受儒家文化的影响，企业承担高风险后会积极履行技术型社会责任，缓和对整体社会责任和公共型社会责任的负面影响。

第四节 本章小结

前述章节研究发现，企业风险承担会引发资源约束和业绩压力，继而导致整体社会责任履行水平降低。从经济后果来看，企业风险承担抑制社会责任履行，进而对企业价值和可持续发展能力产生了负向影响，这一负向影响具有持续性。在前文研究结论的基础上，本章从企业、政府和社会公众三个方面探索缓和企业风险承担与社会责任之间的冲突，促进高风险承担企业参与社会责任的治理机制。

在公司治理层面，企业引入更多的独立董事和压力抵制型机构投资者能够减轻风险承担对整体社会责任和公共型社会责任的负向影响，同时促使企业积极履行技术型社会责任。在政府治理层面，完善的法律环境和政府补助可以削弱风险承担与整体社会责任、公共型社会责任的负相关关系，同时激励企业参与更多的技术型社会责任。在社会公众治理层面，媒体高度关注和儒家思想熏陶促使高风险承担企业增加技术型社会责任投入，缓和风险承担与整体社会责任和公共型社会责任的负向关系。

因此，在社会责任治理中，应充分发挥各方主体力量，建立起企业、政府和社会公众多元主体协同治理体系，促使高风险承担企业提高社会责任表现，实现股东与利益相关者共享共赢、企业与社会共益共生，进而助力共同富裕国家战略目标。

第八章

研究结论、政策建议与未来展望

本章将对前面章节研究得出的结论进行概括总结，然后在此基础上从企业、政府、社会公众三个层面对企业风险承担战略实施和社会责任履行提出政策建议，最后指出本研究存在的局限性与不足之处，并提出对未来研究的展望。

第一节　研究结论

本书考察了企业风险承担对社会责任的影响及其经济后果。主要研究了四个问题：第一，企业风险承担对社会责任履行有何影响，是促进还是抑制？进一步来看，企业承担高风险后会增加或者减少有益于哪些利益相关者的社会责任？第二，企业风险承担影响社会责任履行的作用机制是什么？第三，在不同生命周期，企业风险承担对社会责任的影响有何差异？第四，企业风险承担对社会责任的影响会产生什么样的经济绩效？

第三章对第一个问题进行了研究，通过理论分析提出风险承担对社会责任履行存在促进和抑制两种可能，然后以沪深两市 A 股上市公司为研究样本，对企业风险承担与社会责任的关系进行实证检验，并进一步分析了风险承担对不同类型社会责任的影响。针对第二个研究问题，第四章对资源约束假说和业绩压力假说进行了实证检验，考察了风险承担影响社会责任的作用机制。对于第三个研究问题，第五章基于动态视角，结合生命周期理论和企业行为理论，考察了企业生命周期不同阶段的特征对企业风险承担与社会责任履行关系的影响。对于第四个研究问题，第六章从企业价值和可持续发展能力两个方面，考察了风险承担对社会责任履行的影响产生的经济绩效，检验高风险承担企业的社会责任决策的有效性。简言之，本书研究了企业风险承担对社会责任履行的影响、影响机制以及产生的经济绩效，得到以下几点研究结论：

　　第一，企业风险承担对社会责任履行存在显著的抑制效应。企业风险承担水平越高，社会责任履行水平就越低，风险承担降低了整体社会责任表现。进一步对企业风险承担与不同类型社会责任的影响考察发现，企业承担高风险后减少了公共型社会责任的参与，履行了技术型社会责任。但是对前者的负向影响远高于对后者的正向影响，表明风险承担对整体社会责任履行的抑制效应是由公共型社会责任的减少所驱动的。此外，在创新水平较高和声誉较好的企业中，企业风险承担对整体社会责任和公共型社会责任的负向影响更弱。

　　第二，资源约束和业绩压力是风险承担抑制社会责任履行的两种影响机制。利用冗余资源、融资约束进行中介效应检验，发现风险承担降低了资源冗余程度、加剧了融资约束程度，致使社会责任履行存在资源不足的现实局限性。考察在资源约束程度不同的企业间二者关系的差异，发现风险承担与社会责任的负向关系在年龄小、现金持有量少以及股利支付率低的企业中更显著，佐证了风险承担通过加剧资源约束进而抑制社会责任履行的理论逻辑。利用管理层报告语调和违规行为进行中介效应检验，发现企业风险承担会给管理层带来业绩压力，促使其削减社会责任投资，导致社会责任履行存在动机不足问题。通过考察在业绩压力程度不同企业中二者关系的差异，发现风险承担对社会责任的抑制效应在真实盈余管理多、管理层年龄小和分析师预测偏差大的企业中更显著，佐证了风险承担通过加大管理层业绩压力进而抑制社会责任履行的理论逻辑。

　　第三，在不同生命周期阶段，企业风险承担与社会责任的关系存在显著差异。在成长阶段，企业风险承担与社会责任履行之间的负向关系更为强烈；在成熟阶段，企业风险承担对社会责任履行不存在显著的抑制效应，二者间负相关关系被削弱；在衰退阶段，企业风险承担对社会责任履行的抑制效应更加强烈，即二者间负向关系更为显著。

　　第四，企业风险承担抑制社会责任履行，进而对企业价值和可持续发展能力产生了负向影响，且这一负向影响具有持续性。对高风险承担企业而言，减少社会责任履行放弃的潜在收益大于节约的成本，降低社会责任履行是不经济的。虽然风险承担对技术型社会责任的促进作用增加了经济绩效，但减少公共型社会责任参与对经济绩效产生了较大的负向影响。总体而言，高风险承担企业作出的社会责任决策有损经济绩效，不利于实现风险承担战略目标和企业可持续发展。

　　第五，从企业、政府和社会公众三个方面探索了促进高风险承担企业履行社会责任的治理机制。研究发现，企业引入独立董事和压力抵制型机构投资者、政府完善法律环境和给予财政补助、社会媒体高度关注以及儒家思想熏陶能够有效减轻风险承担对整体社会责任和公共型社会责任的不利影响，同时激励企业参与更多的技术型社会责任。结果表明，建立企业、政府和社会公众三元主体协同治理体系，可以促使企业承担高风险后增强社会责任表现。

第二节 政策建议

基于上述研究结论，并结合我国的制度背景，接下来，本节将从企业、政府以及社会公众三个层面提出几点政策建议。

一、企业层面

第一，企业应重视并解决风险承担引发的资源约束和业绩压力问题，促使风险承担战略取得成功。理论而言，企业承担高风险预期能够获得更高的收益。但不同于资本市场证券投资，企业从风险承担到绩效实现的过程具有动态性和复杂性。企业承担高风险会增加债权人、投资者、供应商等资金提供者的损失担忧，导致融资困境，这会阻碍风险项目的顺利推进。风险承担还会导致管理层承受较大的短期业绩压力，这可能会诱发其机会主义行为，从而有悖于风险承担战略的长期目标。因此，企业承担高风险后要充分认识到资金提供者的风险偏好冲突，探索可行机制与利益相关者形成风险激励相容的契约关系，促使其为风险性项目提供持续的资源支持。高风险承担企业也要注重对管理层的激励，提高风险补偿或者容忍短期经营失败以减轻管理层的业绩压力，促使管理层始终秉持长期导向推进风险承担战略。

第二，企业应将社会责任纳入风险承担战略的实施框架，通过积极履行社会责任助力企业实现"险中求胜"。由于风险承担会导致资源约束和业绩压力，对于高风险承担企业来说，履行企业社会责任确实是一种现实的挑战，但同时也是一个促进企业将预期的高收益转化为现实的高绩效的机会。因为履行社会责任能够建立并维系良好的利益相关者关系，缓解风险承担引发的各利益相关方风险偏好冲突，激励其投入各自的比较优势资源，有助于企业增强获利能力并抵御下方风险。本书的研究结论表明，企业承担高风险后降低社会责任履行水平有损企业价值和可持续发展能力。因此，企业在承担风险的过程中应平衡好经济利润追逐与社会责任履行之间、股东与利益相关者之间的矛盾冲突。通过积极履行社会责任创造更多的社会价值，进而实现可持续的经济价值，最终形成社会价值创造与经济价值创造二者的良性循环。

第三，企业承担高风险后应优化社会责任履行方式。本书研究发现，风险承担会导致企业在履行不同类型的社会责任时采取不同的行为方式，表现出选择性参与的特点。而且，高风险承担企业的这种策略性社会责任履行行为有损企业价值并削弱了可持续发展能力。显然，只关注某些利益相关者的利益不是共同富裕的内涵。因此，企业应在利益相关者共赢的基础上开展价值创造，确保企业风险承担行为对所有的利益相关方都能够达成帕累托改进，实现股东和利益相关者之间以及各个利益相关者之间的正和博弈。为此，企业应探索更有效的社会责任履行方式，设计多方多赢的长效机制，优化社会责任投资，助力共同富裕战略目标。

第四，企业承担高风险后应完善公司治理机制，缓解社会责任履行不足和选择性参与问题。本书研究发现，独立董事和压力抵制型机构投资者能够削弱风险承担对整体社会责任和公共型社会责任的不利影响，激励企业履行技术型社会责任，具有社会责任治理效应。因此，在社会责任治理体系中，企业应充分发挥主体责任，探索有效的公司治理机制，促使企业在承担高风险创造股东财富的同时兼顾其他利益相关者的利益。例如，增加独立董事、引入更多具有长期视野的压力抵制型机构投资者、提高内部控制质量、完善信息披露以提高企业能见度、聘请审计师等市场中介组织为社会责任报告提供鉴证等。

二、政府层面

首先，政府部门应完善企业社会责任相关的法律法规，引导和监督企业承担社会责任。企业并不天然地愿意履行社会责任，社会责任缺失是市场失灵的表现之一，需要发挥政府这只"看得见的手"在社会责任治理中的主导作用。完善的法律体系是政府推动企业开展社会责任实践的一条"国际经验"，本书研究表明，良好的地区法律环境能够促进企业提高社会责任表现。因此，政府可以通过完善相关法律法规，为企业建立标准的社会责任实践框架。一方面，加快健全社会责任法律体系。企业社会责任存在底线，这是企业的必尽责任，应在法律法规中作出原则性的规定。我国出台了一系列法律法规，对企业履行员工责任、环境责任等作了详尽要求。但是，法律建设仍落后于企业社会责任实践，有待进一步健全完善。另一方面，加强执法效力和司法公正。对于违反环境保护、安全生产、产品质量等方面规定的企业，应严惩不贷，并建立社会责任黑名单制度。

其次，政府部门应优化财政补贴用途，激励企业履行社会责任。本书研究发现，企业获得更多的政府补助，风险承担引发的资源约束和业绩压力将得到有效缓解，从而强化企业履行社会责任的内在动力。因此，政府部门应完善和优化财政补助政策。对技术开发、设备购置、技改专项等风险性项目给予补助，充分发挥政府补贴的"资源效应"和"认证效应"，为企业分担风险。与此同时，通过调整增加高风险承担企业的社保就业、安全生产奖励费、产品质量安全检测经费、节能环保拨款等社会责任相关的补助，提高企业参与社会责任的能力和积极性。

三、社会公众层面

第一，投资者应秉持责任投资、价值投资和长期投资的理念，将企业社会责任表现纳入投资决策中。作为企业潜在的股东，投资者对企业的评价会通过资本市场作用于企业行为。投资者要密切关注社会、环境、生态等可持续发展相关议题，在投资实践中看重企业内在价值和长期发展能力，从事负责任的投资。对于企业践行员工关爱、环境保护、能源节约等社会责任议题以增强可持续发展能力的行为，投资者应给予积极的评价，促使企业的社会责任努力得到资本市场的认可。反之，对于压榨员工、污染环境、生态破坏等不负责任的企业行为，投资者可以通过股东行动加以制约，使社会责任缺失的企业受到资本市场的"惩罚"。

第二，作为信息传播媒介和舆论引导者，新闻媒体应充分发挥对企业社会责任的监督作用。通过大力宣扬在脱贫攻坚、生态保护、绿色创新等社会责任方面表现突出的企业，帮助企业建立良好声誉和树立积极形象，让企业在践行社会责任的同时收获广泛的认可和好感，从而推动更多的企业成为社会责任的倡导者。与此同时，对于环境污染、资源浪费、产品质量等对社会不负责任的企业行为，媒体应客观公正并持续跟踪报道，强化舆论监督效应，促使企业及时改正不负责任的行为。在互联网高速发展的时代，媒体更要具有使命感和责任感，用媒体力量推动企业社会责任的发展进步。

第三，在社会中形成正确的伦理价值标准和行为评价原则，营造良好的道德环境和浓厚的履责氛围。社会公认的价值导向和处于主流的意识形态会影响企业管理者的经营理念，进而作用于企业行为决策。本书研究表明，受儒家文化影响的企业承担高风险后会积极履行技术型社会责任，对整体和公共型社会责任的负面影响也有所缓解。由于责任感是一种高级的社会情感，往往具有情境性和感染性。因此，社会公众应树立正确的伦理观念，为企业履行社会责任营造良好的社会环境，引导企业遵守伦理道德、规范经营行为，进而促使企业将承担社会责任内化于心、外化于行。

第三节 研究局限与未来展望

一、研究局限

本书综合运用利益相关者理论、资源基础理论、信号传递理论等经济学理论对企业风险承担与社会责任履行的关系以及由此产生的经济绩效后果等进行理论分析和实证检验，得到富有价值的研究结论。然而，尽管本书进行了严谨的理论推演和扎实的实证检验，但囿于时间、能力、数据可得性等限制，依然存在以下局限性。

第一，在企业社会责任指标的衡量方面，借鉴主流文献的做法，采用和讯网企业社会责任评分进行衡量。虽然和讯网发布的社会责任评分设立了多项指标对企业社会责任履行情况进行了较为全面系统的评价，并且在现有研究中得到较为广泛的应用。但由于测评数据来源于企业发布的社会责任报告或年度财务报告，评分可靠性很大程度上依赖于企业社会责任信息披露的准确性和规范性，也无法观测企业未披露的社会责任行为，对社会责任的刻画存在一定偏差。

第二，在企业风险承担的度量上，参考现有研究的常规做法，通过决策结果反观事前的风险选择，以公司业绩的波动性程度测度企业风险承担水平，并且采用不同的业绩指标和观测期间进行补充检验。虽然该种方法体现了风险的不确定性本质和风险承担战略的整体性，避免了具体风险承担行为的片面性，但仍存在着较多噪声，一是公司业绩容易被管理层操纵，并受客观因素的影响，二是结果指标对战略的前瞻性反映不足。因此，在企业风险承担的衡量上存在不足。

第三，在稳健性检验和内生性问题处理方面，仍有待补充完善。采用工具变量法、倾向得分匹配法、Heckman 两阶段、差分模型等方法解决内生性问题，并且通过更换风险承担和社会责任的衡量指标以及分位数回归等方式进行稳健性检验。而且理论分析中指出风险承担是一项战略决策，决定着企业各种行为活动。尽管如此，上述方法仍无法消除内生性问题对研究结论的干扰。本书模型设计有诸多影响风险承担、社会责任、企业经济绩效的因素尚未包含在内，上述稳健性检验方法相对单一，难以完全解决模型存在的缺陷，在未来研究中应尽可能补充完善。

二、未来展望

受限于时间和能力，本书对于研究主题所涉及的相关问题未能进行全面深入探讨，未来还可以从以下几个方面做进一步的研究。

第一，未来可挖掘导致企业社会责任履行出现选择性参与的原因。企业社会责任是多维度的，不同维度的社会责任体现了不同利益相关者的需求，以及企业对利益相关者诉求的差异性回应。在实践中，常常出现"好人做坏事"或者"坏人做好事"的现象，反映出企业在不同维度社会责任上采取了差异化的行为，在侵害某些利益相关者利益的同时又顾及另一些利益相关者的关切。但现有文献对于这一现象产生的原因缺乏足够的关注，值得我们进一步深入研究。

第二，未来可对风险承担战略如何影响企业其他经营决策进行拓展研究。作为一项重要的战略决策，风险承担关乎企业发展全局，影响深远且广泛，决定着企业具体行动策略，根植于企业日常的生产经营管理活动中。在后续的研究中，可进一步考察风险承担产生的资源约束和业绩压力对企业盈余管理、杠杆操纵、信息披露、劳动力投资等决策的影响，从而拓展企业风险承担的经济后果研究。

第三，考察具体的风险承担行为对企业社会责任的影响将会是未来的一个研究方向。企业选择不同的风险承担方式对社会责任的需求存在显著差异。例如，企业实施并购可能对标的公司的员工需要履行更多责任以吸引和激励其增加人力资本投入，市场开拓可能需要更为关注顾客的利益诉求以提高其满意度并增加购买力。因此，探究不同的风险承担行为是否以及如何影响企业社会责任表现也许能得到有价值的研究结论。

第四，考虑行业的异质性对企业风险承担和社会责任履行之间关系的影响。在现实情况中，行业特征对践行社会责任具有显著影响，比如污染性行业对环境保护责任有强制性规定。本书只是通过控制行业固定效应的方式排除行业因素的干扰，未来研究可以考虑分行业探讨以提供更细粒度的经验证据。

参 考 文 献

[1] 鲍树琛. 二代继任者社会资本与企业风险承担水平——基于家族企业代际传承实施期的分析 [J]. 首都经济贸易大学学报, 2021, 23 (6): 83-95.

[2] 毕晓方, 翟淑萍, 姜宝强. 政府补贴、财务冗余对高新技术企业双元创新的影响 [J]. 会计研究, 2017 (1): 46-52.

[3] 曾永艺, 杨世杰, 卢冰. "鲍曼悖论"及其理论解释——来自我国上市公司的经验证据 [J]. 南开管理评论, 2011, 14 (5): 91-98.

[4] 陈宏辉, 贾生华. 企业利益相关者三维分类的实证分析 [J]. 经济研究, 2004 (4): 80-90.

[5] 陈迅, 韩亚琴. 企业社会责任分级模型及其应用 [J]. 中国工业经济, 2005 (9): 99-105.

[6] 陈瑞, 郑毓煌, 刘文静. 中介效应分析: 原理、程序、Bootstrap 方法及其应用 [J]. 营销科学学报, 2013, 9 (4): 120-135.

[7] 陈峻, 郑惠琼. 融资约束、客户议价能力与企业社会责任 [J]. 会计研究, 2020 (8): 50-63.

[8] 陈明, 熊先承. 国有股权与民营企业战略风险承担——基于"能力"与"意愿"的双重视角 [J]. 当代财经, 2021 (7): 90-102.

[9] 陈帅, 陈燊. 外资进入对本土企业风险承担的影响: 资本逐利还是风险规避 [J]. 南京审计大学学报, 2021, 18 (5): 82-91.

[10] 陈文强, 谢乔昕, 王会娟, 等. 行权业绩考核与企业研发投资: "治理"还是"压力"? ——来自中国上市高科技企业的经验证据 [J]. 经济管理, 2021, 43 (11): 137-155.

[11] 陈晓珊. 政府补助与民营企业社会责任 [J]. 财贸研究, 2021, 32 (1): 83-95.

[12] 程晨, 李宛蓉, 袁媛. 家族企业的文化传承: 起源对社会责任履行的影响研究 [J]. 管理评论, 2022, 34 (11): 233-245.

[13] 戴亦一, 潘越, 冯舒. 中国企业的慈善捐赠是一种"政治献金"

吗？——来自市委书记更替的证据 [J]. 经济研究, 2014, 49 (2): 74-86.

[14] 董保宝. 风险需要平衡吗: 新企业风险承担与绩效倒 "U" 形关系及创业能力的中介作用 [J]. 管理世界, 2014 (1): 120-131.

[15] 董小红, 周雅茹, 曾琦. 企业金融化、内部控制与可持续发展能力 [J]. 科学决策, 2022 (1): 32-50.

[16] 杜善重, 马连福. 连锁股东对企业风险承担的影响研究 [J]. 管理学报, 2022, 19 (1): 27-35.

[17] 冯丽艳, 肖翔, 程小可. 社会责任对企业风险的影响效应——基于我国经济环境的分析 [J]. 南开管理评论, 2016, 19 (6): 141-154.

[18] 冯晓晴, 文雯, 靳毓. 多个大股东与企业社会责任 [J]. 财经论丛, 2020 (10): 64-74.

[19] 淦未宇, 徐细雄, 刘曼. 儒家传统与员工雇佣保障: 文化的力量 [J]. 上海财经大学学报, 2020, 22 (1): 66-84.

[20] 顾小龙, 施燕平, 辛宇. 风险承担与公司债券融资成本: 基于信用评级的策略调整视角 [J]. 财经研究, 2017, 43 (10): 134-145.

[21] 郭瑾, 刘志远, 彭涛. 银行贷款对企业风险承担的影响: 推动还是抑制? [J]. 会计研究, 2017 (2): 42-48.

[22] 郭蓉, 文巧甜. 双重业绩反馈、内外部治理机制与战略风险承担 [J]. 经济管理, 2019, 41 (8): 91-112.

[23] 管考磊, 张蕊. 企业声誉与盈余管理: 有效契约观还是寻租观 [J]. 会计研究, 2019 (1): 59-64.

[24] 高磊, 晓芳, 王彦东. 多个大股东、风险承担与企业价值 [J]. 南开管理评论, 2020, 23 (5): 124-133.

[25] 顾雷雷, 彭杨. 慈善捐赠对企业绩效的影响——企业生命周期的调节作用 [J]. 管理评论, 2022, 34 (3): 243-254.

[26] 胡望斌, 张玉利. 新企业创业导向转化为绩效的新企业能力: 理论模型与中国实证研究 [J]. 南开管理评论, 2011, 14 (1): 83-95.

[27] 贺小刚, 邓浩, 吴诗雨, 等. 赶超压力与公司的败德行为——来自中国上市公司的数据分析 [J]. 管理世界, 2015 (9): 104-124.

[28] 黄宏斌, 翟淑萍, 陈静楠. 企业生命周期、融资方式与融资约束——基于投资者情绪调节效应的研究 [J]. 金融研究, 2016 (7): 96-112.

[29] 侯巧铭, 宋力, 蒋亚朋. 管理者行为、企业生命周期与非效率投资 [J]. 会计研究, 2017 (3): 61-67.

[30] 贺小刚，朱丽娜，杨婵，等．经营困境下的企业变革："穷则思变"假说检验 [J]．中国工业经济，2017 (1)：135 - 154.

[31] 胡国柳，胡珺．董事高管责任保险与企业风险承担：理论路径与经验证据 [J]．会计研究，2017 (5)：40 - 46.

[32] 何瑛，于文蕾，杨棉之．CEO 复合型职业经历，企业风险承担与企业价值 [J]．中国工业经济，2019 (9)：155 - 173.

[33] 花拥军，王冰，李庆．企业社会责任、经济政策不确定性与融资约束——基于社会责任"累积—保险"效应的研究视角 [J]．南方经济，2020 (11)：116 - 131.

[34] 黄世忠．支撑 ESG 的三大理论支柱 [J]．财会月刊，2021 (19)：3 - 10.

[35] 黄世忠．ESG 视角下价值创造的三大变革 [J]．财务研究，2021 (6)：3 - 14.

[36] 洪金明，林润雨，崔志坤．企业风险承担水平、审计投入与审计意见 [J]．审计研究，2021 (3)：96 - 105.

[37] 何康，项后军，方显仓．参与精准扶贫有助于企业获得政府补助吗——基于高管经历视角 [J]．财经论丛，2022 (3)：15 - 25.

[38] 黄庆成，闻岳春，陈秋昊．经济政策不确定性对企业真实盈余管理的影响 [J]．证券市场导报，2022 (5)：69 - 79.

[39] 贾生华，陈宏辉．利益相关者的界定方法述评 [J]．外国经济与管理，2002 (5)：13 - 18.

[40] 贾兴平，刘益．外部环境、内部资源与企业社会责任 [J]．南开管理评论，2014，17 (6)：13 - 18.

[41] 蒋德权，蓝梦．企业社会责任与产品市场表现 [J]．财经研究，2022，48 (2)：109 - 122.

[42] 李业．企业生命周期的修正模型及思考 [J]．南方经济，2000 (2)：47 - 50.

[43] 李心合．面向可持续发展的利益相关者管理 [J]．当代财经，2001 (1)：66 - 70.

[44] 李伟阳，肖红军．企业社会责任的逻辑 [J]．中国工业经济，2011 (10)：87 - 97.

[45] 李彬，谷慧敏，高伟．制度压力如何影响企业社会责任：基于旅游企业的实证研究 [J]．南开管理评论，2011，14 (6)：67 - 75.

［46］李云鹤，李湛，唐松莲.企业生命周期、公司治理与公司资本配置效率［J］.南开管理评论，2011，14（3）：110－121.

［47］李四海，李晓龙，宋献中.产权性质、市场竞争与企业社会责任行为——基于政治寻租视角的分析［J］.中国人口·资源与环境，2015，25（1）：162－169.

［48］李四海，陈旋，宋献中.穷人的慷慨：一个战略性动机的研究［J］.管理世界，2016（5）：116－127.

［49］罗津，贾兴平.企业社会责任行为与技术创新关系研究——基于社会资本理论［J］.研究与发展管理，2017，29（4）：104－114.

［50］刘宝华，王雷.业绩型股权激励、行权限制与企业创新［J］.南开管理评论，2018，21（1）：17－27.

［51］李百兴，王博，卿小权.企业社会责任履行、媒体监督与财务绩效研究——基于A股重污染行业的经验数据［J］.会计研究，2018（7）：64－71.

［52］李井林，阳镇.董事会性别多元化、企业社会责任与企业技术创新——基于中国上市公司的实证研究［J］.科学学与科学技术管理，2019，40（5）：34－51.

［53］刘志远，高佳旭.终极控制人、金字塔结构与企业风险承担［J］.管理科学，2019，32（6）：149－163.

［54］刘诗源，林志帆，冷志鹏.税收激励提高企业创新水平了吗？——基于企业生命周期理论的检验［J］.经济研究，2020，55（6）：105－121.

［55］刘巍，何威风.最低工资影响企业风险承担吗？［J］.管理评论，2020，32（11）：196－207.

［56］吕文栋，林琳，赵杨.名人CEO与企业战略风险承担［J］.中国软科学，2020（1）：112－127.

［57］李心斐，程宝栋，许恒，等.高管"海归"背景有助于企业社会责任履行吗？——基于A股上市公司的经验数据［J］.经济管理，2020，42（11）：56－72.

［58］李征仁，王砚羽，石文华.亡羊补牢：负面记录对企业社会责任的影响及绩效分析［J］.管理评论，2020，32（9）：239－250.

［59］郎香香，尤丹丹.管理者从军经历与企业研发投入［J］.科研管理，2021，42（6）：166－175.

［60］刘志远，官小燕.风险承担与企业绩效："险中求胜"的财务逻辑［J］.财会月刊，2021（22）：12－20.

［61］李宾，彭牧泽，杨济华，等．雾霾降低了企业投资者信心吗——基于Ohlson模型的检验［J］．会计研究，2021（10）：97－107．

［62］骆紫薇，吕林祥，黄晓霞，等．积善能否成德？——公共性企业社会责任对消费者感知道德资本的影响［J］．管理评论，2022，34（5）：136－145．

［63］毛其淋，许家云．政府补贴、异质性与企业风险承担［J］．经济学（季刊），2016，15（4）：1533－1562．

［64］马德功，雷淳，贺康．企业声誉与税收规避：抑制还是促进［J］．财经科学，2019（9）：73－85．

［65］孟庆斌，侯粲然．社会责任履行与企业金融化——信息监督还是声誉保险［J］．经济学动态，2020（2）：45－58．

［66］潘爱玲，王慧，邱金龙．儒家文化与重污染企业绿色并购［J］．会计研究，2021（5）：133－147．

［67］权小锋，吴世农，尹洪英．企业社会责任与股价崩盘风险："价值利器"或"自利工具"？［J］．经济研究，2015，50（11）：49－64．

［68］苏坤．管理层股权激励，风险承担与资本配置效率［J］．管理科学，2015，28（3）：14－25．

［69］盛明泉，车鑫．基于战略管理视角的公司风险承担与资本结构动态调整研究［J］．管理学报，2016，13（11）：1635－1640．

［70］宋岩，滕萍萍，秦昌才．企业社会责任与盈余管理——基于中国沪深股市A股制造业上市公司的实证研究［J］．中国管理科学，2017，25（5）：187－196．

［71］斯丽娟，曹昊煜．绿色信贷政策能够改善企业环境社会责任吗——基于外部约束和内部关注的视角［J］．中国工业经济，2022（4）：137－155．

［72］孙泽宇，齐保垒．社会信任、法律环境与企业社会责任绩效［J］．北京工商大学学报（社会科学版），2022，37（1）：77－87．

［73］田虹，姜雨峰．企业社会责任履行的动力机制研究［J］．审计与经济研究，2014，29（6）：65－74．

［74］田高良，封华，于忠泊．资本市场中媒体的公司治理角色研究［J］．会计研究，2016（6）：21－29．

［75］唐亮，林钟高，郑军，等．非正式制度压力下的企业社会责任抉择研究——来自中国上市公司的经验证据［J］．中国软科学，2018（12）：165－177．

［76］田高良，封华，张亭．风险承担、信息不透明与股价同步性［J］．系统工程理论与实践，2019，39（3）：578－595．

[77] 田高良，封华，赵晶，等．险中求胜还是只轮不返：风险承担对股价崩盘的影响 [J]．管理科学，2020，33（2）：127－143.

[78] 温忠麟，张雷，侯杰泰，等．中介效应检验程序及其应用 [J]．心理学报，2004，36（5）：614－620.

[79] 温忠麟，叶宝娟．中介效应分析：方法和模型发展 [J]．心理科学进展，2014，22（5）：731－745.

[80] 温素彬，方苑．企业社会责任与财务绩效关系的实证研究——利益相关者视角的面板数据分析 [J]．中国工业经济，2008（10）：150－160.

[81] 王振山，石大林．机构投资者、财务弹性与公司风险承担——基于动态面板 System GMM 模型的实证研究 [J]．中央财经大学学报，2014（9）：64－72.

[82] 王竹泉，王贞洁，李静．经营风险与营运资金融资决策 [J]．会计研究，2017（5）：60－67.

[83] 王化成，张修平，侯粲然，等．企业战略差异与权益资本成本——基于经营风险和信息不对称的中介效应研究 [J]．中国软科学，2017（9）：99－113.

[84] 王建玲，李玥婷，吴璇．企业社会责任与风险承担：基于资源依赖理论视角 [J]．预测，2019，38（3）：45－51.

[85] 王元芳，徐业坤．保守还是激进：管理者从军经历对公司风险承担的影响 [J]．外国经济与管理，2019，41（9）：17－30.

[86] 王美英，陈宋生，曾昌礼，等．混合所有制背景下多个大股东与风险承担研究 [J]．会计研究，2020（2）：117－132.

[87] 王爱群，刘耀娜．企业战略差异影响社会责任的履行水平吗？[J]．南京审计大学学报，2021，18（1）：36－47.

[88] 王海芳，王鑫怡，张笑愚，等．超额商誉、企业风险承担与全要素生产率 [J]．宏观经济研究，2022（4）：159－175.

[89] 王双进，田原，党莉莉．工业企业 ESG 责任履行、竞争战略与财务绩效 [J]．会计研究，2022（3）：77－92.

[90] 肖金利，潘越，戴亦一．"保守"的婚姻：夫妻共同持股与公司风险承担 [J]．经济研究，2018，53（5）：190－204.

[91] 熊凌云，蒋尧明，连立帅，等．控股股东杠杆增持与企业现金持有 [J]．中国工业经济，2020（8）：137－155.

[92] 肖振红，李炎，范君荻．空气污染对区域创新能力的影响——基于人

力资源流动的中介作用与市场化水平的调节作用 [J]. 系统管理学报，2021，30 (5)：994 - 1004.

[93] 谢东明，王平. 减税激励、独立董事规模与重污染企业环保投资 [J]. 会计研究，2021 (8)：137 - 152.

[94] 谢明磊，刘德胜. 发展型绩效考核与科技型中小企业开放式创新——一个有调节的中介效应模型 [J]. 管理评论，2021，33 (2)：142 - 152.

[95] 余明桂，李文贵，潘红波. 管理者过度自信与企业风险承担 [J]. 金融研究，2013 (1)：149 - 163.

[96] 伊志宏，申丹琳，江轩宇. 分析师乐观偏差对企业创新的影响研究 [J]. 管理学报，2018，15 (3)：382 - 391.

[97] 杨旭东，彭晨宸，姚爱琳. 管理层能力、内部控制与企业可持续发展 [J]. 审计研究，2018 (3)：121 - 128.

[98] 阳镇，李井林. 创新工具还是粉饰工具？——业绩下滑与企业社会责任的再检验 [J]. 科学学研究，2020，38 (4)：734 - 746.

[99] 阳镇，凌鸿程，陈劲. 社会信任有助于企业履行社会责任吗？[J]. 科研管理，2021，42 (5)：143 - 152.

[100] 叶德珠，黄允爵，李小林. 董事会多元化与公司风险承担 [J]. 金融学季刊，2021，15 (2)：73 - 115.

[101] 于茂荐. 供应链创新、研发组织结构与企业创新绩效 [J]. 科学学研究，2021，39 (2)：375 - 384.

[102] 阳镇，陈劲. 迈向共同富裕：企业社会责任的底层逻辑与创新方向 [J]. 清华管理评论，2022 (Z1)：68 - 76.

[103] 张敏，童丽静，许浩然. 社会网络与企业风险承担 [J]. 管理世界，2015 (11)：161 - 175.

[104] 周泽将，马静，胡刘芬. 高管薪酬激励体系设计中的风险补偿效应研究 [J]. 中国工业经济，2018 (12)：152 - 169.

[105] 朱鹏飞，张丹妮，周泽将. 企业风险承担会导致审计溢价吗？——基于产权性质和费用粘性视角的拓展性分析 [J]. 中南财经政法大学学报，2018 (6)：72 - 80.

[106] 朱焱，王玉丹. 卖空机制与企业社会责任承担——基于中国融资融券制度的准自然实验研究 [J]. 会计研究，2019 (12)：58 - 64.

[107] 张宏，罗兰英. 竞争战略与社会责任对企业市场绩效的协同效应研究 [J]. 管理学报，2021，18 (8)：1204 - 1211.

[108] 张劲松, 李沐瑶. 企业社会责任, 内部控制与财务绩效关系研究——基于技术创新视角 [J]. 预测, 2021, 40 (4): 81-87.

[109] 张琳, 席酉民, 杨敏. 资源基础理论60年: 国外研究脉络与热点演变 [J]. 经济管理, 2021, 43 (9): 189-208.

[110] 张焰朝, 孙光国. 企业风险承担与分析师盈余预测准确性 [J]. 经济经纬, 2021, 38 (2): 112-121.

[111] 张勇. 独立董事关系网络位置与企业商业信用融资——基于程度中心度和结构洞视角 [J]. 中南财经政法大学学报, 2021 (2): 40-52.

[112] 朱焱, 杨青. 企业社会责任活动对负面事件应对策略有效性的跨情境调节效应研究 [J]. 会计研究, 2021 (2): 120-132.

[113] 张丹妮, 刘春林, 刘夏怡. 期望绩效反馈与企业风险决策关系研究——企业行为理论与代理理论的整合视角 [J]. 研究与发展管理, 2022, 34 (1): 133-145.

[114] 张多蕾, 许少山, 薛菲, 等. 战略激进度与企业社会责任履行——基于资源获取的视角 [J]. 中国软科学, 2022 (6): 111-123.

[115] 张璐, 王岩, 苏敬勤, 等. 资源基础理论: 发展脉络、知识框架与展望 [J/OL]. 南开管理评论, 1-22 [2023-01-31]. http://kns.cnki.net/kcms/detail/12.1288.f.20210928.0209.002.html.

[116] 张强忠, 何新月, 张攀, 等. 国有企业社会责任履行的动力机制研究 [J]. 管理案例研究与评论, 2022, 15 (2): 172-183.

[117] 张英明, 徐晨. 经营期望落差、内外部监督与MD&A文本信息披露特征 [J]. 财会通讯, 2022 (8): 70-75.

[118] Ansoff H I. Corporate strategy: An analytic approach to business policy for growth and expansion [M]. McGraw-Hill Companies, 1965.

[119] Anthony J H, Ramesh, K. Association between accounting performance measures and stock prices: A Test of the Life Cycle Hypothesis [J]. Journal of Accounting & Economics, 1992, 15 (2-3): 203-227.

[120] Amit R, Schoemaker P J H. Strategic assets and organizational rent [J]. Strategic Management Journal, 1993, 14 (1): 33-46.

[121] Acemoglu D, Zilibotti F. Was Prometheus unbound by chance? Risk, diversification, and growth [J]. Journal of Political Economy, 1997, 105 (4): 709-751.

[122] Acharya V V, Amihud Y, Litov L. Creditorrights and corporate risk-taking

[J]. Journal of Financial Economics, 2011, 102 (1): 150 – 166.

[123] Acemoglu D, Ozdaglar A, Tahbaz – Salehi A. Systemic risk and stability in financial networks [J]. American Economic Review, 2015, 105 (2): 564 – 608.

[124] Aabo T, Hoejland F, Pedersen J. Do narcissistic CEOs rock the boat? [J]. Review of Behavioral Finance, 2020, 13 (2): 141 – 164.

[125] Bhattacharya S. An exploration of nondissipative dividend-signaling structures [J]. Journal of Financial and Quantitative Analysis, 1979, 14 (4): 667 – 668.

[126] Bowman E H. A risk/return paradox for strategic management [J]. Sloan Management Review, 1980, 21 (3): 17 – 31.

[127] Baird I S, Thomas H. Toward a contingency model of strategic risk taking [J]. The Academy of Management Review, 1985, 10 (2): 230 – 243.

[128] Brickley J A, Lease R C, Smith Jr C W. Ownership structure and voting on antitakeover amendments [J]. Journal of Financial Economics, 1988 (20): 267 – 291.

[129] Bromiley P. Testing a causal model of corporate risk taking and performance [J]. Academy of Management Journal, 1991, 34 (1): 37 – 59.

[130] Barney J. Firm resources and sustained competitive advantage [J]. Journal of Management, 1991, 17 (1): 99 – 120.

[131] Baker T, Nelson R E. Creating something from nothing: Resource construction through entrepreneurial bricolage [J]. Administrative Science Quarterly, 2005, 50 (3): 329 – 366.

[132] Brammer S, Brooks C, Pavelin S. Corporate social performance and stock returns: UK evidence from disaggregate measures [J]. Financial Management, 2006, 35 (3): 97 – 116.

[133] Barnett M L, Jermier J M, Lafferty B A. Corporate reputation: The definitional landscape [J]. Corporate Reputation Review, 2006 (9): 26 – 38.

[134] Barnett M L, Salomon R M. Does it pay to be really good? Addressing the shape of the relationship between social and financial performance [J]. Strategic Management Journal, 2012, 33 (11): 1304 – 1320.

[135] Boubakri N, Cosset J C, Saffar W. The role of state and foreign owners in corporate risk-taking: Evidence from privatization [J]. Journal of Financial Economics, 2013, 108 (3): 641 – 658.

[136] Bernile G, Bhagwat V, Rau P R. What doesn't kill you will only make you more risk-loving: Early-life disasters and CEO behavior [J]. The Journal of Finance, 2017, 72 (1): 167 – 206.

[137] Bouslah K, Liñares – Zegarra J, M'Zali B, et al. CEO risk-taking incentives and socially irresponsible activities [J]. The British Accounting Review, 2018, 50 (1): 76 – 92.

[138] Bouslah K, Kryzanowski L, M'Zali B. Social performance and firm risk: Impact of the financial crisis [J]. Journal of Business Ethics, 2018, 149 (3): 643 – 669.

[139] Billings B K, Moon Jr J R, Morton R M, et al. Can employee stock options contribute to less risk-taking? [J]. Contemporary Accounting Research, 2020, 37 (3): 1658 – 1686.

[140] Bardos K S, Ertugrul M, Gao L S. Corporate social responsibility, product market perception, and firm value [J]. Journal of Corporate Finance, 2020 (62): 101588.

[141] Beji R, Yousfi O, Loukil N, et al. Board diversity and corporate social responsibility: Empirical evidence from France [J]. Journal of Business Ethics, 2021, 173 (1): 133 – 155.

[142] Banker R D, Ma X, Pomare C, et al. When doing good for society is good for shareholders: Importance of alignment between strategy and CSR performance [J]. Review of Accounting Studies, 2022 (7): 1 – 33.

[143] Conrad G, Plotkin I. Risk/return: U. S. industry pattern [J]. Harvard Business Review, 1968, 46 (2): 90 – 99.

[144] Carroll A B. A three-dimensional conceptual model of corporate performance [J]. Academy of Management Review, 1979, 4 (4): 497 – 505.

[145] Cornell B, Shapiro A C. Corporate stakeholders and corporate finance [J]. Financial Management, 1987 (6): 5 – 14.

[146] Cool K, Dierickx I, Jemison D. Business strategy, market structure and risk-return relationships: A structural approach [J]. Strategic Management Journal, 1989, 10 (6): 507 – 522.

[147] Carroll A B. The pyramid of corporate social responsibility: Toward the moral management of organizational stakeholders [J]. Business Horizons, 1991, 34 (4): 39 – 48.

[148] Charkham J. Corporate governance: Lesson from abroad [J]. European Business Journal, 1992, 4 (2): 8 – 16.

[149] Clarkson M E. A stakeholder framework for analyzing and evaluating corporate social performance [J]. Academy of Management Review, 1995, 20 (1): 92 – 117.

[150] Coles J L, Daniel N D, Naveen L. Managerial incentives and risk – taking [J]. Journal of Financial Economics, 2006, 79 (2): 431 – 468.

[151] Campbell J L. Why would corporations behave in socially responsible ways? An institutional theory of corporate social responsibility [J]. Academy of Management Review, 2007, 32 (3): 946 – 967.

[152] Chen W R, Miller K D. Situational and institutional determinants of firms' R&D search intensity [J]. Strategic Management Journal, 2007, 28 (4): 369 – 381.

[153] Choi J, Wang H. Stakeholder relations and the persistence of corporate financial performance [J]. Strategic Management Journal, 2009, 30 (8): 895 – 907.

[154] Cheng B, Ioannou I, Serafeim G. Corporate social responsibility and access to finance [J]. Strategic Management Journal, 2014, 35 (1): 1 – 23.

[155] Cui Z, Liang X, Lu X. Prize or price? Corporate social responsibility commitment and sales performance in the Chinese private sector [J]. Management and Organization Review, 2015, 11 (1): 25 – 44.

[156] Chang X, Fu K, Low A, et al. Non-executive employee stock options and corporate innovation [J]. Journal of Financial Economics, 2015, 115 (1): 168 – 188.

[157] Campbell R J, Jeong S H, Graffin S D. Born to take risk? The effect of CEO birth order on strategic risk taking [J]. Academy of Management Journal, 2019, 62 (4): 1278 – 1306.

[158] Chen T, Dong H, Lin C. Institutional shareholders and corporate social responsibility [J]. Journal of Financial Economics, 2020, 135 (2): 483 – 504.

[159] Cao Y, Dong Y, Ma D, et al. Customer concentration and corporate risk-taking [J]. Journal of Financial Stability, 2021 (54): 100 – 890.

[160] Deephouse D L, Wiseman R M. Comparing alternative explanations for accounting risk-return relations [J]. Journal of Economic Behavior and Organization, 2000, 42 (4): 463 – 482.

[161] Deangelo H, Deangelo L, Stulz R M. Seasoned Equity Offerings, Market Timing, and the Corporate Lifecycle [J]. Journal of Financial Economics, 2010, 95 (3): 275 – 295.

[162] Dickinson V. Cash flow patterns as a proxy for firm life cycle [J]. The Accounting Review, 2011, 86 (6): 1969 – 1994.

[163] Djembissi B. Excessive risk taking and the maturity structure of debt [J]. Journal of Economic Dynamics and Control, 2011, 35 (10): 1800 – 1816.

[164] Dupire M, Zali B M. CSR strategies in response to competitive pressures [J]. Journal of Business Ethics, 2018, 148 (3): 603 – 623.

[165] Della S M, Morellec E, Zucchi F. Short-term debt and incentives for risk-taking [J]. Journal of Financial Economics, 2020, 137 (1): 179 – 203.

[166] Do T, Zhang H, Zuo L. Rocking the boat: How relative performance evaluation affects corporate risk taking [J]. Journal of Accounting and Economics, 2022, 73 (1): 101 – 425.

[167] Elkington J. The triple bottom line [J]. Environmental Management: Readings and Cases, 1997 (2): 49 – 66.

[168] Eriandani R, Wijaya L I. Corporate social responsibility and firm risk: Controversial versus noncontroversial industries [J]. The Journal of Asian Finance, Economics and Business, 2021, 8 (3): 953 – 965.

[169] Fisher I N, Hall G R. Risk and corporate rates of return [J]. The Quarterly Journal of Economics, 1969, 83 (1): 79 – 92.

[170] Friedman M. The social responsibility of business is to increase its profits [J]. New York Times Magazine, 1970 (122): 32 – 33.

[171] Fama E F. Agency problems and the theory of the firm [J]. Journal of Political Economy, 1980, 88 (2): 288 – 307.

[172] Fiegenbaum A, Thomas H. Attitudes toward risk and the risk-return paradox: Prospect theory explanations [J]. Academy of Management Journal, 1988, 31 (1): 85 – 106.

[173] Freeman R E. Strategic management: A stakeholder approach [M]. Cambridge University Press, 2010.

[174] Faccio M, Marchica M T, Mura R. Large shareholder diversification and corporate risk-taking [J]. The Review of Financial Studies, 2011, 24 (11): 3601 – 3641.

［175］Flammer C. Does product market competition foster corporate social respon-sibility? Evidence from trade liberalization ［J］. Strategic Management Journal, 2015, 36 (10): 1469 – 1485.

［176］Faccio M, Marchica M T, Mura R. CEO gender, corporate risk-taking, and the efficiency of capital allocation ［J］. Journal of Corporate Finance, 2016 (39): 193 – 209.

［177］Flammer C, Luo J. Corporate social responsibility as an employee govern-ance tool: Evidence from a quasi-experiment ［J］. Strategic Management Journal, 2017, 38 (2): 163 – 183.

［178］Ferris S P, Javakhadze D, Rajkovic T. CEO social capital, risk-taking and corporate policies ［J］. Journal of Corporate Finance, 2017 (47): 46 – 71.

［179］Faisal F, Situmorang L S, Achmad T, et al. The role of government regu-lations in enhancing corporate social responsibility disclosure and firm value ［J］. The Journal of Asian Finance, Economics and Business, 2020, 7 (8): 509 – 518.

［180］Grainer L E. Evolution and Revolution as Organizations Grow ［J］. Har-vard Business Review, 1972, 76 (3): 37 – 46.

［181］Godfrey P C. The relationship between corporate philanthropy and share-holder wealth: A risk management perspective ［J］. Academy of Management Review, 2005, 30 (4): 777 – 798.

［182］Godfrey P C, Merrill C B, Hansen J M. The relationship between corpo-rate social responsibility and shareholder value: An empirical test of the risk manage-ment hypothesis ［J］. Strategic Management Journal, 2009, 30 (4): 425 – 445.

［183］Ghoul E S, Guedhami O, Kwok C C, et al. Does corporate social respon-sibility affect the cost of capital? ［J］. Journal of Banking & Finance, 2011, 35 (9): 2388 – 2406.

［184］García – Granero A, Llopis Ó, Fernández – Mesa A, et al. Unraveling the link between managerial risk-taking and innovation: The mediating role of a risk-taking climate ［J］. Journal of Business Research, 2015, 68 (5): 1094 – 1104.

［185］Ghoul E S, Guedhami O, Nash R, et al. New evidence on the role of the media in corporate social responsibility ［J］. Journal of Business Ethics, 2019, 154 (4): 1051 – 1079.

［186］Gras D, Krause R. When does it pay to stand out as stand-up? Competi-tive contingencies in the corporate social performance-corporate financial performance relationship [J]. Strategic Organization, 2020, 18 (3): 448 –471.

[187] Gillan S L, Koch A, Starks L T. Firms and social responsibility: A review of ESG and CSR research in corporate finance [J]. Journal of Corporate Finance, 2021 (66): 101 –889.

[188] Gopalan R, Gormley T A, Kalda A. It's not so bad: Director bankruptcy experience and corporate risk-taking [J]. Journal of Financial Economics, 2021, 142 (1): 261 –292.

[189] Ghanbarpour T, Gustafsson A. How do corporate social responsibility (CSR) and innovativeness increase financial gains? A customer perspective analysis [J]. Journal of Business Research, 2022 (140): 471 –481.

[190] Hambrick D C, Mason P A. Upper echelons: The organization as a reflection of its top managers [J]. Academy of Management Review, 1984, 9 (2): 193 – 206.

[191] Holmstrom B, Costa J R I. Managerial incentives and capital management [J]. The Quarterly Journal of Economics, 1986, 101 (4): 835 –860.

[192] Helfat C E, Peteraf M A. The dynamic resource-based view: Capability lifecycles [J]. Strategic Management Journal, 2003, 24 (10): 997 –1010.

[193] Ip P K. Is confucianism good for business ethics in China? [J]. Journal of Business Ethics, 2009, 88 (3): 463 –476.

[194] Jensen M C, Meckling W. H. Theory of the firm: Managerial behavior, agency costs and ownership structure [J]. Journal of Financial Economics, 1976, 3 (4): 305 –360.

[195] Jia Y, Gao X, Billings B A. Corporate social responsibility and technological innovation [J]. Journal of Management Accounting Research, 2022, 34 (1): 163 –186.

[196] He J J, Tian X. The dark side of analyst coverage: The case of innovation [J]. Journal of Financial Economics, 2013, 109 (3): 856 –878.

[197] Habib, Ahsan, Hasan, Monzur, M. Firm Life Cycle, Corporate Risk – Taking and Investor Sentiment [J]. Accounting and Finance, 2017, 57 (2): 465 –497.

[198] Habib A, Hasan M M. Corporate life cycle research in accounting, finance and corporate governance: A survey, and directions for future research [J]. International Review of Financial Analysis, 2019 (61): 188 –201.

[199] Ho J L, Hsu F, Lee C. Business strategy, corporate social responsibility

activities, and financial performance [J]. Journal of International Accounting Research, 2022, 21 (1): 49 – 75.

[200] Jones T M. Instrumental stakeholder theory: A synthesis of ethics and economics [J]. Academy of Management Review, 1995, 20 (2): 404 – 437.

[201] Joseph E. Corporate social responsibility: Delivering the new agenda [J]. New Economy, 2001, 8 (2): 121 – 123.

[202] John K, Litov L, Yeung B. Corporate governance and risk-taking [J]. The Journal of Finance, 2008, 63 (4): 1679 – 1728.

[203] Jo H, Na H. Does CSR reduce firm risk? Evidence from controversial industry sectors [J]. Journal of Business Ethics, 2012, 110 (4): 441 – 456.

[204] Knight F H. Risk, uncertainty and profit [M]. Houghton Mifflin, 1921.

[205] Kim E H, Lu Y. CEO ownership, external governance, and risk-taking [J]. Journal of Financial Economics, 2011, 102 (2): 272 – 292.

[206] Kini O, Williams R. Tournament incentives, firm risk, and corporate policies [J]. Journal of Financial Economics, 2012, 103 (2): 350 – 376.

[207] Kim S, Lee G, Kang H G. Risk management and corporate social responsibility [J]. Strategic Management Journal, 2021, 42 (1): 202 – 230.

[208] Luo X, Bhattacharya C B. Corporate social responsibility, customer satisfaction, and market value [J]. Journal of Marketing, 2006, 70 (4): 1 – 18.

[209] Luo X, Bhattacharya C B. The debate over doing good: Corporate social performance, strategic marketing levers, and firm-idiosyncratic risk [J]. Journal of Marketing, 2009, 73 (6): 198 – 213.

[210] Low A. Managerial risk-taking behavior and equity-based compensation [J]. Journal of Financial Economics, 2009, 92 (3): 470 – 490.

[211] Liu Y, Mauer D C. Corporate cash holdings and CEO compensation incentives [J]. Journal of Financial Economics, 2011, 102 (1): 183 – 198.

[212] Li K, Griffin D, Yue H, et al. How does culture influence corporate risk-taking? [J]. Journal of Corporate Finance, 2013 (23): 1 – 22.

[213] Lim E N K, Mccann B T. The influence of relative values of outside director stock options on firm strategic risk from a multiagent perspective [J]. Strategic Management Journal, 2013, 34 (13): 1568 – 1590.

[214] Ljungqvist A, Zhang L, Zuo L. Sharing risk with the government: How taxes affect corporate risk taking [J]. Journal of Accounting Research, 2017, 55

（3）：669 – 707.

［215］ Liu Y, Dai W, Liao M, et al. Social status and corporate social responsibility: Evidence from Chinese privately owned firms ［J］. Journal of Business Ethics, 2021, 169 (4): 651 – 672.

［216］ Lu H, Oh W Y, Kleffner A, et al. How do investors value corporate social responsibility? Market valuation and the firm specific contexts ［J］. Journal of Business Research, 2021 (125): 14 – 25.

［217］ Mirrless J. The optimal structure of authority and incentives within an organization ［J］. Bell Journal of Economics, 1976, 7 (2): 105 – 131.

［218］ Miller D, Friesen P H. Archetypes of strategy formulation ［J］. Management Science, 1978, 24 (9): 921 – 933.

［219］ Miller D, Friesen P H. A Longitudinal Study of the Corporate Life Cycle ［J］. Management Science, 1984, 30 (10): 1161 – 1183.

［220］ Mahapatra S. Investor reaction to a corporate social accounting ［J］. Journal of Business Finance & Accounting, 1984, 11 (1): 29 – 40.

［221］ McGuire J B, Sundgren A, Schneeweis T. Corporate social responsibility and firm financial performance ［J］. Academy of Management Journal, 1988, 31 (4): 854 – 872.

［222］ Miller K D, Bromiley P. Strategic risk and corporate performance: An analysis of alternative risk measures ［J］. Academy of Management Journal, 1990, 33 (4): 756 – 779.

［223］ Mitchell R K, Agle B R, Wood D J. Toward a theory of stakeholder identification and salience: Defining the principle of who and what really counts ［J］. Academy of Management Review, 1997, 22 (4): 853 – 886.

［224］ McWilliams A, Siegel D. Corporate social responsibility and financial performance: Correlation or misspecification? ［J］. Strategic Management Journal, 2000, 21 (5): 603 – 609.

［225］ McWilliams A, Siegel D. Corporate social responsibility: A theory of the firm perspective ［J］. Academy of Management Review, 2001, 26 (1): 117 – 127.

［226］ McGuire J, Dow S, Argheyd K. CEO incentives and corporate social performance ［J］. Journal of Business Ethics, 2003, 45 (4): 341 – 359.

［227］ Marom I Y. Toward a unified theory of the CSP – CFP link ［J］. Journal of Business Ethics, 2006, 67 (2): 191 – 200.

[228] Mattingly J E, Berman S L. Measurement of corporate social action: Discovering taxonomy in the Kinder Lydenburg Domini ratings data [J]. Business & Society, 2006, 45 (1): 20 –46.

[229] Maistriau E A, Bonardi J P. How much does negative public exposure on environmental issues increase environmental performance? [J]. Academy of Management Proceedings, 2014 (1): 1 –40.

[230] Manchiraju H, Rajgopal S. Does corporate social responsibility (CSR) create shareholder value? Evidence from the Indian Companies Act 2013 [J]. Journal of Accounting Research, 2017, 55 (5): 1257 –1300.

[231] Nguyen P. Corporate governance and risk-taking: Evidence from Japanese firms [J]. Pacific – Basin Finance Journal, 2011, 19 (3): 278 –297.

[232] Nakano M, Nguyen P. Board size and corporate risk taking: Further evidence from Japan [J]. Corporate Governance: An International Review, 2012, 20 (4): 369 –387.

[233] O'Brien J P, David P. Reciprocity and R&D search: Applying the behavioral theory of the firm to a communitarian context [J]. Strategic Management Journal, 2014, 35 (4): 550 –565.

[234] Peteraf M A. The cornerstones of competitive advantage: a resource-based view [J]. Strategic Management Journal, 1993, 14 (3): 179 –191.

[235] Preston L, O'Bannon D. The corporate social-financial performance relationship [J]. Business and Society, 1997 (36): 5 –31.

[236] Palmer T B, Wiseman R M. Decoupling risk taking from income stream uncertainty: A holistic model of risk [J]. Strategic Management Journal, 1999, 20 (11): 1037 –1062.

[237] Porter M E, Kramer M R. The link between competitive advantage and corporate social responsibility [J]. Harvard Business Review, 2006, 84 (12): 78 –92.

[238] Prior D, Surroca J, Tribó J A. Are socially responsible managers really ethical? Exploring the relationship between earnings management and corporate social responsibility [J]. Corporate Governance: An International Review, 2008, 16 (3): 160 –177.

[239] Peloza J, Papania L. The missing link between corporate social responsibility and financial performance: Stakeholder salience and identification [J]. Corporate Reputation Review, 2008, 11 (2): 169 –181.

[240] Perrini F, Russo A, Tencati A, et al. Deconstructing the relationship between corporatesocial and financial performance [J]. Journal of Business Ethics, 2011, 102 (1): 59 – 76.

[241] Puri M, Zarutskie R. On the Life cycle dynamics of venture capital and nonventurecapital financed firms [J]. Journal of Finance, 2012, 67 (6): 2247 – 2293.

[242] Parker L D. Corporate social accountability through action: Contemporary insights from British industrial pioneers [J]. Accounting, Organizations and Society, 2014, 39 (8): 632 – 659.

[243] Peltomäki J, Sihvonen J, Swidler S, et al. Age, gender, and risk-taking: Evidence from the S&P 1500 executives and market-based measures of firm risk [J]. Journal of Business Finance & Accounting, 2021, 48 (9 – 10): 1988 – 2014.

[244] Ross S A. The economic theory of agency: The principal's problem [J]. The American Economic Review, 1973, 63 (2): 134 – 139.

[245] Ross S A. The determination of financial structure: The incentive-signalling approach [J]. The Bell Journal of Economics, 1977, 8 (1): 23 – 40.

[246] Roychowdhury S. Earnings management through real activities manipulation [J]. Journal of Accounting and Economics, 2006, 42 (3): 335 – 370.

[247] Rau P R, Xu J. How do ex ante severance pay contracts fit into optimal executive incentive schemes? [J]. Journal of Accounting Research, 2013, 51 (3): 631 – 671.

[248 Riedl A, Smeets P. Why do investors hold socially responsible mutual funds? [J]. The Journal of Finance, 2017, 72 (6): 2505 – 2550.

[249] Rjiba H, Jahmane A, Abid I. Corporate social responsibility and firm value: Guiding through economic policy uncertainty [J]. Finance Research Letters, 2020, 35: 101 – 553.

[250] Schumpeter J A. The theory of economic development: An inquiry into profits, capital, credits, interest, and the business cycle [M]. Transaction Publishers, 1934.

[251] Spence M. Job market signaling [J]. The Quarterly Journal of Economics, 1973 (87): 355 – 374.

[252] Seifert B, Morris S A, Bartkus B R. Having, giving, and getting: Slack resources, corporate philanthropy, and firm financial performance [J]. Business & So-

ciety, 2004, 43 (2): 135 – 161.

[253] Sirmon D G, Hitt M A, Ireland R D. Managing firm resources in dynamic environments to create value: Looking inside the black box [J]. Academy of Management Review, 2007, 32 (1): 273 – 292.

[254] Surroca J, Tribó J A, Waddock S. Corporate responsibility and financial performance: The role of intangible resources [J]. Strategic Management Journal, 2010, 31 (5): 463 – 490.

[255] Sirmon D G, Hitt M A, Ireland R D, et al. Resource orchestration to create competitive advantage: Breadth, depth, and life cycle effects [J]. Journal of Management, 2011, 37 (5): 1390 – 1412.

[256] Servaes H, Tamayo A. The impact of corporate social responsibility on firm value: The role of customer awareness [J]. Management Science, 2013, 59 (5): 1045 – 1061.

[257] Su W, Lee C Y. Effects of corporate governance on risk taking in Taiwanese family firms during institutional reform [J]. Asia Pacific Journal of Management, 2013, 30 (3): 809 – 828.

[258] Saeidi S P, Sofian S, Saeidi P, et al. How does corporate social responsibility contribute to firm financial performance? The mediating role of competitive advantage, reputation, and customer satisfaction [J]. Journal of Business Research, 2015, 68 (2): 341 – 350.

[259] Siltaloppi J, Rajala R, Hietala H. Integrating CSR with business strategy: A tension management perspective [J]. Journal of Business Ethics, 2020, 174 (3): 507 – 527.

[260] Teece D J. Explicating dynamic capabilities: The nature and microfoundations of (sustainable) enterprise performance [J]. Strategic Management Journal, 2007, 28 (13): 1319 – 1350.

[261] Tang Y, Li J, Liu Y. Does founder CEO status affect firm risk taking? [J]. Journal of Leadership & Organizational Studies, 2016, 23 (3): 322 – 334.

[262] Pisano G, Teece D. The dynamic capabilities of firms: An introduction [J]. Industrial and Corporate Change, 1994, 3 (3): 537 – 556.

[263] Tian L, Jiang Y, Yang Y. CEO childhood trauma, social networks, and strategic risk taking [J]. The Leadership Quarterly, 2022: 101 – 618.

[264] Wernerfelt B. A resource-based view of the firm [J]. Strategic Management

Journal, 1984, 5 (2): 171 –180.

[265] Waddock S A, Graves S B. The corporate social performance-financial performance link [J]. Strategic Management Journal, 1997, 18 (4): 303 –319.

[266] Wang H, Choi J, Li J. Too little or too much? Untangling the relationship between corporate philanthropy and firm financial performance [J]. Organization Science, 2008, 19 (1): 143 –159.

[267] Xu S, Liu D, Huang J. Corporate social responsibility, the cost of equity capital and ownership structure: An analysis of Chinese listed firms [J]. Australian Journal of Management, 2015, 40 (2): 245 –276.

[268] Xie X, Jia Y, Meng X, et al. Corporate social responsibility, customer satisfaction, and financial performance: The moderating effect of the institutional environment in two transition economies [J]. Journal of Cleaner Production, 2017, 150: 26 –39.

[269] Xu D, Zhou K Z, Du F. Deviant versus aspirational risk taking: The effects of performance feedback on bribery expenditure and R&D intensity [J]. Academy of Management Journal, 2019, 62 (4): 1226 –1251.

[270] Yu L, Wang D, Wang Q. The effect of independent director reputation incentives on corporate social responsibility: Evidence from China [J]. Sustainability, 2018, 10 (9): 3302 –3316.

[271] Younas Z I, Klein C, Trabert T, et al. Board composition and corporate risk-taking: A review of listed firms from Germany and the USA [J]. Journal of Applied Accounting Research, 2019, 20 (4): 526 –542.

[272] Yeh C C, Lin F, Wang T S, et al. Does corporate social responsibility affect cost of capital in China? [J]. Asia Pacific Management Review, 2020, 25 (1): 1 –12.

[273] Yuan Y, Lu L Y, Tian G, et al. Business strategy and corporate social responsibility [J]. Journal of Business Ethics, 2020, 162 (2): 359 –377.

[274] Zhang Y, Jiang Y, Guo Y. The effects of haze pollution on stock performances: Evidence from China [J]. Applied Economics, 2017, 49 (23): 2226 –2237.

[275] Zhang C, Fu P. Overseas-returned executives and their roles in firm performance: Evidence from China [J]. Asia – Pacific Journal of Accounting & Economics, 2022, 29 (3): 622 –631.